兰州大学哲学社会科学文库
Philosophy and Social Sciences Library of Lanzhou University

《清实录》甘青史料辑录

卷六

武沐 主编

积石堂

兰州大学出版社
LANZHOU UNIVERSITY PRESS

图书在版编目（ＣＩＰ）数据

《清实录》甘青史料辑录：六卷 / 武沐主编. --
兰州：兰州大学出版社，2024.7
ISBN 978-7-311-06604-8

Ⅰ．①清… Ⅱ．①武… Ⅲ．①甘肃－地方史－史料－
清代②青海－地方史－史料－清代 Ⅳ．①K294

中国国家版本馆CIP数据核字(2024)第 023754 号

责任编辑　李丽　宋婷
封面设计　张友乾

书　　名 《清实录》甘青史料辑录(卷六)
作　　者 武沐　主编
出版发行 兰州大学出版社　（地址:兰州市天水南路222号　730000)
电　　话 0931-8912613(总编办公室)　0931-8617156(营销中心)
网　　址 http://press.lzu.edu.cn
电子信箱 press@lzu.edu.cn
印　　刷 北京联兴盛业印刷股份有限公司
开　　本 787 mm×1092 mm　1/16
总 印 张 187.5(插页12)
总 字 数 2965千
版　　次 2024年7月第1版
印　　次 2024年7月第1次印刷
书　　号 ISBN 978-7-311-06604-8
定　　价 988.00元(全六卷)

目 录 卷六

德宗光绪皇帝实录

《清光绪实录（一）》

同治十三年（1874年）十二月丙子

以侵吞粮料，革甘肃游击苏文焕职。以逗留兰州，邀众聚赌，革参将何见龙、千总张玉书职。

（卷1　78页）

同治十三年（1874年）十二月己卯

以任性妄为，革留甘带队记名提督湖南绥宁营游击李考祥职，并褫去黄马褂。予积劳病故、甘肃镇标中营游击梁鸣鹤议恤如例。

（卷1　83页）

同治十三年（1874年）十二月己丑

宁夏将军穆图善奏："驻泾马步各军分扎要隘，并探报河回滋事情形。"得旨："仍著严饬各营勤加侦探，妥为防范，毋稍疏虞。"

（卷2　96页）

同治十三年（1874年）十二月丙申

谕军机大臣等："左宗棠奏河州抚回构衅滋事，围剿获胜一折。甘省回众野性未除，诛不胜诛，不得已而为招抚之计。仍当随时防范，以期日久相安。此次逆回闪殿臣竟敢借报复为词，纠聚死党，胁逼回民，同为叛逆。虽经官军合力围剿，逆众悉数歼除，而将士阵亡至五百员名，受伤者至六百有奇之多，实非寻常跳梁臣可比。现在逆回闪殿臣是否就诛，抑或乘机逃遁，著左宗棠确切查明。一面饬令各路官军认真巡逻，务将该犯擒拿正法，并将余匪搜捕净尽。至河州各处抚回尤当随事随时妥为安辑。彼众犬羊之性，一被勾结，即至蔓延。总期实力防维，以安反侧。此次刘锦棠率领各军迅赴戎机，尚为得力。所有出力各员著俟查明首逆闪殿臣下落后，准由左宗棠择尤保（褒）奖。阵亡员弁即著查明请恤。将此由六百里谕令知之。"

（卷2　102页）

光绪元年（1875年）正月乙卯

以私收烟税，勒罚钱文，革署玉门县知县杨天培职，归案讯办。

（卷3　112页）

光绪元年（1875年）正月丙辰

陕甘总督左宗棠奏："请将南路历年阵亡文武员弁、记名提督总兵傅光宗等于狄道州城中建祠，春秋致祭。"从之。

（卷3　114页）

光绪元年（1875年）二月辛未

谕军机大臣等："有人奏新疆各城北邻俄罗斯，西界土耳其、天方、波斯各回国，南近英属之印度。即勉图恢复，将来断不能久守。近闻喀什噶尔回酋新受土耳其回部之封，并与俄、英两国立约通商，不独伊犁久踞，中国力量不及专顾西域，可否饬西路统帅但严守现有边界，不必急图进取。此议果定，则已经出塞及尚未出塞各军可撤则撤，可停则停。其停撤之饷即匀作海防之饷。又有人奏海疆之患，不能无因而至。其视成败以为动静者，则惟西陲军务。俄人攘我伊犁，势将久假不归。今虽大军出关，而艰于馈运，深入为难。我师日迟，俄人日进，事机之急，莫此为甚。宜以全力注重西征，但使俄人不能逞志于西北，则各国必不致构衅于东南各等语。刻下情形如可，暂缓西征，节饷以备海防，原于财用不无裨益。惟中国不图规复乌鲁木齐，则俄人得步进步，西、北两路已属堪虞。且关外一撤藩篱，难保回匪不复啸聚，肆扰近关一带。关外贼氛既炽，虽欲闭关自守，势有未能。现在通筹全局，究应如何办理之处，著该大臣酌度机宜，妥筹具奏。至关外现在统帅及现有兵力能否剿灭此贼，抑或尚有未协之处，应如何调度，始能奏效，或必须有人遥制，俾关外诸军作为前敌专任剿贼，方能有所禀承，并著通盘筹划，详细密陈。肃州克复后，叠次谕令该大臣将所部各营设法裁并遣撤，原冀撙节饷项，以备出关之需。上年十月间，并据左宗棠奏亟拟次第裁并，为节饷整军计等语，现在能否续行裁撤，以期匀出饷需，该大臣谅必随时经划，并著一并奏闻。西路用兵不能不以肃州一带为后路粮台，朝廷不另简派户部堂官办理。叠谕左宗棠驻扎肃州专司其事，亦以粮运事宜，经本省大吏督办，呼应较灵。又恐该大臣公务纷繁，不遑兼顾，并以袁保恒前办西征粮台，数年以来尚无与左宗棠不能和衷痕迹，故特授袁保恒以户部侍郎并作为帮办以为该大臣指臂之助。乃近来彼此龃龉，殊失协和之道。左宗棠阅历之深，居心之正，办事之精细结实，原迥非袁保恒所能及。而该大臣平日亦间有意存畛域、气量近褊之处。袁保恒既不能与左宗棠平心商榷，深恐贻误事机，朝廷实深廑虑。且遇事各存意见，则两人同办转不如一人独办，可免掣肘之虞。左宗棠老成谋国，素著公忠，关外粮饷转运事宜应如何办理，自必筹之至熟。而镇西、迪化各厅州皆该督所辖，尤应独任其难。左宗棠前曾有不驻肃州，亦可随时料量之奏。如该大臣可以兼顾，抑或一人不能兼顾，而袁保恒实难胜帮办之任。该大臣意中或另有得力之员，可以分任其事，亦不妨据实直陈，均著妥筹密奏。俟奏到后再降旨将袁保恒撤回。朝廷用人毫无成见，但求于事有济，该大臣当谅此苦衷也。本日据钱鼎铭奏，中原如无大军镇抚，万一事机猝发，遂成坐困。拟将宋庆所统全部调回潼关扼扎，不但西可顾秦、陇，北可蔽晋、燕，豫省亦有所恃，且可省一军之刍粟，以供出关诸军之饱腾等语。宋庆所部应否留扎内地，如不令该军西征，关外兵力是否足敷剿办，著左宗棠体察情形，迅速具奏。将此由六百里密谕知之。"

（卷4 124页）

光绪元年（1875年）二月壬申

谕内阁："左宗棠奏请将道员革职，永不叙用，并自请议处等语。甘肃署安肃道何元普系曾经被参之员，经左宗棠奏请开复原官，委署安肃道篆。乃该员不知愧奋，阻挠公事，实属鄙诈无良。何元普著即革职，永不叙用。左宗棠将革职劣员，率行调营，咎亦难辞。著交部议处。"

以亏挪公款，革甘肃同知洪尚祁职。

以冒领公款，革甘肃补用直隶州知州李群镆职。

（卷4 126页）

光绪元年（1875年）二月丁丑

谕内阁："本年轮应查阅直隶、山西、陕西、四川、甘肃五省营伍之期。直隶著即派李鸿章，山西即派鲍源深，陕西即派邵亨豫，四川即派吴棠，甘肃即派左宗棠逐一查阅，认真简校。如有训练不精，军实不齐者，即将废弛之将弁，据实参奏，毋得视为具文。"

（卷4　126页）

光绪元年（1875年）二月己卯

又谕："穆图善著即行来京陛见。该将军所部各营并著遴派妥员暂行管带，以资统率。将此谕令知之。"

（卷4　128页）

光绪元年（1875年）二月壬午

又谕："左宗棠奏河州叛回剿办竣事，并复陈移设粮台事宜各一折。河州南乡抚回构衅纠众，抗拒官军，经左宗棠饬道员刘锦棠等前往剿办，将首要各犯悉数擒获正法，地方一律肃清。刘锦棠迅赴戎机，甚为得力，已交军机处存记，并明降谕旨，将出力阵亡各员均照所请，分别奖恤矣。此次回众滋事，剿抚分明，尚无枉纵。惟该回族多疑善诈，其中桀骜之徒抚驭稍不得宜，难保不复相勾煽，为患地方。左宗棠当饬地方官妥为弹压，加意抚（抚）循，并调派劲兵择要扼扎，以资备御，而杜乱萌。左宗棠以粮台宜设巴里坤，须于北路广购粮石以济军食。惟前据额勒和布等奏，乌里雅苏台地属苦寒，素不产粮。科布多亦无余粮可采，并据景廉奏古城一带田地荒芜，收获无几。该都统并无为金顺订买粮二万余石之事。师行粮随，关系极为紧要。所有移设粮台并一切事宜，著左宗棠懔遵本年二月初三日密谕，悉心妥筹，迅速具奏。景廉、额勒和布等各折著抄给阅看。将此由六百里谕令知之。"

（卷4　129页）

以甘肃河州叛逆首要各犯伏诛，余匪一律办竣，地方肃清，予提督谭和义等优叙，赏黄万鹏等巴图鲁名号，余升叙加衔有差。予阵亡记名提督何明海、李明高，总兵彭华堂、黄添泰、凌默发，副将李福星、参将朱光耀、游击陈英华等祭葬世职加等。

（卷4　130页）

光绪元年（1875年）三月甲寅

又谕："左宗棠奏遵查通判阵亡，并全家殉难情形，请饬部优恤一折。前署甘肃归德厅同知候补通判承顺，于同治六年二月间逆回攻破厅城，该故员奋力巷战，阵亡甚惨。伊母萨克达氏、伊弟候补州同崇顺及吉顺同时被害，家丁李文忠等七名均以身殉，深堪矜悯。承顺著交部从优议恤，准其于死事地方建立专祠，并加恩予谥，同时被害之亲属仆役，著一并附祀，以慰忠魂。"

（卷6　152页）

光绪元年（1875年）三月乙卯

以河湟肃清，赏提督陈上达、张勇巴图鲁名号，总兵官杨龙彪、哈希巴巴图鲁名号。

（卷6　153页）

光绪元年（1875年）三月乙丑

谕军机大臣等："本日已有旨令左宗棠以钦差大臣督办新疆军务，金顺调补乌鲁木齐都统，景廉回京供职。著俟金顺行抵古城后，将各营兵勇粮饷移交金顺接管，再行起程回京。前颁钦差大臣关防引由景廉恭缴。新疆军务孔殷，必须速筹进兵，节节扫荡。金顺本有自带各营，益以景廉所部，兵力本不单薄。著即督率各营，亲临前敌，相机进剿，为收复乌鲁木齐各城之计，毋再迟延，致误戎机。所有进兵机宜，随时会商左宗棠酌办。袁保恒已令回京供职。西征粮台已谕左宗棠责成陕西藩司经理。应行奏催及咨行各省事件，呈由陕西巡抚核办。关外转运事宜，即在哈密、巴里坤各处设立粮饷分局，由左宗棠派员经管。袁保恒将经手事件逐一交代清楚后，起程回京。现在关外兵事、饷事并转运事宜，均归左宗棠督办。兰州相距窎远，鞭长莫及，该大臣当统筹全局，酌核办理。关外军食务当源源运济，以期士饱马腾，毋令停军待哺，致有借口。宋庆一军该大臣已咨令回扎潼关。本日亦谕知钱鼎铭，商令该提督择要驻扎矣。将此由六百里各谕令知之。"

（卷6　156页）

光绪元年（1875年）四月己巳

以前宁夏将军穆图善署正白旗汉军都统。

（卷7　162页）

光绪元年（1875年）四月庚午

又谕："前据左宗棠奏，甘肃东、南两路地方渐安，穆图善马步各营可以全撤。现在穆图善到京，已谕令署理正白旗汉军都统。其所部各营驻扎泾州，该处为东路屏蔽，如果裁撤，是否无虑空虚。著左宗棠悉心筹划，或全行裁撤，或将得力者挑留数营，酌度机宜，奏明办理。此项兵勇裁撤后，东路设有缓急。左宗棠当妥筹兼顾，倘有疏虞及所撤勇丁或滋事端，惟该大臣是问。前有旨令袁保恒回京供职。西征粮台责令陕西藩司经理，遇有应行奏催及咨行各省事件，该藩司即呈由陕西巡抚核办。穆图善所部随营多年，现在拟即裁撤，应如何酌发欠饷，以示体恤之处，著左宗棠、谭钟麟督饬藩司妥筹办理。穆图善所部内有吉林、黑龙江马队五百余名，著该署都统檄调来京，交神机营暂行管带。该马队到京后即在南苑驻扎。将此谕知穆图善，并由四百里各谕令知之。"

（卷7　163页）

光绪元年（1875年）四月辛巳

谕内阁："左宗棠奏本年举行乡试，请简派正、副考官一折。甘肃、陕西两省现在分闱考试。甘肃路途较远，所有请派考官，著礼部于陕西之前，具题办理。"

（卷7　169页）

钦差大臣陕甘总督左宗棠奏："校阅省标各营官兵春操事竣。"又奏："本年查阅营伍，请俟下届举办。"均报闻。又奏："请将安化学原额十二名内拨入董志乡学二名。"允之。

（卷7　170页）

光绪元年（1875年）四月庚寅

又谕："景廉奏派队进扎三台，击退贼匪，暨咨拨饷项调员差委各折片。官军进扎三台，遇贼接仗，该逆败窜。景廉现分派勇营赴三台等处，办理屯防事宜，并咨商张曜拨营赴瞭墩驻扎。金顺前奏于三月内料理西进，刻下当可抵古城，即著体察情形，与左宗棠随时会商，妥筹调度。所有阵亡之营官李发桂著交部照守备阵亡例，从优议恤。景廉所部饷项不敷，该都统咨商左宗棠，每月添拨银六万五千两，并于所借洋款项下先行借拨银六十万两，在添拨月饷内扣还。谕令景廉将兵勇粮饷移交金顺接管。该营需饷孔急，系属实情。著左宗棠迅速筹拨，俾资接济，毋稍迟误。景廉请调赴营之前，甘肃肃州知州续曾、前甘肃甘（古）浪县知县林铭新、前署甘肃玉门县知县陈希洛、绥远城将军衙门委员、山西升用知县长庚、现在文麟营之副将师玉春，著金顺酌量如须调营差委，即著分别咨行调往。将此由五百里各谕令知之。"

（卷8　175页）

光绪元年（1875年）五月丁未

署宁夏将军克蒙额等奏："满营佐领等缺，拟按照军营定章请升。"得旨："现在甘肃军务肃清，已有旨谕令仍照旧章办理。"

（卷9　190页）

光绪元年（1875年）五月甲寅

谕内阁："金顺奏请将荒谬之委员褫革等语。肃州转运局委员县丞李玉白不安本分，荡检逾闲。总兵官张绍林充当稽查委员亦多谬妄，均著革职，勒令回籍，不准投效军营。"

（卷10　197页）

光绪元年（1875年）五月戊午

以青海左翼公中札萨克头等台吉图布登色尔札勒因病告替，命伊子沙哈都尔札布袭爵。

以光禄寺少卿潘斯濂为四川乡试正考官，詹事府左春坊左中允温忠翰为副考官。翰林院修撰梁耀枢为湖南乡试正考官，编修尹琳基为副考官。侍讲学士徐郙为甘肃乡试正考官，掌湖广道监察御史刘瑞祺为副考官。

（卷10　200页）

光绪元年（1875年）六月庚午

陕甘总督左宗棠奏："请将安肃五属举额、仿丁字等号隔科编号取中。"下礼部议行。

停缓甘肃应进贡物。

（卷11　210页）

光绪元年（1875年）六月辛未

以捕获零匪，开复甘肃提督左日升顶翎。

（卷11　211页）

光绪元年（1875年）六月壬申

予甘肃各处阵亡殉难副将秦久胜等，暨妇女幼童四千四百七十七员名口，分别旌恤如例。

予甘肃节次打仗伤亡提督魏金阙等分别议恤如例。

予甘肃王家庄打仗阵亡游击恒安议恤如例。

（卷11　211页）

光绪元年（1875年）六月己卯

西宁办事大臣豫师奏："筹布碾伯地方情形，自去年夏间动工开渠，并添筑外城及炮台，现已诸务就绪。请移驻西宁，以期办公便捷。"允之。

（卷11　217页）

光绪元年（1875年）六月壬午

谕军机大臣等："穆图善奏请将旧部马队带赴吉林。江宁月饷请饬照前拨解，由上海运赴牛庄，调夏允升差委各折片。穆图善所部留扎泾州之马队五百名。前谕令该将军檄调来京，交神机营暂行管带。现在该将军前赴吉林署任，著准其将此项马队带往，以资防剿。江宁向有月协穆图善军营饷银一万两，著两江总督照前拨给，按月解至上海，交该将军所派委员经收。附搭轮船，运赴牛庄，转解吉林应用。道员夏允升所带步队，著左宗棠另行派员接统，饬令该员迅赴吉林，听候差遣。将此各谕令知之。"

又谕："穆图善奏请饬拨军火等语，著神机营匀拨洋枪四百杆并火药等件，由穆图善派员领取。"

（卷12　220页）

光绪元年（1875年）七月壬寅

谕军机大臣等："左宗棠奏请拨凉、庄满营官兵应支廉俸兵饷一折。凉、庄满营官兵情形困苦，需饷甚殷，著吴棠将该营官兵同治十二年、十三年及光绪元年廉俸兵饷，仍由四川协甘饷银内如数拨给，以济要需。将此由五百里谕令知之。"

（卷13　236页）

以行止有亏，革前署肃州镇副将陈南波职。

以捐派军粮，革甘肃署陇西县知县张淦职。

（卷13　237页）

光绪元年（1875年）七月癸卯

又谕："左宗棠奏关内兵事饷事，经理需才，请派大员帮办一折。本日已照所请，将刘典以三品京堂候补，帮办陕甘军务矣。刘典前曾告养回籍。现据左宗棠奏称，伊母健适如常，尚有三子侍养在籍，该员似可暂离子舍等语。新疆军务紧要，襄理需员。著王文韶传知刘典迅速驰赴左宗棠军营，帮办陕西军务，毋稍迟延。臬司陈湜，据该督奏称，前因修墓告假旋里，著催令该员赴紧回营，听候左宗棠差委，以资得力。将此由五百里谕令知之。"

（卷13　239页）

命署陕西巡抚刘典以三品京堂候补，帮办陕甘军务。

甘肃提督曹克忠丁忧，以记名提督陶世贵署甘肃提督。

（卷13　240页）

光绪元年（1875年）八月庚辰

又谕："王文韶奏据情代奏一折。据称现接帮办陕甘军务候补三品京堂刘典呈称，母年衰迈，病尚未痊，恳请在籍养亲治病等语。览其代奏各节，尚属实在情形，刘典著毋庸帮办陕甘军务。"

（卷16　266页）

光绪元年（1875年）八月己丑

西宁办事大臣豫师奏："请照案由山西筹拨欠发蒙古王公自同治七年起至十一年止俸银四万五千五百两，以顺藩情。"下部议。

（卷16　272页）

光绪元年（1875年）九月庚子

西宁办事大臣豫师奏："拿获柴达木抢杀番目人犯，讯明办理。"得旨："台吉达什多布吉著免其议处，仍著豫师随时稽查，妥为抚驭，并饬该台吉认真约束，毋任再滋事端。"

（卷17　282页）

光绪元年（1875年）九月戊申

又谕："前据豫师奏青海各旗蒙古王公应支俸银，援案请由山西省筹拨，当交户部议奏。兹据奏称该蒙古王公等自同治七年起至十一年止应支俸银尚未发给，未便久悬。请饬山西巡抚照案筹拨等语。著鲍源深饬令藩司迅筹银四万五千五百两，派员解交豫师，俾资散放，并著该办事大臣即将同治三年以后支给该王公等俸银按年造册，咨由甘肃藩司详报该督题销，以重款项。将此由四百里各谕令知之。"

（卷17　286页）

光绪元年（1875年）十月乙丑

以贪猾不职，革甘肃署古浪县知县周启昌职，发往军台。

以诓骗财物，荒谬任性，革甘肃都司钟家礼、陕西知县杨谦宝职。

（卷19　299页）

光绪元年（1875年）十月丙寅

谕军机大臣等："前据王文韶代奏刘典恳请养亲治病。当经降旨，令刘典毋庸帮办陕甘军务。兹据谭钟麟奏称，刘典兄弟众多，侍奉有人，请仍饬速赴兰州等语。陕甘后路防军襄理需员，著王文韶传知刘典，仍遵本年七月初九日谕旨，迅速驰赴左宗棠军营，帮办陕甘军务。将此由四百里谕令知之。"

又谕："本年直隶、安徽等处积涝大洼，各州县灾歉频仍。浙江钱清等场被灾。广西太平等府民气未复。江西进贤等县、厅被淹、被旱。江苏海州被淹。陕西咸宁等州、县被灾。贵州兴义等处被扰。湖北省被兵最久，元气未复。节经各该督抚奏到，已加恩将民欠钱粮等项分别蠲减豁免缓征，并谕令户部将各省民欠钱粮酌核奏请蠲免。山东济宁等州、县上年被水，该抚业经筹款散放。山西太原及右玉等处粮价昂贵，已准该抚出借仓谷，并暂缓补还米石。广东顺德、番禺、广宁等处被风、被水，安徽池州府属被水，均经各该抚随时抚恤，小民谅可不至失所。惟念来春青黄不接之时，民力未免拮据。著传谕该督抚等体察情形，如有应行接济之处，即查明据实复奏，务于封印以前奏到，候朕于新正降旨加恩。再直隶文安等州、县间有积水村庄。湖南澧州及浏阳等处被淹。浙江杭州等府属被淹，各属田禾被水、受旱。甘肃皋兰等州、县被雹。河南各属间有积水。江西南昌等处被淹、被旱。山东各属间有被淹。江苏各属被淹、被旱。该督抚等业经奏明，分别查勘，即著迅速办理，并将来春应否接济之处一并查明，于封印前奏到。此外，各省有无被灾地方应行调剂抚恤之处，著该将军督抚等一并查奏，候旨施恩。将此各谕令知之。"

（卷19　300页）

光绪元年（1875年）十月壬申

谕军机大臣等："左宗棠奏河州镇官军查办隆哇番匪事竣，地方安谧一折。河州隆哇番匪胆敢恃其族众地险，与卡家番族斗杀寻仇。经总兵沈玉遂派弁前往晓谕，仍敢暗施枪炮，轰伤官兵，实属顽梗不法。虽经官军分路进剿，该番族自将首要各犯缚献军前，讯明正法并收缴枪械多件，惟该番众野性难驯，深恐故态复萌，又相寻杀。著左宗棠饬令该地方文武妥为筹办，一切善后事宜审慎经理，务使日久相安。毋得暂顾目前，致贻后患。此次办理出力之河州镇总兵沈玉遂著交部议叙。另片奏浙江巡抚杨昌濬如能去浙度陇，可资臂助等语。西陲军事紧要，襄办需人。惟杨昌濬系封疆大吏，如令前赴军营，其应如何位置之处，著该大臣先行奏明，请旨办理。将此由六百里谕令知之。"

钦差大臣陕甘总督左宗棠奏："军务需人，仍请谕令候补三品京卿刘典迅速赴甘帮办。"得旨："昨据谭钟麟奏请饬刘典迅速赴兰州。已谕令王文韶传知该员，钦遵前奉谕旨，迅速起程矣。"

（卷19　305页）

光绪元年（1875年）十月丁丑

又谕："前因御史余上华复陈郎中启续参款，当经谕令宝鋆等按照所奏各节认真查办。兹据查明复奏，原参该部撤派司员差使等项，查系该堂官公同商定，启续尚无把持缘引情事。口北道出缺日期系在启续题升郎中之后，并无将吏部咨文阁置之事。该员充当京捐局总办，撰拟堂谕，亦无永远不行更换字样。均著毋庸置议。惟该员办理广东汲水门洋税一案，漏未行文总理各国事务衙门，失于稽查。其陕、甘、河南奏销各案或未俟派办处复核，即行呈堂标画，或至三月之后始行办理，实属错误迟延。且于钟珂升补郎中，该员未即回堂，以致漏未陈奏，尤非寻常疏忽可比。郎中启续著交部分别照例议处。所有汲水门洋税、陕甘奏销、河南销册各案，失察及迟误各员，著查取职名，一并咨部分别议处。该部堂官未能觉察，并著交部议处。"

（卷 19　308 页）

光绪元年（1875 年）十一月戊戌

以襄办丧礼，敬谨将事，赏内务府郎中耀安、礼部郎中宗室绵善等、工部郎中世袭三等子鄂礼等花翎，内务府笔帖式分发甘肃知县英启、工部员外郎蔡同春等蓝翎，武备院卿茂林以副都统遇缺尽先题奏，内务府郎中俊启以副都统记名，余升叙加衔有差。

（卷 21　328 页）

光绪元年（1875 年）十一月己亥

以甘肃按察使杨重雅为广西布政使，甘肃甘凉道成定康为甘肃按察使。

（卷 21　328 页）

光绪元年（1875 年）十一月壬戌

谕内阁："前据王文韶奏候补三品京堂刘典恳请在籍养亲治病，当经降旨允准，毋庸帮办陕甘军务。嗣据谭钟麟、左宗棠先后奏称，陕甘后路防军需员襄理，复谕令刘典仍遵前旨迅赴兰州。兹据该京卿奏报启程，著即迅速前往帮办陕甘军务，用副委任。"

（卷 22　344 页）

光绪元年（1875 年）十二月壬申

谕军机大臣等："理藩院奏前藏囊素呈诉包物及堪布被掠无获，恳请办理一折。前藏贡使囊素沙克嘉降巴所诉堪布罗桑粗瓶及包物被抢等情，上年经左宗棠具奏，业经理藩院咨行川省严追究办，何以日久寻获无踪。果洛克系四川番族，其行抢之曲那麻地方亦系川藏草地，自应由川省实力查拿，迅行办理。著魁玉、吴棠、松溎、希凯即将被裹之前藏堪布及所带包驮各物速行查明，认真究办，务使人赃并获，毋再迟延。现在查办若何，并著先行具奏。该囊素呈称前在丹噶尔地方帮同团练力战阵亡之藏番顿主策忍等二十五名，著左宗棠、豫师速即查明奏请奖恤。原折均著抄给阅看。将此各谕令知之。"

（卷 23　349 页）

光绪元年（1875年）十二月辛巳

又谕："前据左宗棠奏已革甘肃肃州镇总兵官黄金山恶迹昭著，请旨立正典刑，当交刑部速议具奏。兹据奏称黄金山被控谋叛助逆等情，虽无确据，惟收留义子黄万发，致令谋叛滋事，并擅杀无辜营员，奸占民间妇女。被控后匿不赴审，辄私回原籍，聚众置械，借口赴营投效，实属恶迹昭著等语。黄金山以专阃大员，不能奉公守法，竟敢肆行无忌，心怀叵测，罪无可逭。著左宗棠即将该革员军前正法，以肃戎行。已保参将杨子英因黄金山杀其堂弟杨得成，始行首告，非激于义忿可比。著递解回籍，交地方官严加管束，不准投效军营。"

（卷24　358页）

光绪元年（1875年）十二月丁亥

陕甘总督左宗棠奏："遵旨出关，饷源涸竭，拟续借大批洋款。"得旨："该衙门速议具奏。"

（卷24　363页）

光绪二年（1876年）正月己亥

又谕："前据左宗棠奏出关需饷孔亟，拟借洋款，由沈葆桢查照台防成议办理。当交该衙门速议具奏。兹据总理各国事务衙门户部奏称，西征军务紧要，请饬各省迅解协饷，并准其借用洋款等语。西征军饷前经该部议令将上年指拨各省关的饷一百二十万两，由该将军督抚查明欠解若干，限一个月内全解。至积欠西征军饷二千六百十余万两，限一年内提解一半，并经该部会同总理各国事务衙门奏明，各督抚应将西征、海防各饷各按各款清解，不得因有海防拨款，将西征各饷延欠。嗣经谭钟麟奏请提年终一月满饷，该部议照成案，于浙江等省积欠协饷内提银六十万两。据左宗棠奏称各省关应解协饷截至上年十月止，仅收过银二百六十余万两，比常年短至一半。其指提年终一月满饷，仅据浙江、四川、山西报解银十五万两，此外尚未起解，实属延玩。著该将军、督抚遵奉前旨，查照该部各前奏，将指拨出关的饷及年终一月满饷即行照数完解，不准稍有蒂欠。各省关原协添协西征各饷，江苏月协银八万两，江西月协银六万两，福建月协银四万两，河南月协银一万五千两，除同治十二年改拨毅军运费外，仍月协穆图善饷银一万两，湖北月协并应协穆图善饷银八万两，广东月协银七万两，湖南月协银一万两，山东月协银一万二千两，山西月协并应协穆图善饷银五万两，又河东月协雷正绾饷银五千两，安徽月协银二万两，四川月协银四万两，闽海关月协雷正绾饷银二万两，浙江月协银十二万两，各该省历年拨解之数有过半者，有不及一半者，惟湖南止解三分之一，河南拨解不及十分之一，广东、福建、四川欠解亦多，殊属不成事体。著将河南暨湖南、广东、福建、四川各藩司先行交部议处，并著照所议，将光绪元年以前积欠旧饷除专案指提外，暂予缓解。其自光绪二年起，所有应协西征新饷著该将军、督抚查照每年应协款目，按三四年前拨解之数力筹措解，统于每年年终核计。如不能照原拨添拨数目解至八成以上，即将该藩司监督照贻误京饷例，由该部指名严参。该将军、督抚务当实力督催，严饬各该藩司监督，按月源源报解，俾济要需。至借用洋款，本非善策，前经该衙门奏明，嗣后无论何省不得辄向洋人筹借，惟左宗棠因出关饷需紧迫，拟借洋款一千万两，事非得已，若不准如所请，诚恐该大臣无所措手，于西陲大局殊有关系。著沈葆桢即照左宗棠所奏，妥速筹议，奏明办理，以期无误事机。除按照成案，由各关分年拨还洋商外，即由该部所议各省应协西征新饷款内，自本年起分年拨还。国家经费有常，此次筹借巨款系合天下之力，办西陲军事，竭十余年之力，办今日军事。似此办法，实属可一而不可再。左宗棠当仰体朝廷筹饷之艰，振刷精神，将新疆军务迅速筹办。著即会商金顺简选精锐，鼓行而西，以次剿除乌鲁木齐、吐鲁番等处贼匪，绥靖边疆。总期早日告竣，借纾饷力。倘稍事迁延，徒糜巨款，则以后供支势将曷继。左宗棠素顾大局，谅不至日久无功，致干惩处也。将此由六百里谕知左宗棠、文煜、沈葆桢、李鹤年、刘坤一、翁同爵、张兆栋、吴元炳、裕禄、刘秉璋、杨昌濬、丁日昌、丁宝桢、鲍源深、李庆翱、谭钟麟、王文韶并传谕文格、李文敏知之。"

（卷25　372页）

光绪二年（1876年）二月丙寅

谕内阁："左宗棠奏遵保关陇肃清出力员弁，汇案开单请奖一折。甘肃逆回倡乱，经左宗棠督师剿办，次第荡平。同治十二年秋间，肃州克复以后，关内一律肃清。在事各员弁或效力行间，或防护运道，其办理善后事宜各员亦均著有微劳，自应量予奖励。所有单开之总兵贺兴隆等均著照所请奖叙。"

（卷26 388页）

光绪二年（1876年）二月丁卯

谕内阁："前据左宗棠奏请加甘肃永远中额十名。当经部议与新章不符，兹复据该督奏称，甘肃自军兴以来，各属士民捐输，核计银数至五千余万两之多，皆在同治十三年十一月以前，非在部议新章之后。请加甘肃文闱乡试永远中额十名等语，加恩著照所请。甘肃文闱乡试加永远中额十名，即以光绪二年丙子正科为始，用示嘉惠士林至意。"

（卷26 388页）

光绪二年（1876年）三月癸巳

又谕："左宗棠、刘典奏会报抵兰出塞日期。左宗棠奏办理新疆贼势大概情形，请减借洋款四百万两。丁日昌奏洋债不宜多借各折片。览奏均悉，刘典现已驰抵兰州，所有关内、关外各事宜左宗棠业已统筹全局，布置妥协，督率马步各营分起西进，为规复新疆各城之计，足见公忠体国，力任其难。该督抵肃州后应如何次第进兵之处，著随时相机筹办，朝廷不为遥制。所陈新疆贼势军情了如指掌，惟期节节扫荡，收复乌鲁木齐、吐鲁番，以次廓清南北两路，奠定西陲为一劳永逸之举。后路催运粮饷军火关系紧要，刘典当随时筹划，以资接济。左宗棠出师塞外必须士饱马腾，方足以壮军威而张挞伐。各营将士踊跃前驱，尤深廑念。各省协解西征饷银未能足数，致有积欠口粮。此次远道进兵，粮饷必须充裕。左宗棠前议借洋款一千万两以备应用，因耗息过多，现请减借用四百万两，系为节省经费，顾全大局起见。惟现当大举深入，酌发欠饷，预备行粮，需款甚巨，恐不足以资周转。该督既以肃清西路自任，何惜筹备巨款，俾敷应用，以竟全功。加恩著于户部库存四成洋税项下拨给银二百万两，并准其借用洋款五百万两。各省应解西征协饷提前拨解三百万两，以足一千万两之数。该督得此巨款，务将新疆军务早日蒇事，迅奏肤功。国家经费有常，似此竭力凑拨，可一而不可再，万不可虚糜帑项，日久无功。洋款如何筹借，著左宗棠自行酌度，奏明办理。拨用四成洋税二百万两，如何解还部库，著户部筹拨归款，所借洋款著仍遵前旨在各省应协西征新饷内分年拨还。各省应解西征协饷，现令提前赶解三百万两，并著户部酌量指提，毋任延宕。其余应解西征协饷，仍著各该将军、督抚懔遵前旨，严饬各该藩司监督，尽力报解，毋得以八成自限。左宗棠奏闽粤欠解较多，请饬将本年应协甘款如数迅解等语，著该督抚遵照办理。筹借洋款本系万不得已之举，因西征大局所关，是以允借五百万两，俾利军行。丁日昌所陈变通西饷办法，亦有所见，并先行凑齐六十万两，汇由沈葆桢处汇解。具见急公。嗣后应解左宗棠协饷仍著会商文煜、李鹤年源源筹办，以应急需。将此由六百里谕知左宗棠、刘典、文煜、沈葆桢、李鹤年、刘坤一、翁同爵、吴元炳、裕禄、刘秉璋、杨昌濬、丁日昌、丁宝桢、鲍源深、李庆翱、谭钟麟、王文韶、张兆栋并传谕文格、李文敏知之。"

大学士陕甘总督左宗棠奏："刊刻帮办陕甘军务木质关防交刘典启用。及出塞后督署事宜分饬代办，仍随带陕甘总督关防西征。"报闻。

（卷27　400页）

光绪二年（1876年）三月辛丑

召见前任科布多参赞大臣瑛棨，已革前任甘肃按察使杨能格，已革前任科布多帮办大臣文硕。得旨："瑛棨以按察使候补，杨能格以道员用，文硕以五品京堂候补。"

（卷27　408页）

光绪二年（1876年）三月癸卯

谕军机大臣等："左宗棠奏甘肃乡试闱中应用书籍，请饬颁发《周易折中》《书经传说汇纂》《诗经传说汇纂》《春秋传说汇纂》《三礼义疏》《性理精义》《袖珍渊鉴类函》《唐宋文醇》《唐宋诗醇》《佩文韵府》《袖珍古文渊鉴》《十三经注疏》《文献通考》《史记》《前汉书》《后汉书四书》《文选》各一部等语。著传知武英殿查明现在有无此书，如无此书，其各项书板是否尚存，并此外尚有何项书板，均著咨报军机处。"寻查明左宗棠请领各书，现存板者《十三经注疏》《佩文韵府》。《袖珍渊鉴类函》《唐宋诗醇》《文献通考》《前汉书》《后汉书》库存无书，板片亦间有斁朽，碍难刷印。《周易折中》等种已无书板。此外，各项书板尚存《朱批谕旨》《高宗纯皇帝圣训》《御批通鉴辑览》《评鉴阐要》《御制乐善堂文集定本》《日知荟说》《御制味余书屋全集定本》《味余书屋随笔》《读尚书诗》《御制养正书屋全集定本》《圣谕广训蒙古文》《钦定春秋直解》《授衣广训》《南巡盛典》《古今储贰金鉴》《开国方略清文》《开国方略汉文》《两金川方略清文》《两金川方略汉文》《临清纪略》《兰州纪略》《台湾纪略》《廓尔喀纪略》《安南纪略》《三省方略》《平定教匪纪略》《宗室王公功绩表传（清文、汉文）》《外藩蒙古王公功绩表传》《清文、蒙古文、汉文工赈纪事》《胜朝殉节诸臣录》《皇朝通典》《通志通考礼器图式》《职贡图历代职官表》《词林典故》《四库全书总目》《三流道里表》《七政四余》《西清古鉴》《续通典》《续通志》《一统志》《八旗通志》《八旗氏族通谱》《满洲源流考》《蒙古源流》《清凉山志》《热河志》《盛京通志》《皇舆西域图志》《西域同文志》《新疆识略》《河源纪略》《皇清文颖》《文颖续编》《熙朝雅颂集》《千叟宴诗》《骈字类编》《韵府拾遗》《同文韵统》《佩文诗韵》《叶韵汇辑》《四体清文鉴》《增订清文鉴》《三合切音清文鉴》《五译合璧辑要》《合璧易经》《合璧春秋》《合璧礼记》《左传读本》《翻译大学衍义》《古香斋袖珍五经》《史记纲目三篇》《朱子全书》《初学记》《春明梦余录》《通志堂经解》《论语集解》《礼记正义》《晋书》《宋书》《南齐书》《魏书》《隋书》《南史》《北史》《旧唐书》《五代史》《宋史》《金史》《明史》《后汉年表》《小板通鉴》《新纲目三编》《文献通考纪要》《大板古文》《九家集注杜诗》，计一百种。

定甘肃分闱乡试经费，每届动用银一万二千两。

（卷27　410页）

光绪二年（1876年）三月壬子

谕军机大臣等："都察院奏甘肃举人陈国统等遭抢，以中途被劫、抢财伤命等词赴该衙门呈诉。据称该举人等来京会试，行至萨拉齐厅属被贼捆缚殴伤，劫去银物。该举人等前赴道厅衙门呈报，均推诿不理。到京后举人缑凤鸣即因伤病故等语。若如所控情形，捕务实属废弛。著鲍源深即行查明，督饬该厅严拿贼犯，务获究办，以安行旅而靖地方。原呈著抄给阅看。将此谕令知之。"

（卷28　418页）

光绪二年（1876年）三月戊午

礼部以会试中额请。得旨："满洲取中九名，蒙古取中三名，汉军取中六名，直隶取中二十五名，奉天取中四名，山东取中二十三名，山西取中十二名，河南取中十九名，陕西取中十五名，甘肃取中九名，江苏取中二十六名，安徽取中十八名，浙江取中二十五名，江西取中二十三名，湖北取中十五名，湖南取中十五名，四川取中十五名，福建取中二十名，台湾取中二名，广东取中十六名，广西取中十三名，云南取中十四名，贵州取中十二名。"

（卷28　423页）

光绪二年（1876年）三月庚申

谕内阁："穆图善奏已革道员异常出力，据实密陈等语。已革甘肃西宁道舒之翰，前据御史袁方城奏参有索取规礼等情。经左宗棠查明属实，奉旨革职，永不叙用。并著穆图善饬令该革员迅速回籍，不准借词留营。此次该革员由原籍前赴吉林，穆图善岂不知其不应留营，乃竟派委差使，并为声叙累年劳绩，意存乞恩，实属巧于尝试。穆图善著交部议处。仍懔遵同治十二年二月初九日谕旨，饬令舒之翰迅速回籍，不准逗留。"寻部议："穆图善革职。"从之。

（卷28　425页）

光绪二年（1876年）四月甲申

陕甘总督左宗棠奏："校阅春操情形。"报闻。

（卷30　443页）

光绪二年（1876年）四月丁亥

又谕："左宗棠奏驰抵肃州，资遣马步各军分起出关，额尔庆额等军轻进失利，现拟缓借洋款各折片。刘锦堂等军现已分起前进，据称该员到哈密后，计古城储峙稍充，即率各营直捣贼巢。现在士气方新，军声丕振。左宗棠当会同金顺督饬将士乘其锐气，鼓行而西，于稳慎之中，寓奋迅之意，殄除巨逆用，奏肤功朝廷实有厚望焉。额尔庆额等袭攻玛纳斯城，轻进失利，冯桂增被贼拥入城中。著左宗棠、金顺查明详细情形，据实具奏。左宗棠以本年饷需尚资周转，现拟缓借洋款，即著该大臣随时酌度办理。前据额勒和布、托伦布等先后奏报，逆匪窜扰沙孜盖等处。现在大军出关，该逆铤而走险，窥伺北路，自在意中。乌、科等城境内未有重兵，空虚可虑，倘被其窜扰，则势成燎原，聚歼不易。著该大臣等拣派劲旅于北路地方，择要扼扎，以杜分窜。将此由六百里各谕令知之。"

（卷30 444页）

追予同治元年甘肃碾伯县属捐资办团阵亡番、汉、僧、俗头目李朝英等一十四名分别给恤，番、汉、僧、俗练勇阿南格楞等一百五十三名附祀碾伯县昭忠祠。

（卷30 445页）

光绪二年（1876年）五月辛卯

西宁办事大臣豫师奏："青海蒙、番王公、台吉等积年堵击回匪，出力请奖。"得旨："准其择尤保（褒）奖，毋许冒滥。"

（卷31 448页）

光绪二年（1876年）五月甲午

谕军机大臣等："魁玉、文格奏查明西藏堪布罗桑粗瓶被抢情形一折。堪布罗桑粗瓶于被抢后前赴谷毛寺，经魁玉等派员寻获，询明该堪布于同治十三年六月由西宁番地行走，行至七道河以东曲那麻地方，突遇野番数百人抢劫行李，并伤番商一人。即著魁玉、文格督饬松潘镇厅等实力严拿，并著豫师檄令所属汉、番官兵就近一体访缉务获，毋任漏网。将此各谕令知之。"

（卷31 449页）

光绪二年（1876年）五月乙卯

谕内阁："左宗棠奏请将庸劣不职各员革职一折。甘肃即补直隶州知州调补张掖县知县刘荣亮，操守平常，居心苛刻。补用同知直隶州知州前署华亭县知县徐应魁，计利营私，舆情不协。同知衔补用知县前署会宁县知县许茂光，才庸识暗，贪利忘公。均著即行革职，以肃官方。"

（卷32 463页）

以交代互讦，革代理敦煌县知县蒋顺达，前署敦煌县知县候补同知谢荣勋职。

以遇事任性，采办营利，性情横恣，革陕甘副将王得隆、罗桂亭、游击张柏茂等职。

（卷32　464页）

光绪二年（1876年）闰五月壬午

以翰林院编修潘衍鋆为湖南乡试正考官，修撰陆润庠为副考官。太仆寺少卿周家楣为四川乡试正考官，翰林院编修吴观礼为副考官。翰林院侍读黄毓恩为甘肃乡试正考官，河南道监察御史胡聘之为副考官。

（卷33　482页）

光绪二年（1876年）闰五月甲申

谕军机大臣等："左宗棠奏斋匪滋事，现已扑灭一折。本年四月间，甘肃阶州地方有斋匪孙绸客等纠党滋事，焚掠白马关厘局衙署，经兵团会剿，擒斩首夥多名，解散胁从，地方肃清。惟匪徒虽经扑灭，恐尚有余党潜匿，亟应搜捕净尽，以靖地方。著左宗棠等督饬该处文武各员严密缉拿，务绝根株，毋任漏网至此股匪徒滋事。有无启衅别故，是否地方官办理不善，并著详细查明，据实具奏，将此各谕令知之。"

（卷33　483页）

光绪二年（1876年）六月丙午

以庸劣不职，革甘肃前营游击朱纶、肃州镇标右营游击孙登策、陕西宜君营参将阿拉金职。

（卷35　503页）

光绪二年（1876年）七月戊寅

谕军机大臣等："豫师奏藏差被劫，咨行查办，暨前次堪布罗桑粗瓶被抢，遵旨缉匪各折片。本年六月间，西藏专差古行巴汪堆行至托托水地方突遇果洛克番贼四五十人，抢去包驮物件。其堪布罗桑粗瓶前于同治十三年间行抵曲那麻被抢，至今赃贼未获。现复有抢劫之案，殊属不成事体。著魁玉、文格严饬松潘镇厅，实力查拿，务获惩办。并著豫师督饬官兵一体设法防范，以靖地方。将此由四百里各谕令知之。"

（卷37　529页）

光绪二年（1876年）七月乙酉

陕甘总督左宗棠奏："请将河南补用总兵成光裕等十六员以原官原衔留

于陕甘补用。"从之。

（卷37　533页）

光绪二年（1876年）八月己丑

甘肃学政许应骙、云南学政李岷琛、江苏学政林天龄、广东学政吴宝恕、广西学政欧阳保极、奉天府府丞兼学政杨书香俱留任。

（卷38　539页）

光绪二年（1876年）八月辛卯

谕内阁："前据左宗棠奏甘肃阶州白马关斋匪滋事，当谕令该督等查明，是否地方官办理不善，据实具奏。兹据左宗棠等奏称，署白马关州判补用州判周捷平因衙署被焚，传谕乡约，集资修复。乡约何廷魁挟嫌，逼令斋匪何起花捐资，以致该匪纠众滋事等语。周捷平于衙署被焚，辄令乡约集捐修复，致启衅端，实属咎有应得。著即行革职。阶州直隶州知州顾超于所属斋匪滋事，事前既失于觉察，事后又不将启衅根由据实详报，亦难辞咎。著交部照例议处，以示惩儆。"

（卷38　539页）

光绪二年（1876年）八月乙卯

陕甘总督左宗棠等奏："请加甘肃优生额数。"下礼部议。

（卷40　564页）

光绪二年（1876年）九月癸酉

兵部以武会试中额请。得旨："取中八旗满洲蒙古四名，八旗汉军三名，奉天一名，直隶十六名，陕甘五名，广东十一名，河南、安徽各七名，山东、江苏、湖北、湖南、云南各四名，山西六名，四川八名，福建、浙江、江西各五名，广西、贵州各二名。"

（卷40　574页）

光绪三年（1877年）正月壬申

甘肃按察使成定康因病乞休，以记名按察使安肃道史念祖为甘肃按察使。

（卷46　646页）

光绪三年（1877年）正月乙亥

谕内阁："左宗棠奏甄别庸劣不职各员请旨革职一折。甘肃渭源县知县俞时衡貌似朴谨，心实贪诈。候补知县徐翰藻狡谲成性，声名甚坏。均著即行革职，以肃官方。余著照所议办理。该部知道。"

（卷46　647页）

光绪三年（1877年）正月乙酉

谕军机大臣等："英廉奏请饬甘省拨兵换防等语。塔尔巴哈台驻防官兵向由甘肃调拨。现在道路疏通，自应仍由甘省拨往，以符旧制。著左宗棠派拨精壮兵五百名，配齐器械，迅饬驰赴塔尔巴哈台，以资换防，将此谕令知之。"

（卷46　651页）

光绪三年（1877年）二月癸卯

允陕甘总督左宗棠奏，以圈出废员已革副将周廷兴留营差遣，暂缓引见。

（卷48　664页）

光绪三年（1877年）二月戊申

陕甘总督左宗棠奏："请以闽浙补用总兵郑连拔等留陕甘补用。"允之。

（卷48　668页）

光绪三年（1877年）三月戊寅

追予甘肃殉难湖北候补道吴炳昆附祀湖北等处昭忠祠。

（卷49　684页）

光绪三年（1877年）三月庚辰

礼部以会试中额请。得旨："满洲取中八名，蒙古取中三名，汉军取中六名，直隶取中二十四名，奉天取中三名，山东取中二十一名，山西取中十名，河南取中十七名，陕西取中十五名，甘肃取中九名，江苏取中二十六名，安徽取中十八名，浙江取中二十五名，江西取中二十二名，湖北取中十四名，湖南取中十四名，四川取中十四名，福建取中二十名，台湾取中二名，广东取中十六名，广西取中十三名，云南取中十二名，贵州取中十一名。"

（卷49　684页）

光绪三年（1877年）四月庚寅

陕甘总督左宗棠奏："请注销甘州、西宁两府聿左号举额，归入大号取中，以作士气。"从之。

（卷50　692页）

光绪三年（1877年）四月辛丑

陕甘总督左宗棠奏："甘肃制兵尚未复额，饬赴塔尔巴哈台换防制兵无可派拨，请从缓议。"从之。

（卷50　698页）

光绪三年（1877年）四月丙午

陕甘总督左宗棠等奏："校阅省标官兵春操事竣。"报闻。

（卷50　703页）

光绪三年（1877年）五月甲子

以攻克达坂城及托克逊坚巢，并会克吐鲁番满、汉两城，赏甘肃西宁道刘锦棠双眼花翎，提督谭上连等骑都尉世职，黄万鹏云骑尉世职，陶生林等黄马褂，章洪胜等巴图鲁名号，总兵李能杰等花翎，余升叙加衔有差。阵亡总兵谭声俊等各就原官，从优议恤。

（卷51　713页）

光绪三年（1877年）五月乙丑

陕甘总督大学士左宗棠奏："军务正殷，各营汛实缺人员多未到任，请将本年军政展至下届办理。"从之。

又奏："甘肃垦荒户民请变通入籍应试，暨回生乡试拟编号分科取中。"并下部议。

（卷51　714页）

光绪三年（1877年）六月庚戌

谕内阁："左宗棠奏甄别各员请旨降革一折。甘肃候补直隶州知州张承燮才识迂疏，办事竭蹶，著以州同降补。同知衔候补知县张时栋素耽赌博，玩误公事，知州李支瑞性质轻浮，知县用州判刘焕曙狂妄无知，均著革职，以肃官方。"

又谕："左宗棠奏审明革员怀私挟诈，请旨惩处等语。已革署甘肃敦煌县知县谢荣勋、蒋顺达互讦一案。谢荣勋挟后任不接交代之嫌，摭拾匿名揭帖，列款禀讦。蒋顺达被禀撤任，亦列款具禀。兹据左宗棠讯明该员等互讦各情，除蒋顺达浮收失察，业经革职，免其置议外。谢荣勋擅挪公款，意存侵蚀，并以例禁之匿名揭帖，冒昧禀呈，尤为谬妄。谢荣勋著永不叙用，以示惩儆。"

（卷52　734页）

光绪三年（1877年）六月壬子

以被控酿命，革甘肃都司胡南祥职。

以短缺勇额，降甘肃游击邹廷赞、邹嘉本为都司，记名总兵官陈国珍为守备。

（卷52　735页）

光绪三年（1877年）七月乙卯

又谕："左宗棠奏援案请拨饷银等语。凉、庄满营官兵廉俸兵饷自同治六年至光绪元年均由四川协甘饷内按月划拨银五千两，借资散放。现在该营官兵困苦，盼饷甚殷，著丁宝桢将光绪二、三、四等年凉、庄满营官兵廉俸兵饷仍由四川协甘饷内划拨，以应急需……原片著抄给阅看。将此由四百里谕令知之。"

陕甘总督大学士左宗棠奏："凉州副都统额尔庆额出关助剿，本年凉、庄满营军政请缓归下届办理。"允之。

（卷53　738页）

光绪三年（1877年）七月丙辰

又谕："总理各国事务衙门奏，左宗棠请借英商汇丰行银五百万两。前据奏明每月给息一分二厘五毫，现接该督函称汇丰行系每月一分行息。因该行只允借番银，甘肃向不使用。道员胡光墉复向德商泰来洋行令包认实银，每月加息二厘五毫，而汇丰行商人拟定照会文稿，又称息银每年不过一分。数目各殊，现已将分晰函致英国使臣，情形缄复该督等语。借用洋款本属万不得已之举，若办理稍未周妥，数目稍有参差，所关出入甚巨。此项息银或以年计，或以月计，及如何支给之处，著左宗棠查照该衙门函询各节迅速详查一切，奏明办理。原片著抄给阅看。将此由五百里谕令知之。"寻左宗棠奏："英商汇丰银行计息只按年一分者，由于借用先令，冀价高获利。德商泰来洋行计息必按月一分二厘五毫者，由于包认实银，预备价落赔垫。胡光墉虑军饷紧急，既请以每年一分之息照会英国成借，及虑先令价值无常，异日归还增累，故加为每月一分二厘五毫之息，包给德商承认。首尾本属一贯。请饬总理各国事务衙门将镑数息数明文飞行驻京英使查照速行，免致逾限，别生枝节。"允之。

（卷53 738页）

光绪三年（1877年）七月丙子

予故甘肃按察使刘于浔优恤，并附祀张芾、江忠源祠，从江西巡抚刘秉璋请也。

（卷54 752页）

光绪三年（1877年）七月丁丑

以知情拐逃，革甘肃游击单福胜职。

（卷54 753页）

光绪三年（1877年）七月戊寅

谕内阁："前因左宗棠奏参山西藩司任意取巧，紊乱饷章等情。当令户部查明具奏。兹据奏称同治八年二月间，经该部奏定山西每月应协左宗棠军饷银三万两，实共应协西征军饷银五万两。前山西巡抚鲍源深据布政使林寿图详奏称每月止应解银二万两，与部章不符。鲍源深固属失于详察。如林寿图之贻误军饷实属咎无可辞。左宗棠所参该藩司任意取巧，紊乱饷章，请饬议处之处，请旨定夺等语。山西布政使林寿图不遵照户部奏定饷章，蒙混具详，非寻常贻误军饷可比，著交部议处。前山西巡抚鲍源深仅据林寿图详请具奏，不将历届成案详为查核，亦有不合。鲍源深著一并交部议处。"

（卷54 753页）

光绪三年（1877年）八月壬寅

以神灵显应，颁西宁青海海神庙扁额曰"威靖河湟"。

（卷56 769页）

光绪三年（1877年）九月丁巳

以新疆后路筹兵转饷出力，赏太仆寺卿刘典头品顶戴，陕西巡抚谭钟麟花翎，布政使蒋凝学头品顶戴，陕安道沈应奎从一品封典，予甘肃布政使崇保、按察使史念祖等优叙，湖南道员王加敏改留湖北，以道员遇缺尽先题奏。

光绪三年（1877年）九月戊午

陕甘总督左宗棠奏："关外军务未竣，请暂缓开炉铸钱。"下部知之。

光绪三年（1877年）九月辛酉

谕军机大臣等："左宗棠等奏四川私贩蒙、番黄茶，请饬严禁一折。蒙、番进口易买粮茶，向须请领照票，注明数目，以凭口卡查验，出入放行。乃近来旧章废弛，蒙、番率皆私入内地，办买口粮，且有偷进口卡在偏僻处所私相交易情事。四川兼有私贩黄茶，暗由松潘、茂州一带潜入青海地面售卖，漫无稽查，实属不成事体，亟应力求整顿，以申禁令。著左宗棠、刘典、豫师通饬青海各旗族蒙、番照章请领照票，并饬令沿边口卡认真查验，毋稍疏虞。著恒训、魁玉、丁宝桢饬令沿边管有黄茶行商各州、县一律严禁私贩串越海疆。如查有书役贿纵等情，即行从严惩办。并著该部明定地方官缉私不力处分，咨行遵照办理。将此由四百里各谕令知之。"

光绪三年（1877年）九月戊辰

又谕："左宗棠奏筹办陕甘赈务一折。陕西今岁亢旱异常，叠经降旨令谭钟麟将应办事宜实心筹划。兹据左宗棠奏陕西荒歉情形，并甘肃庆阳府各属亦被旱灾，殊深廑念。该督已随时咨商谭钟麟筹办荒政。即著将赈抚事宜认真区划，以恤穷黎。购运粮米需费不少，不能不借捐输，以期众擎易举。陕甘两省殷实绅商多有急公好义者，该督抚当饬属剀切劝谕，尽力伙助，以周桑梓之急。至饥民聚处众多及匪徒借口掠食，恐酿事端。该督等已出示晓谕，仍著随时弹压抚绥，毋任滋事。该督此次倡捐银一万两，分备陕西及甘肃庆阳赈务之用，洵属急公。著交部从优议叙。左宗棠另片奏山西、河南均有协甘定饷，该两省值此时艰，若遵部章必解至八成以上，诚恐力有未逮，请饬分别减缓等语。实能力顾大局，著曾国荃、李庆翱体察该省情形，将应办赈抚事宜悉心筹办。所有应协西征军饷应如何分别暂缓暂减之处，即行酌度具奏。将此由五百里各谕令知之。"

（卷58 793页）

兵部以武会试中额请。得旨："满洲蒙古取中四名，汉军取中三名，奉天取中一名，直隶取中十六名，陕甘取中五名，广东取中十四名，河南取中八名，山东取中十名，江苏取中七名，安徽取中八名，山西取中六名，湖北取中五名，湖南取中四名，四川取中八名，广西取中三名，福建取中六名，浙江取中七名，江西取中八名，云南取中五名，贵州取中四名。"

（卷58 794页）

光绪三年（1877年）九月甲戌

予甘肃各处阵亡殉难游击尤光祖等四千二百六员名口分别旌恤如例。

（卷58 800页）

光绪三年（1877年）九月己卯

以贪劣不职，革甘肃游击王金川职。

（卷58 804页）

光绪三年（1877年）十月乙未

哈密办事大臣明春奏："请赴肃州与左宗棠面商地方一切应办机宜。"得旨："所有哈密布置防守及一切应办事宜，著即与左宗棠妥商办理。"

（卷59 815页）

光绪三年（1877年）十月庚子

谕内阁："给事中郭从矩奏灾民流离失所，请饬地方官设法抚辑一折。本年山西、陕西、河南等省亢旱，灾区甚广。散赈难周，饥民转徙求食，深堪悯恻。亟应速为抚辑，以拯穷黎。各省遇有灾民入境，著该督抚饬令地方官设法安集，或动公项，或筹捐款，酌度情形，妥筹赈恤，毋任一夫失所。该给事中所称甘肃、安徽两省荒地甚多，请俟来春将各灾民按名授亩，筹给籽种农器，令其垦荒。待五年后再行升科，编入保甲之处，是否可行，并著妥议具奏。"

（卷60 823页）

光绪三年（1877年）十月戊申

又谕："阎敬铭、曾国荃奏请调员襄办赈务一折。晋省办理赈济事务殷繁，必得实心任事之员方足以资佐理。阎敬铭等所请翰林院编修李用清、兵部主事王炳坛、前甘肃巩秦阶道张树葆、前山西汾州府知府罗嘉福，著吏部陕西巡抚分别饬令该员等克日赴晋，交阎敬等分派办理。直隶候补道王定安前经李鸿章檄委赴晋办理转运，著准其留于山西，交曾国荃差遣委用。"

（卷60　832页）

光绪三年（1877年）十月庚戌

谕内阁："左宗棠奏官军进规新疆南路，连复喀喇沙尔、库车两城一折。本年七月间，甘肃西宁道刘锦棠统率所部由吐鲁番拔队西进。回逆白彦虎自喀喇沙尔窜渡开都河西岸，缠回均被该逆迫胁随行。官军于九月初一日入喀喇沙尔城，并于初三日将库尔勒城收复。白彦虎复由洋萨尔一带西窜，刘锦棠亲率头队疾驰数百里至布告尔回庄，逆匪列队抗拒，官军奋勇冲击，先后毙贼千数百名。于是月十二日克复库车城，其余城堡回庄收复无数，拔出被胁回众以十万计。剿办甚为得手。仍著左宗棠督饬各军乘胜进剿，将逆首白彦虎克日歼擒，肃清疆圉。此次出力将士准其汇案请奖，阵亡之提督王庆福、提督衔总兵曾又得、都司杨玉昌、都司衔守备杨宝林、李景清，守备廖翰卿，千总孙得胜、康福、梁得胜，把总邓臣忠、鄢得胜，著交部各照官阶从优议恤，以慰忠魂。"

（卷60　836页）

督办新疆军务大臣大学士陕甘总督左宗棠奏："额尔庆额所部吉江、凉、庄马队久役疲乏，遣撤归旗。"报闻。

（卷60　837页）

光绪三年（1877年）十二月己丑

又谕："左宗棠奏请将玩视民瘼之知府革职等语。甘肃庆阳府地方本年亢旱成灾，经左宗棠饬令筹办赈务。该知府庭中瑜延宕数月之久，并无禀报，实属玩视民瘼。庭中瑜著即行革职，以昭儆戒。"

又谕："左宗棠奏查获顶名冒饷之营弁分别惩办一折。甘肃建威营遣撤勇丁入关，营官游击廖洪胜任听帮带都司徐厚德等商议，雇人应名，冒领饷银一千八百余两，银票二千一百余两。讯系文案处童生屈相清与徐厚德主谋，亟应从严惩办。除屈相清、徐厚德二犯业经正法外，廖洪胜虽无起意冒饷情节，惟身充营官，于帮带幕友造谋冒饷各情毫无觉察，亦属咎有应得。廖洪胜著即革职，递解回籍，交地方官严加约束。五品翎顶袁有顺先造花名清册，虽无冒领之意，惟于徐厚德等冒领各情并未出首，亦难辞咎。袁有顺著即行斥革，并递解回籍管束，永不准投效军营，以昭炯戒。"

（卷63　875页）

光绪三年（1877年）十二月壬辰

陕甘总督左宗棠奏："甘肃兵燹之后，征租搜括维艰，宁夏官俸米麦不敷发给。请以上色豌米抵支，马料准以豌豆、青豆各半供支，应补例马先拨折价五百匹，余马暂缓买补。"得旨："著照所议办理，即由左宗棠知照宁夏将军遵行。"

以亏银潜逃，革甘肃蓝翎守备惠丰元职。

以借捐罚民，革甘肃都司徐清远职。参将喻永胜、游击刘照璧、孙成德、何起华唆勇闹饷，均革职讯办。

予故甘肃提督高连升于湖南宁乡县建立专祠，从陕甘总督左宗棠请也。

（卷63　877页）

光绪三年（1877年）十二月癸卯

赏拉什彭苏克、毕齐那逊、旧土尔扈特多罗贝勒丹津、棍楚克拉旺丹忠、旺楚克察克达尔双眼花翎，命特固斯毕里克图、囊哈斯塔玛噶、沙克都尔札布在乾清门行走，赏青海头等台吉彭达什、达什色布腾丹怎绰克多布花翎。

（卷64　889页）

《清光绪实录（二）》

光绪四年（1878年）正月壬戌

谕军机大臣等："本日据金运昌奏英翰因病出缺，乌鲁木齐都统已有旨令豫师署理。未到任以前令金运昌暂行护理矣。著左宗棠咨照豫师即行迅速赴任，毋稍迟延。所有西宁办事大臣一缺著左宗棠于甘肃、陕西两省满洲蒙古、汉军道员内拣员奏请署理。豫师在甘肃有年，其人精力才具如何，于乌鲁木齐都统一缺能否胜任，左宗棠自必知之有素，即著据实复奏。乌鲁木齐地方紧要，现在应行布置各事宜，并著该督妥为兼顾，毋稍疏虞。将此由五百里谕令知之。"

（卷65　7页）

以西宁办事大臣豫师署乌鲁木齐都统，未到任前以署乌鲁木齐提督金运昌暂行护理。

（卷65　8页）

光绪四年（1878年）正月甲戌

陕甘总督左宗棠奏："请将镇迪道迪化、直隶州二缺仿照西宁道府例，于通省实缺满、汉各员内拣员调补。"下吏部议。

（卷66　17页）

光绪四年（1878年）正月丁丑

谕内阁："金顺奏副都统伤病复发，恳准开缺，并赏食全俸等语。广州副都统福珠哩前在山东、湖北、安徽、陕西、甘肃等省转战二十余年，受伤多处，现在旧伤复发，病难速痊，著准其开缺回旗调理，并加恩赏食全俸，以示体恤。"

（卷66　18页）

光绪四年（1878年）二月乙酉

以啖勇闹饷，革甘肃参将喻永胜职，置诸法。革游击刘照璧、孙成德、何起华等职，交肃州监禁。

（卷67　28页）

光绪四年（1878年）二月戊子

又谕："御史刘恩溥奏陕西至甘肃各站，该州县支应经过大吏差使，所费动辄数百金，皆摊派民间，约加正赋数倍，请饬严禁等语。如果属实，亟应严行查禁，著该督抚严饬各该州县嗣后支应差使不得摊派民间，致有浮冒侵渔等弊。经过各驿站大员亦须约束家人，不准滥索供应，以免骚扰。该御史所称陕西省城至临潼五十里间，水失故道，请疏治灞、浐，俾达渭河，并以工代赈之处，著该抚查核办理。"

（卷67　31页）

光绪四年（1878年）二月癸巳

又谕："左宗棠奏请饬吏、兵两部变通部章，广搜人才一折。军兴以来，各省文武出力员弁准予保（褒）奖。原所以激励人才，遇有保（褒）奖过优部臣按照定章核减，以示限制，系为慎重名器起见。惟时与地有难易，自应量加区别。甘肃、新疆与各省内地情形不同，该处办事出力人员倍著劳苦。所有甘肃、新疆保（褒）案著吏部、兵部酌量从宽核议。他省不得援引为例。应如何酌定章程之处，著该部妥议具奏，至所称外省汇保（褒）各案奉旨允准者，部臣不可再加指驳等语。吏部、兵部奏定新章均系奉旨允准之件，嗣后各省督抚保（褒）奖出力人员不得稍涉冒滥。该部遇有保（褒）案亦不得稍从刻核，用昭平允。"

（卷67　39页）

光绪四年（1878年）二月己亥

谕军机大臣等："豫师奏预筹减汰防营，请饬拨欠饷一折。近据左宗棠等奏报克复南路各城，回疆一律肃清。是关外军务即可告竣。所有西宁防军五营自宜全行裁撤，以节糜费。据奏该营欠饷甚巨，必须预筹资遣之需，方不至临时迟误，自属实在情形。著沈葆桢、文格于各该省积欠月饷内无论如何为难，各筹拨银四五万两迅速解赴西宁，俾资应用。豫师前已有旨，令其署理乌鲁木齐都统，著俟接署有人即行赴任。将此由四百里各谕令知之。"

（卷68　48页）

光绪四年（1878年）二月庚戌

又谕："左宗棠奏城守尉强占农民水利，据实参劾。崇志奏特参劣员任意妄为，有碍体制各一折。甘肃庄浪城外水分四坝，系民间旧有水利。同治九年间，回匪扰及平番县境内，四渠百姓多入满城避难。前庄浪城守尉庆志商令百姓暂让渠水入城，俾兵民灌园汲饮。上年该处亢旱，民间引入城之水灌田，庄浪城守尉崇光禁阻不准，茶马同知平治越职干预民事，将民人陈文耀拘押。经地方官会同妥员勘明，该营官员及五旗头人亦愿将渠水依旧还之于民，崇光仍坚执不允，平治阿附崇光勒民修坝让水。因陈文耀不肯具结，笞责数千，以致众论沸腾。崇光图占水利已属乖谬，该员并买民间孀妇费氏为妾，索取该氏前夫遗债，以图肥己。办理营务不知体恤兵丁，整顿营务种种殊出情理之外，著交部严加议处，平治于地方水利事件妄行干预，滥刑枉断，谬妄糊涂，著即行革职，以示惩儆，永不叙用一折。"

又谕："左宗棠奏特参贪劣不职之员，请革职永不叙用一折。前署安西直隶州知州升用知府尽先选用直隶州知州刘馨山于署任内，竟有捐摊草束，贩卖料豆，因公敛费，勒赔公款等情。实属丧耻昧良。刘馨山著即行革职永不叙用，以儆官邪。"

以甘肃镇迪道福裕署西宁办事大臣。

（卷68　63页）

光绪四年（1878年）三月丁巳

又谕："刘典奏请开缺回籍养亲并就医治病一折。据称现在新疆肃清，军务大定，关内防营一时纵难尽裁。督臣可以就近兼顾，无须另员照料。伊母衰病愈增，需人侍奉，并自陈病状，请开缺回籍养亲治病等语。关外军务告竣，一切善后事宜尚须筹划。所有后路防营及转运各事，该大臣是否可以兼顾，无须刘典帮办之处。即著斟酌情形，奏明办理。将此谕令知之。"

（卷69　74页）

光绪四年（1878年）三月己巳

谕内阁："左宗棠奏历陈下忱，请收回成命一折。前因回疆底定，加恩左宗棠由一等伯晋为二等侯。原以该大臣督办军务，力任其难，当此疆圉肃清，自应特沛殊恩，用彰伟绩。乃该大臣成功不居，弥怀悚仄，具见悃忱。惟朝廷锡爵酬庸权衡至当，功懋懋赏，礼亦宜之。尚其勉图报称，毋再固辞。"

（卷70　84页）

光绪四年（1878年）三月戊寅

以游荡不法，革甘肃副将刘高升职。

（卷70　93页）

光绪四年（1878年）四月辛巳

西宁办事大臣豫师奏保积年出力蒙、番。得旨："拉旺多布吉等著理藩院查明该副盟长等，从前得有何项奖叙，开单呈览。余著该衙门议奏。"

（卷71　96页）

光绪四年（1878年）四月己丑

谕军机大臣等："崇志奏请酌加俸饷马乾银两一折。凉州、庄浪满洲营兵例支俸饷马乾银两向由甘肃藩库支领。嗣经奏明，由四川协甘饷内每月划拨实银五千两，以为该两营俸饷马乾之需，仅敷旧额三分之一。现据崇志奏称，兵丁苦累，请再加二成等语。并照所请，仍由四川协甘饷内每月加拨实银二千两，并前按月划拨之五千两，每月共拨银七千两，以足该两营五成饷需。即著左宗棠、丁宝桢照数筹解划给。自奉旨之日起，由崇志委员领取，俾得认真操防。前据编修高万鹏奏，请将关外勇丁留布各城，选精锐以补换防兵额，其余分业农商，以实回疆等语。著左宗棠酌度情形，妥筹办理。原折著摘抄给左宗棠阅看。将此各谕令知之。"

（卷71　105页）

光绪四年（1878年）四月戊申

谕内阁："左宗棠奏提督因病出缺，恳请优恤等语。甘肃提督李辉武前在湖南、湖北、四川、陕西等省军营，前后数百战，所向有功。在署汉中镇任内整顿营务，军民和洽，均能有裨地方。兹因伤病出缺，殊堪轸惜。加恩著交部照提督军营立功后病故例从优议恤，以彰茂绩。"

（卷72　119页）

又谕："左宗棠奏仍恳允收成命一折。所称回疆底定，巨憝稽诛，各省灾祲，又复叠见。正君臣交儆之时，不敢滥膺高爵等语。具见敬畏之忱，实堪嘉尚。际此时艰孔亟，该大臣于应办事务殚竭忠诚，妥为筹划，即所以图报称而济艰难。至该大臣两次陈请，固非饰让鸣高，而锡爵酬庸朝廷亦当有以示劝，著仍遵前旨，毋再固辞。"

又谕："左宗棠奏请将捐输巨款之道员奖叙等语。道员胡光墉捐银助赈，前据梅启照奏请核奖，业交户部核给奖叙。至该员历年购办西征军火，筹运饷项，一切均无贻误，其劳绩实与前敌无异，自应量予鼓励。胡光墉著赏穿黄马褂。"

以记名提督周达武为甘肃提督。

以关陇肃清，西宁防营防剿出力，赏知州玉昌锋勇巴图鲁名号，总兵宛大胜换苏彰阿巴图鲁名号，副将蔡玉新桓勇巴图鲁名号，参将刘定国信勇巴图鲁名号，朱世明直勇巴图鲁名号，白玉林克勇巴图鲁名号，守备何得彪振勇巴图鲁名号，并以都司用。提督张得胜三代正一品封典，总兵罗景杨三代二品封典，蔡正和等两代二品封典，都司何成章四品封典，知县彭致远五品封典，副将刘天云头品顶戴，道员张宗翰二品顶戴，运同忠曾三品顶戴，并以知府用。参将刘润高花翎，并以副将用。都司何朝荣等花翎，并以游击用。通判文喜等花翎，从九职衔郑仁辅等蓝翎，余升叙加衔有差。

（卷72　120页）

光绪四年（1878年）五月庚戌

又谕："左宗棠奏特参渔利勒派之署知县，请旨革职等语。甘肃即补同知直隶州知州朱懋修，前于署安定县时，民力疲敝，不思拊（抚）循，辄敢因公渔利，苛派抑勒，实属贪鄙。著即行革职，永不叙用。"

又谕："左宗棠奏营员贪庸不职，请分别革职降补等语。甘肃洮岷协中军都司阮道元克扣兵饷，勒索陋规。著即行革职，严行查办。该管官署洮岷协副将补用总兵马鸿图失于觉察，亦有应得之咎，著以都司降补。"

（卷73　122页）

光绪四年（1878年）五月辛亥

钦差大臣左宗棠奏："统领武威军道员魏光焘拟由阖军筹备经费，在平凉府城建祠，以祀武威军阵亡伤故文武员弁，并附祀阵亡官绅，请饬立案。"下部知之。

（卷73　124页）

旌表义烈捐躯甘肃知府黄翥先之妾彭氏。

（卷73　125页）

光绪四年（1878年）五月甲子

又谕："左宗棠奏复陈刘典病难速痊，亲年笃老，恳准开缺回籍，并请简员帮办各折片。通政使司通政使刘典，著准其开缺回籍。前任浙江巡抚杨昌濬著赏给四品顶戴，帮办甘肃、新疆善后事宜。刘典著俟杨昌濬驰抵甘肃后再行交卸回籍。"

钦差大臣左宗棠奏："兰州城垣修理银数由本任养廉拨还。"得旨："左宗棠著交部从优议叙。此项工程免其造册报销。"

（卷73　135页）

光绪四年（1878年）五月丁卯

以办赈积劳病故，予甘肃巩秦阶道张树棻、山西绛州直隶州知州陈世纶、赵城县知县刘祥瀚等交部议恤。

（卷74　139页）

光绪四年（1878年）七月丁卯

谕内阁："左宗棠等奏甘肃现办禁种罂粟情形，谨将查禁不力及实在出力各员分别惩劝各折片。栽种罂粟有害民食，例禁綦严。此次甘肃经左宗棠等督饬司道设法劝禁，已著成效。办理尚属认真。所有查禁不力之尽先题奏道宁夏府知府李宗宾业因另案撤任，著暂行革职，并案查办。候补直隶州知州代理宁夏县知县胡韵兰著撤销请补阶州直隶州知州之案，察看酌量另补。灵州知州孙承弼，卸署平罗县事两当县知县任懋修，卸署中卫县事磔伯县知县邵杜均因另案撤任，著并案查办。宁朔县知县贺昇运失察县境栽种罂粟，撤任后旋即查拔净尽，著免其置议，开缺另补。其查禁尤为出力之宁灵厅同知喻光容著赏加知府衔，署中卫县知县刘然亮著交部从优议叙，署宁夏府知府张家槐、署平罗县知县吕恕、代理宁夏县知县李日乾、代理灵州知州德荫均著交部议叙。署甘肃宁夏镇总兵冯南斌督饬兵勇随时锄拔，甚为得力，著交部照一等军功例议叙。各省栽种罂粟前经谕令严行查禁，仍著各该督抚实力奉行，分别惩劝，毋得视为具文。"

（卷76　171页）

陕甘总督左宗棠等奏："酌定西宁留防炮队饷章，照土勇营制支发。"报闻。

（卷76　172页）

光绪四年（1878年）八月戊子

又谕："左宗棠奏营员保（褒）案疏漏，请饬更正，并自请议处等语。副将钟南英前经因案革职，左宗棠于会克吐鲁番城出力案内将该员保（褒）奖，漏未声叙原案，奏请开复，殊属疏忽。左宗棠著交部议处，惟据称钟南英叠著劳绩，带队得力，著照所请于关陇肃清案内开复该员原官原衔，免缴捐复银两。克复吐鲁番各城案内免补副将，以总兵留于甘肃补用，并仍赏给赫勇巴图鲁名号。千总宋德昌著仍照原保（褒）开复原官原衔留于甘肃提标尽先补用，以示鼓励。"

（卷77　184页）

以废弛营务，革甘肃副将龚晓亭等职。

以摊扣牛籽银两，革甘肃通判丁衡等职。

（卷77　185页）

光绪四年（1878年）九月乙亥

以营伍废弛，革甘肃游击唐友山职。

（卷78　206页）

光绪四年（1878年）十月己卯

谕军机大臣等："本年直隶、山西、河南、陕西被灾，福建侯官县被水，山东德州等处被旱、被风、被雹。节经各该省奏到，将新旧钱粮分别蠲免缓征，并因山西、河南赈务孔急，特令户部拨银二十万两，截留南漕十六万石，江苏等省各协银数万两，并令内务府拨银数万两，又拨给山西东漕十二万石，接续办赈。由户部拨银二十万两以充运费，拨江苏漕米十二万石，江北漕米四万石，交李鸿章分拨直隶灾区，暨准户部所请，将直隶平粜余米海运浙江漕粮，拨济河南赈需。划拨银两，备灾民籽种等项。给与安阳等县贫民口粮，赏给直隶等省资遣饥民银两，并谕令江西、福建、广东、湖北、湖南各督抚确查被水地方，预筹拯救。福建、广东等省被风、被水，经该督抚等查勘抚恤。陕西蓝田等处被水、被雹，该抚分别调剂。安徽婺源被水，该抚拨银抚绥。河南武陟县沁河漫口，田庐被淹，该抚设法疏消，力筹拯恤，小民谅可不至失所。惟念来春青黄不接之时，民力未免拮据，著传谕该督抚等体察情形，如有应行接济之处，即查明据实复奏，务于封印以前奏到，候朕于新正降旨加恩。浙江湖州等处缺雨，安徽安庆等府被水，广西永福等处被水，山东、甘肃间有被水、被旱、被雹之处，江苏低田被淹，间有蝗子，均经该督抚等委员查勘，即著迅速办理，并将来春应否接济之处一并查明，于封印前奏到。此外，各省有无被灾地方，应行调剂抚恤之处，著该将军督抚等一并查奏，候旨施恩。将此各谕令知之。"

（卷79　211页）

光绪四年（1878年）十月辛巳

予军营积劳病故，前甘肃按察使刘于浔优恤，并附祀张芾、江忠源专祠，从江西巡抚刘秉璋请也。

（卷79　214页）

光绪四年（1878年）十月丁亥

（两广总督刘坤一等）又奏："粤省库项支绌，陕甘协饷力难筹措，请划还洋款外，余银免解。"下部议。

（卷79　217页）

光绪四年（1878年）十月乙未

命署乌鲁木齐都统西宁办事大臣豫师开缺回旗，以乌鲁木齐领队大臣恭铠署乌鲁木齐都统。

（卷80　223页）

光绪四年（1878年）十月丙申

赏镶黄旗汉军副都统喜昌副都统衔为西宁办事大臣。

（卷80　224页）

光绪四年（1878年）十月庚子

谕内阁："左宗棠奏请将庸劣不职之知县革职一折。甘肃礼县知县束瞻泰于地方应办事宜漫不经心，疲玩性成，难期振作，且有嗜好，著即革职，以示惩儆。"

（卷80　227页）

光绪四年（1878年）十一月己酉

以亏欠官项，革甘肃补用知州陈懋林职。

（卷81　237页）

光绪四年（1878年）十一月壬子

理藩院奏遵旨："议复历年带兵剿匪出力贝勒等奖励。"得旨："青海副盟长多罗贝勒拉旺多布吉、札萨克头等台吉达阔等追剿贼匪异常出力，洵属可嘉。贝勒拉旺多布吉著加恩赏用紫缰，札萨克头等台吉达阔著加恩赏戴花翎，并均著加恩挑在乾清门行走，以示奖励。"

（卷81　239页）

光绪四年（1878年）十一月癸酉

先是陕甘总督左宗棠奏营员贪庸不职，分别降革。仍谕左宗棠严行查办。至是奏称已革洮岷协中军都司阮道元克扣兵饷，为数无多，已勒令悉数缴出。勒索陋规，均未到手，业经革职，应即勒令回籍，不准投效军营。从之。

以聚赌干禁，革甘肃参将李全胜职。

以办赈不善，革甘肃县丞谢英桂职。

（卷82　263页）

光绪四年（1878年）十二月己丑

予甘肃阵亡殉难员弁兵团绅耆妇女崇庆等六万一千六百四十七员名口分别旌恤如例。

（卷83　275页）

光绪四年（1878年）十二月庚寅

以祷雨灵应，颁甘肃庆阳府文殊庙扁额曰"流香飞越"。

（卷83　275页）

光绪四年（1878年）十二月乙未

谕内阁："左宗棠奏请调员差委，并请将前调同知留营等语。浙江补用知府陈宝善，著梅启照饬令该员前赴左宗棠军营听候差遣。广东试用同知魏炳蔚，著准其留于左宗棠军营差遣。"

（卷84　280页）

光绪四年（1878年）十二月戊戌

命青海固山贝子伊达木林沁在乾清门行走，赏喀尔喀辅国公密什克多尔济、青海辅国公罗布藏端多布、伊克明安辅国公巴克莫特多尔济花翎。

喀尔喀多罗郡王鄂特萨尔巴咱尔等三人、青海固山贝子伊达木林沁等二人、伊克明安辅国公巴克莫特多尔济一人、察哈尔辅国公济楚克札木苏一人、乌珠穆沁镇国公堆代札布等二人、乌喇特镇国公色楞那木济勒一人、科尔沁辅国公哈斯巴图尔等二人、苏呢特辅国公玛哈西哩一人、喀喇沁公衔头等塔布囊和硕额驸阿育尔札那一人、鄂尔多斯公衔头等台吉札那巴兰札一人于养心门内瞻觐。

（卷84　284页）

光绪五年（1879年）正月庚戌

谕军机大臣等："左宗棠奏安集延逆目纠众谋逆，剿捕藏事一折。安集延逆目阿里达什由俄官处告假，潜出纠众，谋袭喀什噶尔。经刘锦棠督率官军星驰进剿，克期扑灭，阵毙首逆阿里达什。办理尚为迅速。刘锦棠于逆谋甫露之时迅赴戎机，俾边境不至惊扰，尚属认真。仍著左宗棠饬令随时严密防范，以安边圉。布鲁特回目库弥什协助官军先歼逋寇，颇知效顺，并著传旨嘉奖。此次出力员弁著准其汇案保（褒）奖，阵亡之拟保总兵衔副将丁远学、拟保守备李富贵、拟保把总罗中英、梁胜德均著交部照拟保官阶，从优议恤。阿里达什由俄国告假，潜出寇边，既经伏诛。此外，逆党之遁匿俄境者尚多，应如何申明禁约之处，著该衙门照会俄国驻京使臣查照，并著崇厚于抵俄国后按照条约妥筹办理。陕、甘两省文武各员年终密考，近数年来该督均未办理，嗣后仍著照例具奏。将此谕知崇厚并由五百里谕令左宗棠知之。"

大学士陕甘总督左宗棠奏："杨昌濬可否专折奏事。"得旨："杨昌濬著查照刘典成案，专折奏事。"

（卷85　296页）

光绪五年（1879年）正月丁巳

大学士陕甘总督左宗棠奏："复陈赈恤土尔扈特南部落新归人众情形。"报闻。

予前帮办陕甘军务通政使司通政使刘典照侍郎例赐恤，谥果敏。

（卷85　300页）

光绪五年（1879年）正月丙寅

陕甘总督左宗棠奏："西征军需恳仍遵前旨开单报销。"允之。

（卷86　305页）

光绪五年（1879年）正月丁卯

以非刑毙命，革甘肃总兵易良贵职并逮问。

（卷86　306页）

光绪五年（1879年）正月戊辰

陕甘总督左宗棠奏："驻防满营专饷恳饬部筹拨。"下部议。

以贪劣被控，革甘肃代理安化县知县龙寿昌职并逮问。

（卷86　309页）

光绪五年（1879年）二月癸未

又谕："本年轮应查阅直隶、山西、陕西、四川、甘肃五省营伍之期。直隶著即派李鸿章，山西即派曾国荃，陕西即派谭钟麟，四川即派丁宝桢，甘肃即派左宗棠，逐一查阅，认真简校。如有训练不精，军实不齐者，即将废弛之将弁据实参奏，毋得视为具文。"

（卷87　322页）

光绪五年（1879年）二月丁酉

以被控贪劣，革甘肃安化县知县龙寿昌职并严讯。

（卷88　331页）

光绪五年（1879年）三月戊申

喀尔喀札萨克头等台吉栋多克多尔济一人、青海札萨克辅国公罗布藏端多布等二人在神武门外瞻觐。

（卷89　341页）

光绪五年（1879年）三月庚申

以私行离营，革甘肃留营蓝翎侍卫李登第职。

以挪欠公款，革署安西协副将邹廷赞职并严追。

以知情同谋劫粮，革甘肃参将关占春职并严讯。

（卷90　353页）

光绪五年（1879年）闰三月丁亥

陕西巡抚谭钟麟奏："收过本省及外省各官捐助银两数目可否给奖，请旨一折。"得旨："除胡光墉业经请奖外，左宗棠等所捐银两均著照各省赈捐章程请奖。"

（卷91　374页）

光绪五年（1879年）闰三月乙未

改铸甘肃平庆泾固化兵备道关防暨固原直隶州印信，补铸肃州镇属桥湾营都司、红崖堡守备、陕西平凉城守营游击、盐茶营都司各关防，从陕甘总督左宗棠请也。

（卷 92　381 页）

光绪五年（1879年）闰三月丙申

谕内阁："左宗棠奏请将故员事迹宣付史馆一折。已故内阁中书安徽颍州府教授夏炘学有经术，通知时事，曾在营幕代筹军食，师得宿饱。已故刑部主事王柏心学识过人，熟悉山川形势，左宗棠督师关陇多资其议。已故中书科中书吴士迈治军严整，同治年间随同剿办回匪，所向有功。已故翰林院编修吴观礼潜心书史，笃于内行，左宗棠治军闽、浙、陕西等省深资筹策。以上四员均属有裨军务，志节可嘉。著照所请，将该故员等事迹宣付史馆立传，以资观感。"

又谕："左宗棠奏特参贪劣狡诈各员一折。甘肃补用知府毕成霖侵吞公款，劣迹昭彰。卸署平罗县事两当县知县任懋修苛敛营私，声名狼藉。前代理奇台县知县甘肃补用直隶州知州冒沂倚信丁役，舆论沸腾。前署张掖县知县甘肃补用同知吴本烈嗜利无厌，心殊狡猾。甘肃补用知县周之鉴浮收粮石，需索票费。前署宁夏府经历补用典史陈宝善借查罂粟，诈索银钱。均著革职，永不叙用。甘肃大通营游击副将衔参将屈复扬婪索票税规费，诈扰商民。前署平川堡守备尽先游击朱玉昆谬率任性，紊乱旧章。均著革职，不准投效军营，以示惩儆。"

（卷 92　381 页）

光绪五年（1879年）四月乙卯

以甘肃剿办番众出力，予总兵沈玉遂优叙，游击马占鳌以参将用加副将衔，千总马如蛟、马德均以守备用并赏花翎，余升叙加衔有差。

（卷 93　392 页）

光绪五年（1879年）四月丙寅

又奏："晋省西征月饷实难筹解。"得旨："据奏晋省雨泽愆期，灾象复见，上忙钱粮尚未征收，自系实情。所有西征月饷准其暂缓筹解。本日据锡纶奏请饬催山西应解饷银，亦已将现在未能拨解情形谕知矣。"

（卷 93　396 页）

光绪五年（1879年）五月癸未

陕甘总督左宗棠奏："同治十三年份关陇肃清军需共支发银八百一十七万八千九百余两，欠发营旗饷银八百四十五万三千二百余两，阵亡赏恤银三十六万六千六十余两，欠还借项银二百三十五万三千一百余两。"报闻。"又请将提督范子湘、总兵吴禧德、黄兆熊、副将马必胜、屈国香、都司邹玉标以原官留于陕甘叙补。"从之。

（卷94　406页）

光绪五年（1879年）五月甲申

以侵匿银两，革提督李泗益、都司黄金钺职，提解甘肃讯办。

（卷94　407页）

光绪五年（1879年）五月己丑

命陕西巡抚谭钟麟入觐，以布政使王思沂护理陕西巡抚，以前甘肃西宁镇总兵黄武贤为云南临元镇总兵官。

（卷95　411页）

光绪五年（1879年）五月庚寅

陕甘总督左宗棠奏："遵谕伊犁被胁人众免罪。"得旨："该督既出示晓谕，自足以安回众之心。将来收城之日仍当会商金顺约束兵勇，毋致别启事端。所有投出人众如何安插之处，著妥筹办理。"又奏："甘肃兵燹后标路各营官兵未复旧额，本年查阅营伍势难举行，请展至下届办理。"从之。

（卷95　414页）

光绪五年（1879年）五月壬寅

予已故甘肃提督署陕西汉中镇总兵李辉武于汉中府城及宝鸡县城建立专祠。

（卷95　422页）

光绪五年（1879年）六月庚戌

谕军机大臣等："喜昌奏川属果洛克暨西藏番匪叠次抢杀玉树番众，请饬查办一折。四川所属果洛克暨西藏番匪叠次抢杀行旅。西宁所属之玉树地方屡被该匪等抢掠牲畜，伤毙番众，勒索兵费，强罚羊只。亟应严行惩办，以儆凶顽。著恒训、丁宝桢、松滋、色楞额立即查明，从严惩办，俾安边围，毋得仍前玩忽，致贻后患。将此各谕令知之。"

（卷96 428页）

西宁办事大臣喜昌奏："马加国世袭伯爵摄政义等拟由青海至西藏游历，请饬总理各国事务衙门照会阻止。"下所司知之。

（卷96 429页）

光绪五年（1879年）六月庚申

陕甘总督左宗棠奏："请增狄道州学廪缺十名，以归划一。"下部议。

颁陕西靖远营副将敕书，补铸陕西靖远协营副将关防，从陕甘总督左宗棠请也。

准已故甘肃提督李辉武于陕西汉中府城及宝鸡县城建祠。

（卷97 443页）

光绪五年（1879年）七月戊寅

谕内阁："左宗棠奏甘肃东南各州、县地震情形，现筹抚恤一折。甘肃阶州等州县于本年五月初十日地震，至二十二日始定。其间或隔日微震，或连日稍震即止。惟十二日阶州、文县、西河等处大震有声，城堡、庙宇、官署、民房率多倾坏，伤毙多人。览奏实深矜悯。著左宗棠委员详加查勘，将被灾户口妥为抚恤，毋任失所。阶州教谕鲁遵孔、训导栗遇寅阖家眷属被灾陷没，著即查明请恤。左宗棠以奉职无状请旨立赐罢斥，具见遇灾省过之意。该督惟当时深敬惕，尽心民事，俾地方乂安，间阎乐业，用副委任。所请立予罢斥之处著毋庸议。"

陕甘总督左宗棠奏："甘肃镇西厅等处虫灾情形。"得旨："所有虫蝝滋生之处，仍著督饬地方实力捕治，以绝根株。"

（卷98 456页）

光绪五年（1879年）七月戊子

谕内阁："国子监司业张之洞奏请修省以弭灾变，敬陈管见一折。本年六月以来金星昼见，五月中旬甘肃地震为灾，陕省毗连处所同时震动，自应恐惧修省以弭灾沴。著在廷诸臣有言事之责者于政事阙失、民生利病，懔遵历次谕旨，剀切敷陈，用备采择。至中外臣工务当振刷精神，实事求是，毋蹈因循疲玩之习。如有因事获咎者，非平日官声卓著之员，各该督抚均不得奏请调遣及乞恩释回。其来京另候简用大员引疾归田，朝廷原不欲故为逆亿。第该员等受恩深重，病体痊愈，即应赴阙候简，岂可稍耽安逸，自外生成。小民生计全在廉洁之吏，随时培养。近来宦途颇杂，廉吏罕闻，甚至病国以肥身家，剥民以媚大吏。民生日蹙，职此之由，著各该督抚认真访察，秉公举劾。属吏中如有清操卓著者即当据实保荐，特加奖擢，以风其余。各省厘卡、饷项所资虽未能一体裁撤，亦应严禁苛索，以恤商民。该司业所称宽比较之数，慎任用之人，以约束稽核之权，付诸地方州县官等语。著各该督抚酌度情形，妥筹办理。又据称本年河汛甚猛，河南省城外险工可危，请筑月堤，并挑掘引河以资保卫一条。著河东河道总督、河南巡抚会商妥办。折内所称地震情形，东至西安以东，南过成都以南等语，何以未见丁宝桢奏报，著该督查明，据实具奏。"

（卷98　460页）

光绪五年（1879年）七月丙申

陕甘总督左宗棠奏："蒙部多古罗王所属可否改归札希德勒克管理。"下所司议。

（卷98　467页）

光绪五年（1879年）八月壬寅

调顺天府府丞潘斯濂为奉天府府丞兼学政，命翰林院侍讲汪鸣銮提督江西学政，工部右侍郎张沄卿提督浙江学政，户部右侍郎昆冈提督福建学政，翰林院编修臧济臣提督湖北学政，陶方琦提督湖南学政，戴鸿慈提督山东学政，黄玉堂提督山西学政，郑衍熙提督甘肃学政，陈懋侯提督四川学政，冯尔昌提督广东学政，秦澍春提督广西学政，卢崟提督云南学政，林国柱提督贵州学政，顺天学政徐致祥、江苏学政夏同善、安徽学政孙毓汶、河南学政廖寿恒、陕西学政樊恭煦均留任。

（卷99　472页）

光绪五年（1879年）八月庚申

又谕："编修高万鹏奏请饬罢操切之政，以弭衅端一折。据称秦陇等处烟土均由滇、蜀入汉中贩运而来，肩挑背负，多系贫民。近闻陕甘大吏于烟土入境严拿焚烧，此辈半系盐枭改业，素非安分之徒，且汉中签会等匪群思蠢动，一旦绝其生计，恐勾结响应，易启衅端，并闻陕西盩厔县已有滋事之案。请饬暂罢烧烟之令等语。著左宗棠、谭钟麟、王思沂体察情形，酌量办理。盩厔如何滋事，并著谭钟麟、王思沂据实具奏。另片奏洋烟流入中国，耗费不赀，若不能禁洋烟之来，而徒禁中国之栽种，是其利专归之洋人，漏卮更大。且近闻江汉关洋票现已行至陕境，若执洋票而来者更将何以处之等语。著左宗棠等一并妥筹具奏。原折片均著抄给阅看。将此密谕左宗棠、谭钟麟并传谕王思沂知之。"寻王思沂奏："遵查盩厔滋事实因该县应纳道仓米石，向由旗甲等催征解交。升任粮道边宝泉以该县夏粮未能扫解，饬县传谕该旗甲等造册备查，旗甲抗不遵办所致，与禁种罂粟无涉。陕甘总督左宗棠奏遵议查拔罂粟，禁贩外来烟土，办法实非操切。"得旨："既有成效，仍著随时认真办理，毋弃前功。"

陕甘总督左宗棠等奏："西征新饷请饬各省关提前赶解。"得旨："著户部查照左宗棠等咨行单内所开各省关欠饷数目，迅速咨催，务令提前赶解大批，于年内解到该营，以济急需。"

（卷99　482页）

光绪五年（1879年）八月壬戌

以祈雨灵应，颁甘肃西宁府海神庙扁额曰"德至泽洽"。

（卷99　484页）

光绪五年（1879年）八月乙丑

谕军机大臣等："昨因总理各国事务衙门奏崇厚与俄国商办交收伊犁事宜。轻率定议画押，当经谕令左宗棠等筹划密奏。本日据左宗棠奏复陈边防一折。所陈界务、商务大略及妨民病国各条虑远思深，洵属老成之见。特崇厚现已定议画押，事机已误，惟有亟筹补救，设法挽回。著左宗棠懔遵昨日谕旨，将商务、界务如何办理始臻周妥之处，或约章必不可允，边防一切如何布置始无患生肘腋之虞，详细筹度，妥议具奏。前据编修高万鹏奏秦陇等处闻有烟土入境，严拿焚烧之事，请暂罢此令以弭衅端。曾谕该督酌办。此次左崇棠折内所称甘境禁种罂粟，根株净尽，现拟出示禁止外来土烟，如有川、滇客民贩土入境者，当众焚烧，薄与责惩等语。是高万鹏所奏事非无因，仍著左宗棠体察情形，妥筹办理。将此由五百里密谕知之。"

陕甘总督左宗棠奏："阶州等处地震水淹，派员抚恤情形。"得旨："所有被灾较重地方著即饬属将诸务妥速筹办，加意抚恤，毋令小民失所。"

（卷99　487页）

光绪五年（1879年）八月丙寅

以收受规费，革甘肃署梨园营都司严象龙职。

（卷99　488页）

光绪五年（1879年）九月辛未

调甘肃布政使崇保为山东布政使，赏已革浙江巡抚杨昌濬三品顶戴，署甘肃布政使仍帮办甘肃、新疆善后事宜。

（卷100　490页）

光绪五年（1879年）十月癸卯

谕军机大臣等："本年直隶、山西、河南被灾，山东平度州等处被水，节经各该省奏到将新旧钱粮分别蠲免缓征，并因直隶、文安等州县积水无麦，拨给江苏、浙江本届漕米各四万石，安州等处被水，拨给江北漕粮六万石，又以前截漕粮不敷，复拨湖北新漕三万石，借资赈恤。山西赈粮不敷，拨山东漕米八万石，并轻赍等银三万数千两、豆子二千七百余石。又因赈抚善后无款，部库拨银二十万两，又拨山东等省地丁等银三十万两，以济要需。江苏、清江等处被风，陕西、甘肃、潼关、阶州等处地震，山东、济南石圩被冲，广东三水等县被水，四川南坪等处地震，云南邓州等处盐井被冲，均经该督抚等查勘抚恤，小民谅可不至失所。惟念来春青黄不接之时，民力未免拮据，著传谕该督抚等体察情形，如有应行接济之处，即查明据实复奏，务于封印以前奏到，候朕于新正降旨加恩。直隶、山西春夏缺雨，江苏阳湖县被雹，浙江杭州等府各属被旱、被虫、被雹、被风，江西安福等县、安徽安庆等属、湖南湘阴等处、湖北各属、浙江绍兴等处低田被淹，江苏、安徽、河南、山西、陕西、甘肃等省间有蝗蝻萌生，均经该督抚等委员查勘，即著迅速办理，并将来春应否接济之处一并查明，于封印前奏到。此外，各省有无被灾地方，应行调剂抚恤之处，著该将军督抚一并查奏，候旨施恩。将此各谕令知之。"

（卷101　507页）

光绪五年（1879年）十月丙午

驻藏办事大臣松溎等奏："果匪野番抢掠为生，此拿彼窜，非会办不能得手。现遵谕饬严督汉番、弁兵认真探访，跟踪缉捕，并咨行成都将军、四川总督、西宁办事大臣一体会拿。"报闻。

（卷101　511页）

光绪五年（1879年）十月辛亥

陕甘总督左宗棠奏："安西州马莲井金厂以陕回抢掠，敦煌县沙州南山金厂以矿老山空，均多年停办，悬欠课项无从报解。请饬部查照立案。"下部知之。

（卷101　513页）

光绪五年（1879年）十月乙丑

青海札萨克头等台吉达什端多布因病乞休，以其子棍布旺济勒袭职。

（卷102　525页）

光绪五年（1879年）十一月己丑

陕甘总督左宗棠奏："拟变通甘省兵制章程十条：一、各标、镇、协、营、汛兵额酌量地方情形分别核减。一、减存兵数，仍按马、步、守分成派定。一、各营兵饷酌予加增。一、武营官弁量为裁改。一、各属分防塘汛酌量改并。一、筹给营书薪水，以免扣缺虚额。一、宁夏、河州两镇所属标路各营互相更调，以便统辖。一、各标营例设马匹应随兵额酌减，以昭核实。一、各标营节省粮饷及马干料草等项应核明提充新疆经费。一、各标、营、汛兵丁随时训练成队，以资敌忾。"下部议。

（卷104　543页）

光绪五年（1879年）十一月丁酉

又谕："锡纶奏酌拟接收伊犁各事宜一折。接收伊犁及分界通商各事，崇厚所议条约章程，暨总理各国事务衙门先后奏陈折件，业经明降谕旨，令廷臣会议。现在尚未复奏。锡纶当静候谕旨。一面仍将目下应办事宜妥筹布置。另片奏棍噶札拉参请酌予假期等语。该呼图克图出关带兵历有年所，现拟请假回乡，情词恳至，即著给假三年并准其驰驿行走。所有阿尔泰山承化寺徒众事务委尚卓特巴喇嘛经管。仍著锡纶随时照料，毋任日久生事。锡纶所请饬催欠款一节已谕令曾国荃如数补放矣。将此由五百里谕令知之。”

（卷104　550页）

光绪五年（1879年）十一月戊戌

谕军机大臣等："喜昌奏请饬催筹拨青海王公俸银等语。前因青海王公积欠俸银，经户部议，由四川筹拨银一万八千二百两，俾资支放。迄今日久，尚未解到。该处情形困苦，待用甚迫，著丁宝桢迅饬藩司无论何款筹拨银一万八千二百两赶紧解交，以应要需。将此由五百里谕令知之。"

（卷104　551页）

光绪五年（1879年）十二月丁未

谕内阁："左宗棠奏甄别各员一折。甘肃安西直隶州知州陈台办事任性取巧，不洽舆情；候补通判叶兆封浮躁嗜利，工于作伪；镇源县知县李洪已鄙劣不职，声名狼藉；前岷州知州花映台嗜好甚深，失察门丁得赃；署通渭县知县林士超性情委靡，诸务废弛；署宁远县知县张炳居心浮伪，不知振作，均著即行革职。即补知县姜文锦才具中平，操守不谨；代理奇台县知县补用直隶州知州王新铭才可有为，利心颇重，均著以府经历县丞降补，仍留甘肃补用，以肃官方。"

又谕："前据刑部奏革员俞应钧等杀毙旌善营弁丁多命一案。左宗棠原奏案情未确，当照该部所议，令左宗棠再行提讯。兹据该督奏称悉心复核，将部驳分晰声叙。此案故杀无辜多命，实革员俞应钧为首，罪无可减。请饬三法司核议等语，著刑部、都察院、大理寺会同复核，定拟具奏。"

（卷105　555页）

光绪六年（1880年）正月癸未

又谕："金顺奏请将催饷道员革职等语。按察使衔甘肃题补道侯桢经金顺派往山东催饷，竟敢日事宴饮，任意招摇，于饷事漠不关心，实属有玷官箴。侯桢著即行革职，以示惩儆。"

（卷107　582页）

光绪六年（1880年）正月己丑

又谕："本日据王大臣等会议筹备边防事宜一折。此次俄国与崇厚所议条约章程多所要求，断难允准，已改派曾纪泽前往再议。惟该国不遂所欲，恐其伺隙启衅，必须有备无患，以折狡谋。新疆防务紧要，左宗棠熟悉边情，老于军事，即著将南、北两路边防通盘筹划，务臻周密。本日有旨令刘锦棠帮办新疆军务。刘锦棠、金顺两军均在前敌，尤为吃重，并著随时侦探防范，会商左宗妥为布置。锡纶现驻塔城，兵力太单，且与俄人逼处，宜策万全。如能就地选募边人，招来蕃属，亦可壮我声威。著与左宗棠商酌办理。棍噶札拉参久在边疆，闻为俄人所惮。该呼图克图前经给假三年，现当用人之际，著锡纶传旨令其销假赴营，统带所部，以为掎角。锡纶驾驭有方，当可收指臂之助。左宗棠前有移营哈密之奏，究竟移扎该处能否联络声势，有裨前敌，于后路不致悬隔，可以兼顾。该督当斟酌情形，妥筹进止。至练生军以防老师，足粮食以计长久，联兵势以完后路，均系目前要著，并著悉心经划，以固疆圉。现在时势艰难，全赖该督等为国宣勤，同仇敌忾。所有一切机宜著于奉旨一月内具奏，以慰廑系。将此由五百里各密谕知之。"

（卷108　588页）

命西宁办事大臣喜昌来京陛见。

（卷108　592页）

光绪六年（1880年）正月庚寅

谕军机大臣等："喜昌昨日有旨令其来京陛见。西宁办事大臣印务即著左宗棠于甘肃、陕西两省满洲、蒙古、汉军道员内拣员奏请派署。现在西路情形若何，久未据左宗棠奏报，暨应如何妥筹布置之处，著该大臣迅速具奏。将此由四百里谕令知之。"

（卷108　592页）

光绪六年（1880年）正月甲午

谕内阁："左宗棠奏各省关筹解协饷各员并案请奖，开单呈览一折。新疆南、北两路军务敉平，各省关历年以来筹济协饷不遗余力，自应量加甄叙。前江西巡抚刘秉璋、江西巡抚李文敏、前湖南巡抚卫荣光、前浙江巡抚梅启照、安徽巡抚裕禄、礼部左侍郎前湖南巡抚邵亨豫、署甘肃布政使杨昌濬、前福州将军庆春、粤海关监督俊启，均著赏加头品顶戴。李文敏、俊启并赏给正一品封典，闽浙总督何璟、两江总督刘坤一、署四川总督丁宝桢均著交部从优议叙。"

（卷108　596页）

光绪六年（1880年）二月甲辰

以前甘肃提督曹克忠交直隶总督李鸿章差遣委用。

（卷109　603页）

光绪六年（1880年）二月壬戌

谕内阁："左宗棠奏请将冒领官粮及知情收买各员分别惩办等语。候选从九品高梓材以粮局委员，胆敢冒领仓粮至一千九百余斤之多。记名总兵于维槐明知高梓材冒领仓粮，辄图利私行收买，均属不法。于维槐著即革职，递解回籍，交地方官严加管束，不准投效各路军营。高梓材著即革职，从重发往黑龙江充当苦差，以昭儆戒。"

（卷110　615页）

陕甘总督左宗棠奏："委已革总兵刘楚华督带防营两旗分驻陕、甘、四川三省毗连凤县、陇州一带，以固边防。"报闻。

以采运军粮侵蚀贻误，逮甘肃总兵萧兆元置诸法。

以运粮迟误，革甘肃游击李维权等职，仍讯办。

（卷110　616页）

光绪六年（1880年）三月庚午

以前甘肃安肃道奎斌交直隶总督李鸿章差遣委用。

（卷111　621页）

光绪六年（1880年）三月乙亥

陕甘总督左宗棠奏："报销军需数目错误，自请议处。"得旨："左宗棠著交部议处。"

（卷111　624页）

光绪六年（1880年）三月戊子

以前福建布政使王德榜交陕甘总督左宗棠差遣委用。

（卷111　631页）

光绪六年（1880年）三月辛卯

礼部以会试中额请。得旨："满洲取中八名，蒙古取中三名，汉军取中六名，直隶取中二十四名，奉天取中三名，山东取中二十一名，山西取中十名，河南取中十七名，陕西取中十五名，甘肃取中十九中，江苏取中二十六名，安徽取中十八名，浙江取中二十五名，江西取中二十二名，湖北取中十四名，湖南取中十四名，四川取中十四名，福建取中二十名，台湾取中二名，广东取中十六名，广西取中十三名，云南取中十二名，贵州取中十一名。"

（卷111 632页）

光绪六年（1880年）三月癸巳

谕军机大臣等："前因青海王公积欠俸银，户部议拨四川银一万八千二百两，俾资散放。上年十一月间，复谕令丁宝桢无谕何款，赶紧筹济。兹据喜昌奏前项俸银业经于西饷内借拨一年。四川拨款能否筹解，迄今未据知照。现存该王公俸银待放甚急，请饬速拨等语。此款为数无几，复经谕旨严催，何以尚未解到，著丁宝桢严饬藩司，克日如数拨解，毋再宕延。将此由四百里谕令知之。"

（卷111 633页）

光绪六年（1880年）三月甲午

谕内阁："左宗棠奏请以甘肃候补知府王镇墉借补秦州直隶州，经吏部以与例不符议驳。兹据左宗棠奏称仍请以该员借补等语。虽为因地择人起见，惟文职劳绩保举候补人员向无借补之例，且该省合例各员内岂无堪以胜任之员。所有秦州直隶州知州一缺仍著该督另行拣员请补，以符定例，所请著毋庸议。"

（卷111 634页）

光绪六年（1880年）四月癸丑

陕甘总督左宗棠奏："委邓承伟护理西宁办事大臣。"又奏："原办西征粮台户部左侍郎袁保恒回京供职，所遗西征粮台事务委陕西布政使接管，并饬驻陕军需局陕安道沈应奎就近帮办。"均报闻。

（卷112 645页）

光绪六年（1880年）四月甲寅

谕军机大臣等："左宗棠等奏番匪滋事，兵团剿办获胜，现筹办理情形一折。甘肃阶州瓜子沟地方番匪古旦巴造言生有活佛，煽惑番民胁令弓坝等处番族各派壮丁随其作乱，攻破西固州同所辖哈河坝民堡，并声称由西固阶州走四川。经左宗棠等饬派总兵沈玉遂、署兰州道刘璈等会同剿办，擒获逆首哈力等二十名，讯明正法，并将墨松坪贼巢捣破。现饬各营谕令良番缚献首要各犯，暂勿深入番地。办理尚为妥协。仍著左宗棠、杨昌濬督饬兵团，分别良莠，宽严互用，以期番族相安迅速蒇事。该匪既有入川之语，并著丁宝桢加意防范，如有余匪窜扰，立即派兵剿办，毋任贻患地方。将此由五百里谕知左宗棠、丁宝桢并传谕杨昌濬知之。"

（卷112　645页）

光绪六年（1880年）四月丁巳

成都将军恒训等奏："甘肃阶州番匪倡乱，现派兵驰赴松潘厅之南坪并龙安府暨昭广等处地方严密防堵，以遏窜扰。"得旨："仍著懔遵本月十七日谕旨加意防范，毋任匪徒窜扰。"

（卷112　646页）

光绪六年（1880年）四月甲子

陕甘总督左宗棠奏："洮岷土司所属番匪聚众滋事，官兵民团剿办获胜情形。"得旨："即饬各将领会同川省官军实力搜捕，毋留余孽，以靖地方。"

（卷112　651页）

光绪六年（1880年）五月戊辰

陕甘总督左宗棠奏："剿办番匪获胜，现筹大举搜捕。"得旨："即著饬令各将领会同川省官军实力搜捕，毋留余孽，以靖地方。"

予甘肃军营病故原任安徽寿春镇总兵易开俊恤典如例。

（卷113　655页）

光绪六年（1880年）五月丁丑

予前任陕甘总督正白旗汉军副都统布彦泰恤典如都统例，子候选主事松岫，著俟孝满带领引见。

（卷113　660页）

光绪六年（1880年）五月甲申

以地震遇难，予甘肃阶州学正鲁遵孔、训导栗遇寅恤典。

予甘肃殉难员、弁、兵、团、绅、耆、妇女一万五千二十四员名口分别旌恤如例。

准故帮办陕甘军务通政使刘典于甘肃省城建立专祠。

（卷113　662页）

光绪六年（1880年）五月乙酉

谕内阁："左宗棠、杨昌濬奏官军剿办番匪，擒获首逆，全境肃清一折。甘肃阶州瓜子沟番匪古旦巴于上年五月间生子，适值地震之时，诡称伊子为活佛，煽惑番民，胁令各番族啸聚为乱。本年三月间胆敢攻破西固州同所辖民堡，滋扰地方。经左宗棠等派总兵沈玉遂、道员刘璈等会同剿办，迭次击败，将瓜子沟逆巢攻克，阵斩匪类多名，旋获首犯古旦巴即勺羊任节等，讯明正法，并将逆子拿获。地方一律肃清，办理尚为妥速。仍著左宗棠、杨昌濬督饬文武将抚绥善后事宜妥为经理，以靖边疆。所有在事出力各员弁准其择尤保（褒）奖，毋许冒滥。阵亡弁勇并著查明请恤。"

（卷113　662页）

光绪六年（1880年）五月辛卯

成都将军恒训等奏："剿办甘肃阶州番匪情形。"得旨："据奏番匪古旦巴等就擒，边境肃清，与左宗棠等奏情形大略相同。南坪岩利各匪番寨悔罪投诚，著督饬地方文武妥为抚驭，以消隐患。"

（卷113　666页）

光绪六年（1880年）六月丙午

乌里雅苏台将军吉和留京当差，以乌里雅苏台参赞大臣杜嘎尔为乌里雅苏台将军，赏西宁办事大臣喜昌副都统衔为乌里雅苏台参赞大臣。

（卷114　674页）

光绪六年（1880年）六月丁未

赏太仆寺卿福锟副都统衔，为西宁办事大臣。

（卷114　675页）

光绪六年（1880年）八月戊申

又谕："前有旨谕令左宗棠来京陛见，迄今未据复奏，殊深廑系。现在关外军务是否布置周密，接替之人务须威望夙著，堪胜督办重任，俾朝廷得免西顾之忧。著该督一面筹划妥协即行来京，一面迅速奏闻。将此由五百里密谕知之。"

光绪六年（1880年）八月戊午

又谕："左宗棠奏遵旨复陈并布置情形及请免保荐人才各折片。左宗棠现在料理起程来京，关外一切事宜应即交替。刘锦棠威望素著，办理新疆善后事宜诸臻妥协，著署理钦差大臣督办新疆军务。俟刘锦棠到哈密后，左宗棠即将钦差大臣关防交给祗领，所有新疆一切布置并著详细告知，妥为筹办，即行迅速北上。所请派署陕甘总督篆务著听候谕旨。金顺驻扎西路，距伊犁较近，一切边防情形著随时与刘锦棠和衷商办，以维大局。喀什噶尔逼近俄境，亦关紧要。刘锦棠起程后须派得力将领认真防守，毋稍大意。前谕左宗棠保荐将才，原以该大臣平日留意人才。见闻所及必有深知其人，堪膺任使者，不必拘定现在新疆军营之人，仍著胪举以闻。黄少春已照谭钟麟所请谕令赴浙办理防务矣。将此由六百里各谕令知之。"

光绪六年（1880年）九月辛巳

兵部以武会试中额请。得旨："满洲蒙古取中四名，汉军取中三名，奉天取中一名，直隶取中十六名，陕甘取中五名，广东取中十四名，河南取中八名，山东取中十名，江苏取中八名，安徽取中八名，山西取中六名，湖北取中四名，湖南取中四名，四川取中七名，广西取中三名，福建取中八名，浙江取中五名，江西取中七名，云南取中五名，贵州取中二名。"

光绪六年（1880年）十月己酉

谕军机大臣等："左宗棠奏请饬迅解西征饷需等语。湖北应解西征协饷除光绪四年以前欠饷外，五年份欠解银三十三万余两，本年截至七月欠解银三十万余两。现该省筹备边防，需饷甚急，著李瀚章等督饬藩司按月如数解足十成交陕甘后路粮台转解，并补清新欠，毋再延缓。将此由五百里各谕令知之。"

又谕："左宗棠奏库款支绌，青海王公等俸请仍由山西筹解一折。据称甘肃藩库近来并未收过各省协饷应放各款，不敷拨解。其青海各王公等俸银实属无从筹拨，请援案按年在晋省筹解等语。甘省库款支绌自系实情。所有青海各王公台吉自同治十二年起每年应支俸银九千一百两，即著葆亨按年筹款拨解以资散放，俟关外军务大定，再照旧制由甘筹给。"

（卷121　755页）

陕甘总督左宗棠奏："本年计典请缓至下届并案办理。"又奏："哈密回务请照吐鲁番例，由哈密通判兼管。"均如所请行。

（卷121　756页）

光绪六年（1880年）十月庚戌

又谕："左宗棠奏甄别庸劣不职各员一折。甘肃前署安州直隶州知州补用知府刘肇瑞官声平常，兼有嗜好。岷州知州胡尔昌嗜好颇深，诸务废弛。署敦煌县知县蒋其章居心浮伪，办事颟顸。前署迪化直隶州知州补用同知严金清虚报屯垦户口，心存欺饰。均著即行革职。西宁县知县朱镜清躁率任性，器小易盈，著以府经历县丞降补，以肃官方。"

（卷121　756页）

以性情躁妄，革甘肃副将邓昔斋职。

予甘肃新疆历年阵亡、伤亡、病故文武员弁四百八十五员名分别议恤如例。

（卷121　757页）

光绪六年（1880年）十一月戊辰

谕军机大臣等："左宗棠奏交卸起程，并酌带马步队入关各折片。已明降谕旨，以刘锦棠署理钦差大臣督办新疆军务，杨昌濬护理陕甘总督矣。西陲军事紧要，刘锦棠责无旁贷，务当按照左宗棠布置成规，妥为筹办，以期动合机宜。张曜已署理帮办军务，著刘锦棠与金顺、张曜随时彼此会商，和衷共济，毋得各存意见，以副委任。左宗棠现在驰赴兰州交卸督篆。杨昌濬一切有所遵循，地方应办事宜即著悉心经理，毋得稍有贻误。所有藩臬篆务著左宗棠拣派妥员署理。该督此次酌带马步二千余名入关赴张家口驻扎，应俟抵京后再行相机办理。另片奏请将哈密、镇迪道归刘锦棠统辖等语。哈密及镇迪道所属文武地方官均著暂归刘锦棠统辖。将此由六百里谕知左宗棠、刘锦棠、金顺、张曜并传谕杨昌濬知之。"

（卷123　771页）

以通政使司通政使刘锦棠署钦差大臣，督办新疆军务。广东陆路提督张曜署帮办新疆军务，署甘肃布政使杨昌濬护理陕甘总督。

（卷 123　772 页）

光绪六年（1880年）十一月甲戌

谕内阁："左宗棠奏甄别知县一折。甘肃安定县知县赵国栋、陇西县知县刘应龙年力就衰，难期振作，均著以原品休致。镇番县知县范希廉、宁远县知县王振远、安化县知县季德成性识迂拘，办事竭蹶，均著开缺以府经历县丞降补。敦煌县知县李荣人地不宜，著开缺另补，以肃官方。"

陕甘总督左宗棠奏："遴举贤能各员。"得旨："饶应祺等均著交军机处存记候旨录用。"

（卷 123　775 页）

光绪六年（1880年）十一月乙亥

以人地不宜，开甘肃肃州镇总兵章洪胜缺。以凉州镇总兵王仁和为甘肃肃州镇总兵官。

（卷 123　776 页）

光绪六年（1880年）十二月丙午

命护理陕甘总督杨昌濬会办新疆善后事宜。

（卷 125　796 页）

光绪六年（1880年）十二月丁巳

换铸甘肃秦安县印信，从陕甘总督左宗棠请也。

以营私贪鄙，革甘肃前灵台县知县余甫勋、龙惠昌、化平通判周锡文职，知县李书恩革职永不叙用。

（卷 125　801 页）

光绪六年（1880年）十二月癸亥

予故甘肃提督李辉武在湖南衡山县建立专祠，道员黄习溶、知州龚廷瓒议恤，从湖南巡抚李明墀请也。

（卷 125　805 页）

光绪七年（1881年）正月乙丑

谕内阁："左宗棠奏总兵人地不宜，请开缺另简等语。新授甘肃肃州镇总兵洮州协副将王仁和既据奏称不能整顿营规，遇事张惶，毫无主见，难期胜任。著即开缺，交杨昌濬察看。"

以记名总兵周绍濂为甘肃肃州镇总兵官。

（卷126 806页）

光绪七年（1881年）正月乙亥

以神灵显应，颁甘肃巩昌府雷祖庙扁额曰"神光祐助"，风云雷雨庙扁额曰"千里秋成"，雪山太子庙扁额曰"时和年丰"。

（卷126 812页）

光绪七年（1881年）正月丁亥

命甘肃按察使史念祖来京，以甘肃平庆泾固化道魏光焘为甘肃按察使。

（卷126 819页）

光绪七年（1881年）二月癸巳

谕军机大臣等："本日已有旨将曾国荃补授陕甘总督，令即来京陛见。曾国荃接奉此旨，著即起程来京。山海关一带防务著李鸿章妥为筹划。所有刘连捷、郭宝昌、刘维桢各军即著归李鸿章节制调遣。至刘连捷、郭宝昌、刘维桢所统各营应如何分别撤留及山海关一带防务如何扼要布置，著李鸿章妥筹具奏。将此由五百里各谕令知之。"

以山西巡抚曾国荃为陕甘总督，实授卫荣光为山西巡抚。

（卷127 822页）

光绪七年（1881年）二月乙未

山西巡抚曾国荃奏："敬陈山海关近日筹办情形。"得旨："曾国荃现已补授陕甘总督，著即遵前旨来京陛见。所有在营余勇即著先行妥为遣撤。刘连捷等军应如何分别撤留，并著知照李鸿章酌度办理。"

（卷127 823页）

光绪七年（1881年）二月癸卯

陕甘总督曾国荃奏："谢授总督恩。"得旨："俟抵天津，将经手事件清厘完竣，即行来京陛见。"

（卷127 829页）

光绪七年（1881年）二月庚申

追予故甘肃甘凉道李鹤章在安徽、江苏、浙江等省建立专祠，并宣付国史馆立传，从陕甘总督曾国荃请也。

（卷127　834页）

光绪七年（1881年）二月壬戌

谕内阁："曾国荃奏病仍未痊，请假调理一折。曾国荃著赏假三个月就医调治，一俟假满即行来京陛见。陕甘总督仍著杨昌濬护理。"

（卷127　834页）

光绪七年（1881年）三月壬申

谕军机大臣等："詹事府右庶子周德润奏农桑为天下大利而桑之利尤倍于农。广西地方于蚕织之功概置不讲，现陕西、甘肃、贵州等省均经办有成效。广西桂林、梧州亦时有种桑饲蚕之事，但民不习为恒业。须官为经理，设局招匠，以间阎之勤惰课牧令之等差。庶地无余利，有益民生等语。蚕桑关系民间生计，如果物土相宜，自宜广为劝办。著庆裕按照所奏各节斟酌情形，妥筹具奏。原片著抄给阅看。将此谕令知之。"

（卷128　840页）

光绪七年（1881年）五月己丑

总理各国事务衙门奏："中俄新订约章各款界务除接收伊犁外，塔、喀二处亦须重加勘定。前奉谕派锡纶会商金顺相机筹办，应由该大臣详慎筹办。商务新添嘉峪关一口，请设监督一员，拟以甘肃安肃兵备道兼充,其应否设税务司办理税务，请饬下陕甘总督察看情形具奏。嘉峪关、吐鲁番设领事，张家口设行栈及茶税各节应于换约后分别办理。偿款卢布九百万圆，约合银五百万两，六次归还，应由户部妥速复议，以备届期开办。"从之。

（卷130　881页）

光绪七年（1881年）六月癸卯

谕内阁："前据李明墀奏杨岳斌咨称前交卸陕甘督篆时，将已革道员王梦熊劝捐军粮一案移交后任，迄今未请奖叙，恳饬查案给奖。当经谕令该抚咨行陕甘总督查明办理。兹据内阁侍读学士文硕奏，此案悬阁多年，左宗棠在任日久，有意积压，并于奏到时未经检举，请量予示惩等语。各省督抚办理事件原应随时速结，然其间迟延时日未经办结者亦所时有。文硕所称左宗棠因与杨岳斌各持门户之见，有意积压，回护弥缝，并杨岳斌系在籍绅士，应呈明湖南巡抚不宜率用咨文，均属任意吹求，措词失当。所奏著毋庸议。"

（卷131　888页）

光绪七年（1881年）七月癸亥

宁夏将军善庆等奏："请筹款买补马匹，并请饬陕甘督臣筹备营马草料。"得旨："著咨行杨昌濬妥筹办理。"

（卷132　900页）

光绪七年（1881年）七月辛巳

以神灵显应，颁甘肃西宁府关帝庙扁额曰"文武圣明"，火神庙扁额曰"神光佑助"，城隍庙扁额曰"德音孔博"。

追予甘肃军营及地方阵亡殉难文兴等四千三百一十七员名口分别旌恤。

（卷132　908页）

光绪七年（1881年）七月戊子

谕军机大臣等："近闻陕西扶风一带有外来回民入境情事，是否确实。陕省汉、回是否相安。甘肃回民有无潜行出境赴陕之事，著冯誉骥查明具奏，并著加意访查，随时防范，毋令滋生事端。将此由四百里谕令知之。"

（卷132　911页）

护理陕甘总督杨昌濬奏："阶州等处地震情形。"得旨："著即饬地方官将被害居民妥为抚恤，毋任失所。"又奏："请饬催陕甘督臣曾国荃迅赴新任。"得旨："曾国荃现因病未痊，续行赏假三个月。所有陕甘应办事宜该护督仍当力任其难，以副委任。"

（卷132　912页）

光绪七年（1881年）闰七月甲辰

谕军机大臣等："前据曾国荃奏陈病难速痊情形，当经赏假三个月，安心调理。此时节交秋令，该督所患各证能否日就痊愈，殊深厪系。近闻关内外降回间有潜至陕境窥探，并混入西安城内良回之事，深恐汉、回猜忌，滋生衅端，非得威望素著之大臣镇抚其间，不足以靖边陲而消隐患。曾国荃近日病体如已调摄就痊，著即前赴新任，毋庸来京请训，以纾朝廷西顾之忧。该督素性公忠，视国事如家事，想能勉任其难，用副倚畀。此旨到后即著酌量情形，能否即行赴任，迅速据实复奏。将此由五百里谕令知之。"

（卷 133　920 页）

光绪七年（1881年）闰七月戊午

陕西巡抚冯誉骥奏："陕省西北边隘先经严密设防，省城汉、回相安，甘回亦未入境。"得旨："仍著该抚督饬各属随时认真防范，毋任甘回潜行阑入。其省城汉、回交涉事件办理务须平允，以期日久相安。"

（卷 133　928 页）

光绪七年（1881年）八月辛未

谕军机大臣等："福锟奏青海蒙古王公本年应放俸银九千一百两，前经山西巡抚奏准由该省全数拨解，现只解到四千八百六十余两，其余未据报解，请饬迅拨等语。青海蒙古王公应放俸银既由山西筹拨，自应如数解清，著卫荣光督饬藩司即将欠解银四千二百三十九两速行拨解，以资散放，毋再迟延。将此谕令知之。"

（卷 134　937 页）

光绪七年（1881年）八月癸未

谕内阁："曾国荃奏旧病未愈，恳请开缺调理一折。览奏殊深矜念，自应俯如所请，以示体恤。陕甘总督曾国荃著准其开缺，安心调理，一俟病体痊愈，即行来京陛见。"

（卷 135　945 页）

以浙江巡抚谭钟麟为陕甘总督，福建布政使陈士杰为浙江巡抚，实授杨昌濬甘肃布政使，以江西按察使沈葆靖为福建布政使，广东惠潮嘉道刚毅为江西按察使。

（卷 135　946 页）

光绪七年（1881年）九月己亥

督办新疆军务通政使刘锦棠奏："请将监禁肃州之安集延胁从夷众原供贸易者遣归本国，被胁勉从者酌发南八城各阿奇木伯克为奴，严加管束。"从之。

（卷 136　957 页）

光绪七年（1881年）九月戊申

护理陕甘总督杨昌濬奏："甘南地震，奉谕抚恤，续据阶州、礼县详报，查明被伤人口情形，饬由巩秦阶道谭继洵拨款赈济。"得旨："阶州等处被灾情形殊堪悯恻，著仍遵前旨妥为抚恤，务使灾民均沾实惠。"

又奏："署靖边县知县金麟参案，遵饬兰州府提讯，金麟在署任内奉办团防及善后事宜，虽无侵吞及纵劫情事，惟收复县城辄自作文立碑，并自置万民衣伞，实属妄为。应依例拟杖，业已革职，免其发落。局绅高振岳等讯无侵蚀情事，应毋庸议，下部知之。"

又奏："甘省变通兵制原定章程拟将省标及提镇各标兵额较厚之处挑出马、步兵团扎营垒，派弁督操。现在减存马兵九千九百余名，酌拟各按五成扎垒操练，五成随营差操，量道路远近，轮流更换。"报闻。

（卷137　963页）

光绪七年（1881年）九月己酉

以捐助赈银，予督办新疆军务通政使刘锦堂、伊犁将军金顺、提督金运昌、前署甘肃巩秦阶道龙锡庆分别议叙。

（卷137　964页）

光绪七年（1881年）九月庚戌

赏青海附住番众刚咱等八族每年青稞八百四十八石，从护理陕甘总督杨昌濬请也。

（卷137　964页）

光绪七年（1881年）九月丙辰

凉州副都统崇志奏："凉、庄官兵困苦，请饬暂由邻省岁划银四万两。"下部议。

（卷137　970页）

光绪七年（1881年）十月壬戌

谕军机大臣等："本年直隶、浙江、河南、山西、陕西、广东、贵州被水、被雹、被旱、被风等处，节经各该省奏到，将新旧钱粮分别蠲免缓征。并因顺、直各属灾区穷黎较多，拨给湖北漕米三万石，借资散赈。江苏泰州、盐城各属被风、被潮，江西泰和等县被水，浙江沿海各县被风、被潮，福建台湾、台北两府属被风、被水，湖南零陵县、澧州被水，山东昌邑等处被水，陕西乾州等州县被雹、被水、被虫，甘肃阶州等处地震，固原州等处被雹，四川盐源等县被水、被雹，省城及犍为各属暨雅安县被火，茂州等处被水，广东南海县等处被水，均经该督抚等查勘抚恤，小民谅可不至失所。惟念来春青黄不接之时，民力未免拮据，著传谕该督抚等体察情形，如有应行接济之处，即查明据实复奏，务于封印以前奏到，候朕于新正降旨加恩。江苏苏、松等属被风，安徽安庆等属被水、被旱，江西德安等县被雹、被水，浙江新城等县被水、被风、被雹，福建光泽等县被水、被风，湖南安乡等县被水，河南郑州等州县被水，甘肃西宁等处被雹，云南镇沅等处被水、被雹，宣威等州县被水，均经该督抚等委员查勘，即著迅速办理，并将来春应否接济之处一并查明，于封印前奏到。此外，各省有无被灾地方，应行调剂抚恤之处，著将军督抚等一并查奏，候旨施恩。将此各谕令知之。"

（卷 138　974 页）

光绪七年（1881 年）十月庚辰

以贪婪不职，革甘肃秦安县知县敖思猷职。

准原任陕甘总督琦善于甘肃省城建立专祠。

（卷 138　981 页）

光绪七年（1881 年）十一月壬辰

谕内阁："前据杨昌濬奏，原任陕甘总督琦善莅任三载，整顿地方，甘省士民至今感其威惠。谨据绅士公呈，请在甘肃省城建立专祠，以顺舆情，当经俯允所请。兹据翰林院侍讲学士陈宝琛奏，琦善贻误国事，厥咎甚重，其为陕甘总督办理雍沙番族率将无罪熟番，滥行屠戮，逼供饰奏。文宗显皇帝责其谬妄，褫职遣戍，是琦善在甘有罪无功，不宜祠祀，请收回成命等语。所奏甚属允当。所有琦善建立专祠之处著即撤销。杨昌濬据绅士呈词，率行具奏，著传旨严行申饬。"

（卷 139　987 页）

光绪七年（1881 年）十一月壬寅

谕军机大臣等："杨昌濬、福锟奏办结蒙、番积年抢案一折。西宁循化厅属番众内多哇一族与蒙古积有夙仇，屡次抢劫，并有虏人勒赎之事。叠经查办，久未清结。现经杨昌濬、福锟会檄总兵沈玉遂带营前往。该番慑于兵威，归案听审，认罪赔偿，并将所争山界勘定。多年积案得以清结，办理尚妥。仍著谭钟麟、福锟、杨昌濬督饬该管厅营随时约束，各守界址，毋任再生事端。此次查办出力各员准其择尤保（褒）奖，毋许冒滥。将此谕知谭钟麟、福锟并传谕杨昌濬知之。"

（卷139　994页）

予已故甘肃遇缺题奏道杨杰优恤。

（卷139　995页）

光绪七年（1881年）十一月甲辰

谕内阁："本日杨昌濬奏，遵保川兵援甘出力员弁一折。已将前四川川北镇总兵鹤龄交部照军营立功后病故例优恤，单开各员分别照请交议矣。鹤龄病故多年，杨昌濬未经查明率请给奖，殊属疏忽。著交部议处。"

以川军援甘出力，赏四川补用参将定全等花翎，余升叙加衔开复有差。

（卷139　996页）

光绪七年（1881年）十一月乙巳

予故甘肃甘凉道李鹤章于无锡、金匮二县建立专祠，从两江总督刘坤一等请也。

（卷139　996页）

光绪七年（1881年）十二月辛巳

予军营积劳病故甘肃补用同知李炳垣、候选同知尹绍莘优恤。

（卷141　1019页）

光绪七年（1881年）十二月癸未

谕军机大臣等："谭钟麟奏请仍令杨昌濬帮办新疆善后事宜等语。甘肃关内外善后诸事关系久远，杨昌濬经理有年，情形熟悉，帮办新疆善后事宜毋庸缴销关防。昨日杨昌濬奏请陛见，业已令其来见。第念谭钟麟甫经到任，接办一切事宜需人佐理，杨昌濬著俟来年夏秋间再行来京陛见。将此谕知谭钟麟并传谕杨昌濬知之。"

（卷141　1021页）

《清光绪实录（三）》

光绪八年（1882年）正月丙申

谕内阁："左宗棠奏请调员差委一折，湖南候补道现办陕甘后路粮台王加敏甘肃尽先补用，道周崇傅著刘锦棠、谭钟麟饬令该员等迅速前往江南，交左宗棠差遣委用。"

（卷142　3页）

光绪八年（1882年）正月戊戌

追予甘肃剿贼阵亡殉难伊密扬阿等五千三百九十五员名口旌恤有差。

（卷142　5页）

光绪八年（1882年）正月辛亥

赏陕西延榆绥道李慎副都统衔，为西宁办事大臣。

（卷142　12页）

光绪八年（1882年）二月丁卯

换铸甘肃清水、徽、礼、成、抚彝等县、厅印信，从陕甘总督谭钟麟请也。

（卷143　21页）

光绪八年（1882年）二月辛未

以神灵显应，颁甘肃碾伯县关帝庙扁额曰"德至泽洽"，龙神庙扁额曰"岁阜民和"，城隍庙扁额曰"惠风广被"。

（卷143　23页）

光绪八年（1882年）三月丁亥

命翰林院编修陆廷黻提督甘肃学政。

（卷144　32页）

光绪八年（1882年）四月丙子

谕内阁："理藩院奏遵议呼图克图开导番族出力奖叙一折。嘉木样呼图克图于查办番族积案之时切为开导，俾番众倾心向化，实属深明大义，志向可嘉，加恩著赏给广济禅师名号，以示优异。"

（卷145　56页）

光绪八年（1882年）五月壬辰

谕内阁："兵部奏已革书吏因案传讯不到，请饬拿究一折。兵部已革书吏陶业英即陶金寿于充当经承时，胆敢收受银两，擅将文札等件延阁经年，私交差弁带至甘肃。迨经发觉传讯，复敢匿不到案，实属胆大妄为，藐玩已极。著步军统领衙门、顺天府、五城御史饬属严缉务获，送交刑部讯明惩办。该犯籍隶浙江，并著陈士杰饬属一体严拿，解部审办。"

（卷146　63页）

光绪八年（1882年）五月丁未

陕甘总督谭钟麟奏："请将记名提督汤仁和等留陕、甘补用。"允之。

以翰林院侍讲学士叶大焯为湖南乡试正考官，编修杨文莹为副考官，侍读学士乌拉布为四川乡试正考官，编修张人骏为副考官，编修杨颐为甘肃乡试正考官，江灏畇为副考官。

（卷146　71页）

光绪八年（1882年）七月甲午

谕内阁："左宗棠奏闽省船政局制造快船，应由南洋协拨银二十万两。除前由粤海关监督在于欠解南洋经费内两次拨过银九万两，刘坤一在于收存南洋经费项下解过银四万两，现因闽厂需款孔亟，复经左宗棠于应解还陕、甘饷款内暂拨银四万两解闽，仍欠银三万两，无款可筹。请饬粤海关监督迅速拨解等语。著崇光迅即在于欠解南洋经费款内拨银三万两径解闽厂，以济要需。另拨银四万两解至江宁，以为解还陕、甘饷银之款。其余应解南洋银两并著扫数拨解，毋再延欠。"

（卷149　102页）

光绪八年（1882年）七月庚戌

予绥定营积劳病故、甘肃遇缺题奏道桂芬荫恤加等。

（卷149　114页）

光绪八年（1882年）八月甲寅

命兵部右侍郎徐郙提督安徽学政，吏部右侍郎祁世长提督浙江学政，翰林院侍讲学士陈宝琛提督江西学政，叶大焯提督广东学政，翰林院编修冯光遹提督福建学政，高钊中提督湖北学政，冯文蔚提督河南学政，吕凤岐提督山西学政，慕荣干提督陕西学政，詹嗣贤提督广西学政，丁立干提督云南学政，孙宗锡提督贵州学政。顺天学政孙诒经、江苏学政黄体芳、湖南学政曹鸿勋、山东学政张百熙、甘肃学政陆廷黻、四川学政朱逌然、奉天府府丞兼学政朱以增俱留任。

（卷150　117页）

光绪八年（1882年）九月庚寅

予积劳病故、帮办伊犁营务甘肃道员桂芬恤典如例。

（卷151　138页）

光绪八年（1882年）九月己亥

谕军机大臣等："庆志奏凉州副都统崇志任意妄为，每于酒后商办公事，毁骂属员，协佐等官不敢分辩。本年三月间阅看庆志步射，该副都统称其精神强健，办事妥协，甚为褒奖。至七月军政时，忽将庆志参劾，阴险已极及劣迹多端，请饬查办等语。所奏各节是否属实，著谭钟麟逐款确切查明，据实具奏。崇志于军政案内奏参庆志年已逾岁，难期振作，精神虽健，心地糊涂等语是否允当，著该督一并查奏。庆志折著抄给阅看。将此由四百里谕令知之。"

（卷152　145页）

光绪八年（1882年）九月庚子

陕甘总督谭钟麟奏："西宁等县被水。"得旨："著即饬属妥恤，毋任失所。"

（卷152　145页）

光绪八年（1882年）十月丙辰

谕军机大臣等："本年直隶、浙江、山东、山西、陕西被水、被雹、被旱、被风等处，节经各该省奏到，将新旧钱粮分别蠲免缓征，并因安徽、江西、浙江三省夏间猝发蛟水，被灾尤重，各拨给银六万两。山东历城等县被水，截留漕米三万石，借资赈济。江苏常州等属被风、被潮，安徽潜山、婺源等县被水，江西玉山、德安等县被水，浙江金衢严暨杭、嘉湖各属被水，福建台湾、台北两府属被风、被水，湖北罗田、沔阳等州县被水，湖南城步、澧州等处被水，山东历城、惠民等处被水，陕西绥德等州县被雹，甘肃皋兰等处被雹，四川叙永等州县被水，资州被火，云南路南州等处被风、被雹、被水，均经该督抚等查勘抚恤，小民谅可不至失所。惟念来春青黄不接之时，民力未免拮据，著传谕该督抚等体察情形，如有应行接济之处，即查明据实复奏，务于封印以前奏到，候朕于新正降旨加恩。江西瑞昌等处被水、被旱，福建漳州等处被风、被水，湖北黄州府属被水，湖南安乡等州县被水，河南陕州等州县被水，甘肃西宁县属被水，广东丰顺等处被水、被风，贵州铜仁府属被水，均经该督抚等委员查勘，即著迅速办理，并将来春应否接济之处一并查明，于封印前奏到。此外，各省有无被灾地方，应行调剂抚恤之处，著该将军督抚等一并查奏，候旨施恩。将此各谕令知之。"

（卷153　155页）

光绪八年（1882年）十月癸酉

以倡办团练有功桑梓，准故前甘肃甘凉道李鹤章于合肥原籍捐建专祠。

（卷153　164页）

光绪八年（1882年）十月壬午

谕军机大臣等："有人奏甘肃甘凉道铁珊品行贪污，收受节寿陋规。前在兰州府知府任内勒罚民人戴记印银两，致令服毒身死。又逼令知县徐翰藻之婢与马毓桂为室，致令含冤自尽。又闻铁珊义子张世基，已革知县张秉田门丁张杰狼狈为奸，请饬查办等语。所奏是否属实，著谭钟麟逐款查明，据实具奏，毋稍徇隐。原片著抄给阅看。将此谕令知之。"寻奏："铁珊公事颇能认真，筹办赈务存活甚多，惟酌提陋规，制备寒衣，并未具报，究属颟顸，请交部议处。"从之。

（卷153　169页）

光绪八年（1882年）十一月癸巳

谕军机大臣等："刑部奏军营员弁，呈控统兵大员并驻京委员侵蚀军饷，请饬查办一折。据称从九品吴正刚、守备张喜各供均投效哈密办事大臣明春军营，欠领薪水、口粮、银两甚巨。该员等先后来京，向催饷委员副护军参领常恩请领不发，并健威两军每年领到协饷十余万两，亦未发过弁勇薪粮。前因遣散马队，奏请专饷八万两，由号商汇至凉州。经道员铁珊查知祇有四万两，亦未深究各等情。案关统兵大员侵蚀军饷，是否属实，亟应彻底根究。著刘锦棠按照所控各节确切查明，据实参奏。吴正刚、张喜即著刑部解往归案质讯。原折一件、呈二件著抄给阅看。将此谕令知之。”

（卷154　177页）

光绪八年（1882年）十一月癸卯

予新疆军营积劳病故，甘肃道员张宗翰、县丞周浑赏恤加等，如军营立功例，并将张宗翰事迹宣付国史馆立传，暨附祀故通政使司通政使刘典兰州府专祠。

（卷155　184页）

光绪八年（1882年）十二月辛酉

又谕：“前因庄浪城守尉庆志奏凉州副都统崇志任意妄为，劣迹多端等语。当经谕令谭钟麟查奏。兹据查明复奏，庆志所讦崇志各款并无确据，惟于奏报到任倒填日期，殊属不合。崇志著交部议处，庆志既经崇志于军政案内参劾，著即送部引见。”

（卷156　197页）

光绪八年（1882年）十二月戊寅

谕内阁：“谭钟麟奏甄别庸劣各员一折。甘肃安化县知县张厚庆办事颟顸，袒护同官，委验不实，饰词禀报。候补同知官懋德在陇西县署任，听断糊涂，性情暴虐。候补同知刘兆奎素行不端，借差索费。候补知县马贻忠行止荒谬，日事赌博。候补知县张树万品行卑污，不洽舆情。候补知县李懋銮卑鄙不堪，声名甚劣。候补通判姜祚昌不知自爱，有玷官箴。候补通判祁炳奎庸碌无能，不堪造就。秦州州判刘桂明纵差讹索，徇隐不报。董志原县丞张晋坊纵容差役，肆行讹诈。平凉府教授吴耀曾操守不洁，士论哗然。均著即行革职。宁灵厅同知叶克信遇事张惶，饰词耸听，靖远县知县吕恕才具疏庸，均著开缺留省另补。候补直隶州知州蒋益初捕蝗不力，任意支销，著以州判降补。大挑知县王彦均性情迂腐，难膺民社，著以教职选用。改简知县恩禄精力衰颓，平番县训导魏椿年老重听，均著勒令休致，以肃官方。”

（卷157　212页）

光绪九年（1883年）二月甲寅

又谕："翰林院侍讲学士乌拉布奏陕、甘回务不靖，宜加筹划一折。据称陕省回众时常滋事，商州、大荔一带劫案叠出，地方官遇有汉、回词讼之案率多含混了事。甘肃平凉府属化平川等处安插投诚叛回不下数十万。现在生齿日繁，闻亦有蠢动之势，请饬防患未然等语。陕、甘地方汉、回杂处，最易滋事。一切词讼案件无论是汉是回总须持平办理。投诚叛回如有桀骜不驯，尤宜加意防范，毋任滋生事端。著谭钟麟、冯誉骥各就地方情形督饬所属认真抚辑，务使汉、回相安，并将防兵随时训练，以期有备无患。将此各谕令知之。"

（卷159 234页）

光绪九年（1883年）二月庚辰

调漕运总督庆裕为河东河道总督，以甘肃布政使杨昌濬为漕运总督。

（卷160 253页）

光绪九年（1883年）三月辛巳

以甘肃按察使魏光焘为甘肃布政使，四川按察使张凯嵩为四川布政使，甘肃巩秦阶道谭继洵为甘肃按察使，长芦盐运使如山为四川按察使。

（卷161 254页）

光绪九年（1883年）三月壬辰

陕甘总督谭钟麟奏："审明会匪陈宝仁等，分别办理。"得旨："即著勒限严拿王林等，务获惩办，毋任漏网。"

（卷161 260页）

光绪九年（1883年）三月癸巳

陕西巡抚冯誉骥奏："陕东商州、大荔一带并无回民抢劫案件，省回、甘回均臻安谧。"报闻。

（卷161 260页）

以玩视公事，革甘肃同知萧毓英职。

（卷161 261页）

光绪九年（1883年）三月庚子

赏年届百龄、前甘肃肃州镇总兵万福头品顶戴。

（卷161 263页）

光绪九年（1883年）三月甲辰

礼部以会试中额请。得旨："满洲取中八名，蒙古取中三名，汉军取中六名，直隶取中二十三名，奉天取中三名，山东取中二十一名，山西取中十名，河南取中十六名，陕西取中十四名，甘肃取中九名，江苏取中二十五名，安徽取中十七名，浙江取中二十四名，江西取中二十一名，湖北取中十四名，湖南取中十四名，四川取中十四名，福建取中二十名，台湾取中二名，广东取中十六名，广西取中十三名，云南取中十二名，贵州取中十一名。"

（卷161　266页）

光绪九年（1883年）四月丙辰

调陕西汉中镇总兵谭上连为甘肃西宁镇总兵官，以记名提督何秀林为云南普洱镇总兵官，记名总兵萧肇富为贵州古州镇总兵官。

（卷162　272页）

光绪九年（1883年）四月丙寅

以神灵显应，颁甘肃丹噶尔厅关帝庙扁额曰"威震湟中"，城隍庙扁额曰"福芘西平"，火祖庙扁额曰"神功烜赫"，甘肃抚彝厅城隍庙扁额曰"灵昭五堡"，龙王庙扁额曰"普泽消氛"，龙神庙扁额曰"宣威普佑"。

（卷162　277页）

光绪九年（1883年）四月丁卯

陕甘总督谭钟麟奏："遵复甘回现无蠢动情形。"得旨："著该督饬令各属随时加意抚绥，遇案持平办理，以杜争端，并饬令各营小心防范，毋稍疏懈。"

蠲免甘肃全省旧欠地丁钱粮及各项杂赋。

（卷162　278页）

光绪九年（1883年）四月己卯

陕甘总督谭钟麟奏："关内防勇粮饷照楚军营制坐粮章程支发，请饬立案。"下部知之。

（卷162　286页）

光绪九年（1883年）五月壬午

以庸劣不职，降甘肃补用知府欧阳振先为通判，革前署甘肃奇台县知县朱开懋职。

（卷163 287页）

光绪九年（1883年）七月丙戌

（督办新疆军务通政使刘锦棠）又奏："请将回籍终养甘肃直隶州知州赵兴隽留营差遣。"得旨："赵兴隽著准其留营差遣，一俟事竣仍令回籍终养，即著该大臣咨行湖南巡抚转饬知照。"

以贪劣不职，革甘肃知府李培光职。

（卷166 328页）

光绪九年（1883年）七月癸巳

准记名提督吴次汉等留于陕甘补用，从总督谭钟麟请也。

（卷166 335页）

光绪九年（1883年）八月戊辰

陕甘总督谭钟麟奏："甘肃兵制营弁暂难改从新制，请仍照旧办理。"从之。

（卷169 361页）

光绪九年（1883年）九月癸巳

知武举薛允升，以武会试中额请。得旨："满洲蒙古取中四名，汉军取中三名，奉天取中一名，直隶取中十六名，陕甘取中五名，广东取中十四名，河南取中八名，山东取中十名，江苏取中六名，安徽取中七名，山西取中六名，湖北取中五名，湖南取中五名，四川取中八名，广西取中三名，福建取中九名，浙江取中七名，江西取中七名，云南取中五名，贵州取中二名。"

（卷170 377页）

光绪九年（1883年）九月己亥

命革任浙江巡抚任道镕、前甘肃甘凉道铁珊均以道员选用。

（卷170 380页）

光绪九年（1883年）十二月丁卯

谕内阁："谭钟麟奏特参办事颟顸之通判知府一折。甘肃抚彝厅通判杜恩培奉文采买军粮，辄敢按粮科派，并以绅士阻抗，详请革惩，实属荒谬。甘州府知府奎光于此案不究虚实，辄将生员李向荣发县管押，致令自尽，咎亦难辞。杜恩培著即行革职，奎光著交部议处。"

（卷176　454页）

光绪九年（1883年）十二月己巳

赏喀尔喀车臣汗车林多尔济在乾清门行走，和硕亲王特古斯瓦齐尔三眼花翎，辅国公车凌多尔济、青海头等台吉沙哈都尔札布花翎。

（卷176　456页）

光绪九年（1883年）十二月甲戌

朝鲜国使臣闵仲墨等三人、喀尔喀和硕亲王特古斯瓦齐尔等四人、察哈尔头等台吉玛尔晋沁布等五人、青海头等台吉沙哈都尔札布、札赉特郡王旺喇克帕勒齐、札鲁特贝勒桑巴、鄂尔多斯贝子阿尔宾阿雅尔、乌珠穆沁镇国公堆代札布、乌喇特镇国公色楞那木济勒、科尔沁辅国公哈斯巴图尔、苏呢特辅国公玛哈西哩、阿巴噶头等台吉呼沁旺楚克于午门外瞻觐。

（卷176　461页）

光绪十年（1884年）二月癸亥

以神灵显应，颁甘肃肃州金塔堡关帝庙扁额曰"灵武冠世"，城隍庙扁额曰"镇慰黎元"，并加封号曰"灵感"，龙神庙扁额曰"应节合义"，并加封号曰"沛泽"，固原州城隍庙扁额曰"和毓威恩"，并加封号曰"昭应"。

（卷178　484页）

光绪十年（1884年）三月癸卯

谕内阁："崇志奏特参劣员一折。据称前任庄浪城守尉庆志应领十成廉俸马干银两，在任时仅按五成支领，叠经该副都统饬令管理支放之佐领祥元、常续交出帐目，延挨支吾。又复不服查办，署庄浪城守尉定禧扶同蒙混，管辖不严，请将定禧、祥元、常续分别惩办等语。庄浪城守尉应领廉俸等项银两，向章如何支领，佐领祥元、常续、署城守尉定禧如有挪移侵吞及扶同蒙混情弊，自应从严参办，著谭钟麟按照所参各节确切查明，据实具奏。"

谕军机大臣等："户部奏此次山东办理河工，截留应解甘肃常年兵饷银八万两，请于浙江厘金项下补解银三万两，江西厘金项下补解银一万两，两淮、两浙盐课盐厘项下各补解银二万两。截留新疆月饷银八万两，请于江苏厘金项下补解银二万两，福建、湖北厘金项下各补解银三万两。截留西征月饷银四万两，请于江苏、湖北厘金项下各补解银二万两等语。山东河工关系紧要，不得不截留协饷，以济要需。而甘肃、新疆待用孔亟，必应设法拨补，著曾国荃、何璟、卞宝第、卫荣光、潘霨、刘秉璋、张兆栋、彭祖贤严饬藩运各司，按照该部指拨之项，迅速如数批解，勿稍延误。各该督抚等务当共体时艰，竭力筹措，毋得稍存诿卸，是为至要。至山东明年应解甘肃、新疆西征各协饷仍著陈士杰照常筹解。将此由五百里各谕令知之。"

（卷180　517页）

光绪十年（1884年）四月辛亥

谕军机大臣等："户部奏筹拨新疆工程银两一折。据称新疆南路应修衙署等工需款孔亟，请饬浙江将胡光墉侵取西征借款行用补水等银十万六千七百八十四两于该革员备抵产业内迅速变价照数措齐，限本年闰五月以前解交甘肃粮台应用。并请将四川、山东及江海、江汉、粤海、闽海等关月协乌鲁木齐军饷，自本年四月起至十二月底止共银八万两，改解甘肃粮台，作为修理南路工程之用等语。新疆应修衙署各工势难停缓，自应酌拨款项，以济要需。著该将军督抚监督等按照该部所拨各款如数提前报解，毋稍延欠。将此谕知穆图善、曾国荃、张树声、丁宝桢、卞宝第、卫荣光、刘秉璋、彭祖贤、陈士杰、倪文蔚并传谕崇光、海绪知之。"

（卷181　526页）

光绪十年（1884年）四月辛酉

又谕："前据崇志奏参佐领祥元等侵吞俸饷各节。当降旨令谭钟麟确查具奏。兹据该督奏称，佐领祥元等呈控协领那尔春布迎合崇志之意，将崇志所领俸干按照十成支放，并不查照五成章程支领且播弄崇志将祥元等撤任等情。请饬查办。又片奏崇志纵酒负气，任性妄为，平日苛待官兵，凉、庄满营啧有烦言，并有札提镇番县旧欠粮石情事等语，即著谭钟麟将崇志前奏及祥元等呈控各节彻底查明，据实参奏，勿稍徇隐。崇志著即撤任，听候查办。镇番县旧欠粮石系同治六、七年间凉州办防奏提之项，嗣因防务解严，未经提用，事隔多年，崇志何以径行札提，该县知县萧汝霖折银付给，显有串通舞弊情事。著谭钟麟一并确查参办，并将仓粮勒限完缴，毋任玩延。凉州副都统著谭钟麟于该处协领内拣员暂行护理。"

（卷182　538页）

光绪十年（1884年）五月甲午

署湖南巡抚庞际云奏："设局清厘积案，以肃吏治。"得旨："据奏设局清厘积案，立法尚属周密，著即督饬所属认真办理，毋得徒托空言。"

又奏："已革益阳县训导罗光典，改名光显。潜赴甘肃军营，冒两当县籍中式，复归原籍，讹诈滋事，请斥革审究。"下礼部知之。

（卷184　567页）

光绪十年（1884年）闰五月丁未

以记名总兵郑金华为甘肃肃州镇总兵官。

（卷185　581页）

光绪十年（1884年）闰五月壬戌

谕内阁："左宗棠奏遵旨保荐人才一折。都察院左副都御史曾纪泽、浙江布政使德馨、江宁布政使梁肇煌、甘肃布政使魏光焘、署直隶津海关道盛宣怀、降调山西布政使方大湜，均著交军机处存记。四川候补道刘麒祥著吏部带领引见。"

（卷186　593页）

光绪十年（1884年）六月乙酉

旌表抚孤守节、贵州施秉县甘肃提督蒋富山母陈氏。

（卷187　624页）

光绪十年（1884年）六月乙未

予积劳病故、甘肃西宁镇总兵何作霖照军营例优恤，并附祀广东陆路提督刘松山专祠。

（卷188　633页）

光绪十年（1884年）七月丁巳

又谕："左宗棠奏修治畿郊水利，动用陕甘军饷经费，恳饬部一律准销一折。著照所请，准其一律报销，嗣后不得援以为例。"

（卷189　666页）

光绪十年（1884年）七月庚申

谕军机大臣等："谭钟麟奏畿疆防务紧要，甘肃防营可抽拨马步队五千人以资调遣。如果事机决裂，即亲率北行，或另派弁统带等语。览奏具见惘忧，深堪嘉尚。现在战局已成，沿海均应严防，北洋尤为重要。所有备调之马步队五千人即著谭钟麟遴派得力将领统带前赴直隶，会商李鸿章择地驻扎，请旨遵行。该督毋庸前来，其所奏加给行粮等语，著依议行。将此由六百里各谕令知之。"

（卷190　670页）

光绪十年（1884年）七月壬戌

谕内阁："谭钟麟奏遵查佐领祥元等参款，据实复陈一折。庄浪佐领祥元、常续虽查无侵吞饷银入己情事，惟动用银两，并未禀明立案，且于庆志所领俸干开报不实，意存捏饰，祥元、常续均著交部议处。协领那尔春布于崇志应支廉俸并不查明前任领数，任意加增，且此案系由该协领始终构陷，著交部严加议处。署协领鸣鹤于镇番年久停解之款，蒙混请催，私议贱折，著交部议处。会宁县知县署镇番县知县萧汝霖于不应解之粮率行应付，实属颟顸，不胜知县之任，著开缺以教职选用。至凉、庄满营动辄造谣生事，互相攻讦，此风断不可长。著该副都统等务饬官弁各安本分，毋蹈故习，如再有此等情事，定即从严惩办。"

（卷190　673页）

光绪十年（1884年）七月癸亥

命凉州副都统崇志来京，调正黄旗蒙古副都统德魁为凉州副都统，以记名副都统承绥为正黄旗蒙古副都统。

（卷190　677页）

光绪十年（1884年）七月丙寅

又谕："谭钟麟奏遵议调营一折。前据谭钟麟奏拟抽调马步五千人以资调遣，当经谕令派员带赴直隶，择地驻扎，请旨遵行。兹据奏称善庆请调雷正缙所部三营、冯南斌所统两营拟派冯南斌统领，由草地驰赴张家口，在甘筹给四个月行粮，随后由部于协甘饷内指拨有著之款等语。甘省所调之营著谭钟麟于善庆指调五营外，另拨二千五百人，以符该督原奏五千人之数。其另拨之军应派何员统带及由何处行走，均由该督酌度办理。所需行粮并著筹足四个月应用。将来到防后，该军月饷如何给领，著户部议奏。将此由六百里谕令知之。"

（卷190　680页）

光绪十年（1884年）八月乙酉

陕甘总督谭钟麟奏："提督雷正绾统领马步队军赴直。"报闻。

又奏："恳准雷正绾于海防肃清后陛见。"得旨："雷正绾勇于任事，深堪嘉尚，俟率所部到直，择地驻扎后，该提督即行来京陛见。"

以陕西河州镇总兵沈玉遂署固原提督。

（卷191　707页）

光绪十年（1884年）八月丁巳

盛京将军庆裕奏："奉省海防请饬派两淮盐运使续昌赴奉，会同筹办。"得旨："前调雷正绾统率所部五千人来直，现在已报起程。此军到日，可驻关外至营口一带，应否再派续昌会办之处，著该将军酌度奏闻。"

（卷191　708页）

光绪十年（1884年）八月甲午

伊犁将军金顺奏："新疆蒙古王公等俸银请饬拨的款支发。"得旨："著户部咨令陕甘总督照例办理。"

（卷192　715页）

光绪十年（1884年）九月乙巳

西宁办事大臣李慎奏："去岁两次陈奏折件，未奉批回。"得旨："该办事大臣两次折件，均未奏到，著兵部咨行沿途各省查办具奏，以重邮政。"

（卷193　729页）

光绪十年（1884年）九月丁未

又谕："前据谭钟麟奏雷正绾业已统营北上，著李鸿章、庆裕即行会商，于山海关外大连湾营口一带相度要隘，俾该营到时屯驻。雷正绾接奉此旨，著即遴派将弁统带各营径赴关外扼扎。该提督即行来京陛见，将此由五百里谕知李鸿章、庆裕并传谕雷正绾知之。"寻李鸿章等奏:"遵筹雷正绾所部兵丁驻扎地方拟分三千人驻辽阳、海城一带,以固省城门户,余一千人驻大连湾海口,与姜士林军相为犄角,以助防剿。"得旨:"著照所请,分别择要屯扎,认真训练,毋稍疏懈。"

（卷193 733页）

光绪十年（1884年）九月丁巳

予捐资助赈、提督刘维桢母范氏、总兵沈玉遂母曾氏建坊。

（卷194 744页）

光绪十年（1884年）九月壬申

又奉懿旨:"本年五旬万寿庆典叠沛恩纶,因念封疆大臣实能为国宣力者允宜优加奖叙。大学士直隶总督李鸿章、钦差大臣大学士左宗棠、兵部尚书彭玉麟忠诚莅事,保障宣劳,均著加恩赏,给御书扁额一方。伊犁将军金顺、兵部右侍郎刘锦棠、广东陆路提督张曜慎固边防,克勤职守。金顺著加恩开复革职留任处分,刘锦棠著加恩赏加尚书衔,张曜著加恩赏加巡抚衔。前任陕甘总督杨岳斌奉诏治军,不遑将母,著加恩赏给伊母御书扁额一方、大缎二匹。四川总督丁宝桢、陕甘总督谭钟麟转饷拨兵、共摅忠爱,前湖南提督鲍超、固原提督雷正绾或奋驰边徼,或入卫近畿,均著加恩交部议叙。此外,诸臣受国家股肱心膂之寄,膺干城腹心之选,务当勉竭忠忱,于应办吏治军务实力实心,共筹康济,同建肤功,渥膺懋赏。"寻赐李鸿章扁额曰"揆元经体",左宗棠扁额曰"忠忱一德",彭玉麟扁额曰"建节绥疆",杨岳斌之母扁额曰"教忠衍庆"。

（卷195 770页）

光绪十年（1884年）十月癸酉

授刘锦棠为甘肃新疆巡抚,仍以钦差大臣督办新疆事宜。

以甘肃布政使魏光焘为甘肃新疆布政使,甘肃按察使谭继洵为甘肃布政使。

（卷195 773页）

光绪十年（1884年）十月甲戌

谕军机大臣等:"本年直隶、浙江、湖北、陕西、甘肃、云南、贵州等处灾荒地亩节经该省奏到，加恩将新旧钱粮分别蠲免缓征，并因顺、直各属灾区民情困苦，拨给江苏、浙江漕米各五万石。山东沿河州县叠被水灾，截留本年新漕十万石，借资赈济。奉天凤凰城被水，江苏青浦县被风，安徽祁门县被水，江西浮梁等县被水，福建台北、泉州两府属被风、被水，河南叶县等处被水，山东齐东等县被水、被风，四川简州等处被火，石泉等县被风、被雹，广东顺德县被风，均经该将军督抚等查勘抚恤，小民谅可不至失所。惟念来春青黄不接之时，民力未免拮据，著传谕该将军督抚等体察情形，如有应行接济之处，即查明据实复奏，务于封印以前奏到，候朕于新正降旨加恩。安徽婺源等县被水、被旱，江西余干等县被水，福建台湾府属被风，湖南沣州等处被水，陕西长安等县被水，甘肃皋兰等县被水、被雹，广东南海等县被水，云南石屏等处被水、被雹，均经该督抚等委员查勘，即著迅速办理，并将来春应否接济之处一并查明，于封印前奏到。此外，各省有无被灾地方，应行调剂抚恤之处，著该将军督抚等一并查奏，候旨施恩。将此各谕令知之。"

（卷195　773页）

以河南开归陈许道陈彝为甘肃按察使。

（卷195　774页）

光绪十年（1884年）十月乙亥

以新疆底定，予陕甘总督谭钟麟等优叙，广东提督张曜等头品顶戴，提督沈宝堂等一品封典，李万明等赏换清字勇号，余升叙加衔有差。

（卷195　775页）

光绪十年（1884年）十月己丑

准故甘肃道员罗长祜附祀刘松山兰州省城专祠，从巡抚刘锦棠请也。

（卷196　782页）

光绪十年（1884年）十一月戊申

谕军机大臣等："张曜奏请拨军械等语。张曜一军奉调北来，该军旧有炮位留存喀什噶尔各城，现在亟需备用。甘肃存炮尚多，著谭钟麟拨发后膛开花炮十尊，配带子药，由张曜派员领运。至该军所部步队各营需用得力兵枪，著鹿传霖迅速购拨后膛兵枪一千杆，随带子药，俾资利用。将此由五百里各谕令知之。"

（卷197 802页）

光绪十一年（1885年）正月丙午

（云贵总督岑毓英）又奏："请将甘肃同知李树人，云南知县秦定基，广东布经历白秀樗，四川通判郑书，云南通判端木鸿钧，候选州同杨俊辉、杨文能留滇差委。已革云南知县史盘金、杨炳垣、通判吴德灿留营效力。"如所请行。

（卷201 862页）

光绪十一年（1885年）正月丁未

谕内阁："谭钟麟奏甄别庸劣各员一折。甘肃候补直隶州知州谈定基居心巧诈，工于牟利。补用知县张纪南昏庸贪鄙，惟利是图。补用通判戴岳林贪酷任性，擅责商民。补用州判刘荣节纵丁酿命，饰词狡诬。署岷州吏目蒋珍违例擅受，苛责平民。署靖远县典史喻本源索费不遂，挟嫌妄揭。署碾伯县训导吴锡珍品行卑污，士类不齿。署宁夏府训导邢瀚湘冒领廪粮，贪横狡诈。署庄浪县训导梁㑇委琐庸鄙，不堪司铎。均著即行革职，以肃官方。"

（卷201 863页）

光绪十一年（1885年）正月戊申

蠲缓甘肃皋兰、河、狄道、金、靖远、宁远、洮、平凉、崇信、山丹、武威、古浪、平番、宁夏、中卫十五厅、州、县本年被灾及水冲、沙压地方额征银粮草束。

（卷201 864页）

光绪十一年（1885年）二月辛巳

陕甘总督谭钟麟奏："秦州南乡地震被灾，情形甚惨，业经分别赈恤。"得旨："览奏秦州被灾情形，深堪悯恻。著该督饬属查明，妥为抚恤，毋任一夫失所。"

（卷203 888页）

光绪十一年（1885年）三月癸丑

赏年逾八十伊犁锡伯营领队大臣果权之母张氏扁额曰"锡类凝厘"，四川重庆镇总兵田在田之母周氏扁额曰"燕喜春祺"，福建汀州镇总兵李占椿

之母马氏扁额曰"鸾纶锡羡"，甘肃洮岷营副将陈元尊之父陈廷阶扁额曰
"将门耆硕"，贵州上江协副将王廷喜之母刘氏扁额曰"瑞昭彤管"，伊犁镇
总兵刘宏发之父刘光奎母喻氏扁额曰"黻佩延祺"，河南荆子关副将李家昌
之父李承德母蒋氏扁额曰"爱日双娱"，并珍玩文绮。

（卷 205　909 页）

光绪十一年（1885 年）四月辛未

陕甘总督谭钟麟奏："剿办肃州九家窑游匪李九明等情形。"得旨："仍
著该督饬令地方各官随时严拿游匪，毋任滋事。"

以剿捕甘肃肃州游匪出力，予甘州提标中营参将刘得腾等奖叙。其缉剿
不力，暨失察之地方官，署肃州镇总兵陶士贵等分别议处察议。通匪守备史
久毓革职严办。

（卷 206　918 页）

光绪十一年（1885 年）四月己卯

谕内阁："理藩院奏呼图克图捐输银两，请移奖其师声明请旨一折。棍
噶札拉参呼图克图捐输银两，急公好义，甚属可嘉，加恩著赏给伊师沙布咙
普尔觉罗布藏楚称甲木巴勒嘉木磋笃信禅师名号，以示优异。"

（卷 206　921 页）

光绪十一年（1885 年）四月辛巳

以年逾九旬、亲见七代、五世同堂，赏记名提督前任甘肃凉州镇总兵周盛
波、湖南提督周盛传之母栗氏御书扁额曰"勋门吉庆"，并命礼部核给旌赏。

（卷 206　922 页）

光绪十一年（1885 年）四月壬辰

以收厘舞弊，革甘肃候补知县常巩昌职。

（卷 206　928 页）

光绪十一年（1885 年）五月庚申

以大理寺卿沈源深为四川乡试正考官，翰林院编修黄绍箕为副考官，编
修陈琇莹为湖南乡试正考官，编修谢隽杭为副考官，鸿胪寺卿文治为甘肃乡
试正考官，江南道监察御史唐椿森为副考官。

（卷 208　947 页）

光绪十一年（1885年）六月乙酉

陕甘总督谭钟麟奏："部咨会议开源节流二十四条，详查甘省情形，有已经举行者，有现须整顿者，有碍难照办者。"又奏："遵议矿务情形并试办金厂章程。"均下部知之。

（卷210　966页）

光绪十一年（1885年）七月戊申

赏年逾八秩甘肃肃州镇总兵郑金华之母陈氏扁额曰"春满笙陔"，古城领队大臣魁福之母王常氏扁额曰"金萱锡瑞"，并珍玩文绮。

（卷211　983页）

光绪十一年（1885年）七月丙辰

予积劳病故、前甘肃遇缺尽先题奏道王镇墉补用知府方林希如军营例优恤。

（卷212　990页）

光绪十一年（1885年）八月丁卯

调奉天府府丞兼学政朱以增为顺天府府丞，顺天府府丞杨颐为奉天府府丞兼学政，命吏部左侍郎许应骙提督顺天学政，刑部右侍郎贵恒提督安徽学政，太常寺卿胡瑞澜提督广东学政，翰林院侍读学士陈学棻提督福建学政，翰林院侍讲陆润庠提督山东学政，国子监祭酒王先谦提督江苏学政，翰林院编修张仁黼提督湖北学政，陆宝忠提督湖南学政，华金寿提督河南学政，高燮曾提督山西学政，林启提督陕西学政，秦澍春提督甘肃学政，盛炳纬提督四川学政，李殿林提督广西学政，戴鸿慈提督云南学政，浙江学政瞿鸿机、江西学政梁仲衡、贵州学政杨文莹俱留任。

（卷213　998页）

光绪十一年（1885年）八月己巳

陕甘总督谭钟麟奏："甘肃皋兰等处被雹、被水，派员赈济情形。"得旨："所有被灾地方即著该督饬属查明，妥为抚恤，毋令一夫失所。"

（卷213　998页）

以抢护河堤被溺，予署西宁镇总兵邓荣佳照军营例优恤。

（卷213　999页）

光绪十一年（1885年）八月庚午

谕军机大臣等："谭钟麟奏密陈伊犁现在情形。据称弭乱之策，一在筹款以清欠饷，一在择人以整营规。金顺所部各营欠饷约计三十万两可以了结等语。本日已明降谕旨，令金顺来京陛见，并派锡纶署理伊犁将军。其塔尔巴哈台参赞大臣已派明春驰往署理，俾锡纶迅速起程矣。伊犁兵勇屡次哗变，朝廷眷顾西陲，正深廑系。兹据该督所奏各节亟应将该处将弁兵勇极力整顿，并先清理欠饷，俾该勇等无所借口。著户部拨银三十万两解交甘省，未到以前，谭钟麟无论何款先行筹措实银三十万两迅解刘锦棠军营。该大臣俟饷银到后，酌带队伍驰赴伊犁，会同锡纶将金顺所部各营核实查点，分别入营久暂，欠饷多少，分成匀给。并将勇丁应去应留确切查明归并，严定营规。其贪劣素著之营哨官严办一二，以儆其余。锡纶到任后与刘锦棠和衷商办，务将各该营积习悉力涤除，毋稍弥缝，致贻后患。亦不得操之过蹙，别滋事端。谭钟麟折著抄给刘锦棠、锡纶阅看。将此由六百里各谕令知之。"

（卷213　999页）

光绪十一年（1885年）八月辛巳

赏年逾八秩甘肃西宁镇总兵谭上连之母姚氏御书扁额曰"萱荫恒春"，并珍玩文绮。

（卷213　1005页）

光绪十一年（1885年）八月乙酉

谕内阁："大学士左宗棠学问优长，经济宏远，秉性廉正，莅事忠诚。由举人兵部郎中带兵剿贼，叠著战功，蒙文宗显皇帝特达之知擢升卿寺。同治年间剿平发逆及回、捻各匪，懋建勋劳。穆宗毅皇帝深资倚任，畀以疆寄浐陕兼圻授为钦差大臣，督办陕甘军务。运筹决胜，克奏肤功，简任纶扉，优加异数。朕御极后，特命督师出关，肃清边圉，底定回疆，厥功尤伟，加恩由一等伯晋为二等侯。宣召来京管理兵部事务，命在军机大臣上行走，并在总理各国事务衙门行走，竭诚赞画，悉协机宜。旋任两江总督，尽心民事，裨益地方，扬历中外，恪矢公忠，洵能始终如一。上年命往福建督办军务，劳瘁不辞。前因患病吁恳开缺，叠经赏假，并准其交卸差使，回籍安心调理，方冀医治就痊，长承恩眷。讵意未及就道，遽尔溘逝，披览遗疏，震悼良深。左宗棠著追赠太傅，照大学士例赐恤，赏银三千两治丧，由福建藩库给发，赐祭一坛。派古尼音布前往致祭，加恩予谥文襄，入祀京师昭忠祠贤良祠，并于湖南原籍及立功省份建立专祠。其生平政绩事实宣付史馆，任内一切处分悉予开复，应得恤典，该衙门查例具奏。灵柩回籍时著沿途地方官妥为照料，伊子主事左孝宽著赏给郎中，附贡生左孝勋著赏给主事，均俟服阕后分部学习行走。廪贡生左孝同著赏给举人，准其一体会试。其二等候爵应以何人承袭，著杨昌濬迅速查明具奏，用示笃念荩臣至意。"

（卷214　1008页）

光绪十一年（1885年）九月丁酉

谕内阁："祥麟奏遵旨保荐人才一折。甘肃兰州府知府恩麟、礼部员外郎桂斌著陕甘总督、礼部堂官出具切实考语，交吏部带领引见。"

（卷215　1021页）

光绪十一年（1885年）九月庚申

又谕："户部奏筹拨甘肃新饷一折。甘肃关内外各军饷银关系紧要，现经户部分别饷数，酌定章程，将光绪十二年新饷指拨山西省银八十四万两，河东道银五十二万两，河南省银六十一万两，陕西省银二十万两，湖北省银三十三万两，湖南省银十六万两，江苏省银十万两，两淮银二十万两，安徽省银二十万两，江西省银三十六万两，四川省银一百二十八万两，共四百八十万两。请饬依限报解，著该督抚等严饬各该司道按照部拨数目于本年十二月底止赶解三成，至来年四月底止再解三成，其余四成统限九月底扫数解清。各该省如能依限完解，即由陕甘总督照案奏请优奖，倘仍前延欠，即著户部照例奏参。将此由五百里各谕令知之。"

（卷216　1040页）

光绪十一年（1885年）十月己巳

甘肃新疆巡抚刘锦棠奏："酌拟新疆补署各缺章程。"又奏："甘肃人员请准分发新疆。"均下部议。

（卷217　1049页）

光绪十一年（1885年）十月壬辰

以甘肃西宁镇总兵官谭上连署乌鲁木齐提督。

（卷218　1064页）

光绪十一年（1885年）十一月甲辰

陕甘总督谭钟麟奏："保兰州府知府恩霖恳恩存记，并缓引见。"得旨："恩霖著交军机处存记，准其暂缓来京，一俟经手事竣，即行送部引见。"

（卷219　1072页）

光绪十一年（1885年）十一月丙午

旌表仰药殉夫甘肃候选布经历陈倬妻苏氏。

（卷219　1073页）

光绪十一年（1885年）十一月戊午

闽浙总督杨昌濬奏："闽浙两省皆原任大学士左宗棠立功之地，遵旨择地建立专祠。"报闻。又奏："请将左宗棠事迹宣付史馆。"允之。

（卷220　1083页）

光绪十一年（1885年）十二月丁卯

江西巡抚德馨奏："奉拨甘肃新饷丁厘两款，仍不敷解，再请动拨漕项银两，凑数解拨以顾边陲大局。"允之。

（卷221　1090页）

光绪十一年（1885年）十二月己丑

以记名提督蒋东才为甘肃凉州镇总兵官。

予故甘肃凉州镇总兵汪柱元恤典如例。

（卷222　1113页）

光绪十一年（1885年）十二月庚寅

谕内阁："谭钟麟奏参劾庸劣各员一折。甘肃候补知府董建凌阘冗无能，难资表率，著以通判降补。循化厅同知达昌不恤番民，几酿事变，著即行革职。武威县知县张应周居心险诈，惟利是图，著革职永不叙用。大通县知县田宝岐才具平庸，难膺民社，著以教职归部选用。候补州判潘述恩办理厘务，舞弊营私，著即行革职，以肃官常。"

（卷222　1113页）

陕甘总督谭钟麟奏："提督雷正绾军营行粮请仍照楚军章程支销。"允之。又奏："裁撤甘肃新疆粮台收支款目。"下部知之。

（卷222　1114页）

《清光绪实录（四）》

光绪十二年（1886年）正月己亥

四川总督丁宝桢奏："川省添拨甘肃新饷及造船设线经费无款筹解，请另行改拨。"下部速议。

（卷223 3页）

光绪十二年（1886年）正月丙午

蠲缓甘肃皋兰、狄道、金、隆德、宁夏、西宁、大通等七州、县上年被灾地方银粮草束有差。

（卷223 8页）

光绪十二年（1886年）二月丁丑

谕军机大臣等："御史唐椿森奏陕西、甘肃、山西等省荒地甚多，民间开垦不易，且恐起科受累，应有地方官设法招垦，并准客民承种，另编保甲等语。各该省未垦荒地自应及时开垦，按则升科，必须杜绝扰累，民情方能踊跃。著谭钟麟、鹿传霖、刚毅体察情形，妥定章程，督饬地方官认真办理。原折均著抄给阅看。将此各谕令知之。"

（卷224 24页）

追予甘肃阵亡殉难从九品张国鼎等绅民、妇女五百十三员名口分别旌恤如例。

（卷224 25页）

光绪十二年（1886年）二月壬午

谕内阁："刘锦棠、锡纶奏参贪劣不法文武各员一折。江苏尽先题奏知府游春译专事欺蒙，招权纳贿。伊犁驻防满洲正白旗协领和陈泰居心贪鄙，朋比为奸。甘肃补用直隶州知州李永祜行为卑鄙，遇事贪婪。陕西遇缺题奏道瑢海变乱饷算，罔顾大局。四川提标补用都司万铭贪黩营私，行同市侩。甘肃补用直隶州知州许文居心刁狡，借公肥私。尽先即补参将周元庆恃势招摇，婪赃巨万。伯都讷正白旗佐领贵庆、尽先即补都李占奎狼狈为奸，商民切齿，均著拔去花翎，先行革职。王金海、周元庆、李子奎并著注销勇号，以示惩敬。仍著刘锦棠等将该革员等贪劣各节彻底严行查讯具奏，分别惩办。"

（卷224　28页）

光绪十二年（1886年）三月乙卯

礼部以会试中额请。得旨："满洲取中八名，蒙古取中三名，汉军取中六名，直隶取中二十三名，奉天取中三名，山东取中二十一名，山西取中十名，河南取中十六名，陕西取中十四名，甘肃取中九名，江苏取中二十五名，安徽取中十七名，浙江取中二十四名，江西取中二十一名，湖北取中十四名，湖南取中十四名，四川取中十四名，福建取中二十名，台湾取中二名，广东取中十六名，广西取中十三名，云南取中十二名，贵州取中十一名。"

（卷225　44页）

光绪十二年（1886年）四月癸未

先是兵部以关内肃清，奏请将留防西宁开花炮队弁勇二百四员名裁撤，以节糜费。至是陕甘总督谭钟麟等奏："镇守地方，洋炮堪资利用，未便乏人经理，拟交西宁镇总兵接收经管。其护炮队勇即一律裁撤。"如所请行。

（卷227　62页）

光绪十二年（1886年）五月甲午

以直隶布政使奎斌为湖北巡抚，调湖南布政使松椿为直隶布政使，以甘肃按察使陈彝为湖南布政使，山东登莱青道方汝翼为甘肃按察使。

（卷228　72页）

光绪十二年（1886年）六月乙亥

谕内阁："户部奏遵议谭钟麟奏请将解足甘肃新饷各员，分别奖叙开单呈览一折。甘肃新饷关系紧要，所有扫数批解各员自应量加奖叙。河南布政使孙凤翔、安徽布政使张端卿、湖北布政使蒯德标、江苏布政使前四川布政使易佩绅、甘肃布政使谭继洵，均著赏给头品顶戴。广东巡抚前江苏布政使谭钧培、漕运总督前安徽布政使卢士杰、河南按察使前署布政使许振祎、广东布政使前山西布政使高崇基、陕西布政使叶伯英、署两淮盐运使程桓生、前山西河东道丁体常，均著交部从优议叙。署湖南布政使崔穆之著赏给二品顶戴。前署山西河东道俞廉三著俟开知府缺归道员后，赏给二品顶戴。两江总督曾国荃、署湖广总督裕禄、浙江巡抚前江苏巡抚卫荣光、湖南巡抚卞宝第、河南巡抚边宝泉、陕西巡抚鹿传霖、山西巡抚刚毅，均著交部议叙，以示鼓励。"另片奏："江西欠解甘肃新饷逾限未清，请将该藩司议处等语，著吏部查取职名，照例议处。"

（卷229　88页）

光绪十二年（1886年）七月己亥

陕甘总督谭钟麟等奏："野番抢劫，派兵查拿。"得旨："即著饬令李良穆等督率马步各军相机拿办，务获首要正凶，尽法惩治，以安地方。"

（卷230　102页）

光绪十二年（1886年）九月癸巳

抚恤甘肃皋兰、金、陇西、通渭、宁远、洮、华亭、庄浪、宁、秦安、武威、巴燕戎格、西宁、大通、河、碾伯、玉门十七厅、州、县被雹、被水灾民。

（卷232　130页）

光绪十二年（1886年）九月戊戌

谕军机大臣等："户部奏筹拨甘肃新饷一折。甘肃关内外各军饷银关系紧要，现经该部将光绪十三年新饷指拨山西省银八十四万两，河东道银五十二万两，河南省银六十万两，陕西省银二十万两，湖北省银三十三万两，湖南省银十六万两，江苏省银二十万两，两淮银二十万两，安徽省银二十万两，江西省银三十六万两，四川省银一百十八万两，共银四百八十万两。请饬依限报解，著该督抚等严饬各该司道按照部拨数目于年内十二月底止赶解三成，至来年四月底止再解三成，其余四成统限九月底扫数解清。各该省如能依限完解，即由陕甘总督照案奏请优奖，倘仍前延欠，即著户部照例奏参。将此由五百里各谕令知之。"

（卷232　133页）

光绪十二年（1886年）十月壬戌

谕军机大臣等："本年直隶、山西、陕西、湖南等处灾荒地亩节经各该省奏到，已加恩将新旧钱粮分别蠲免缓徵，并因顺天、直隶各属水灾，先后钦奉懿旨拨给顺天银二万两、直隶银二万两。叠经谕令李鸿章等截留江苏漕米五万二千八百余石，奉天粟米一万三千二百余石，截拨江北漕米五万石，提直隶藩库银十万两分拨顺天、直隶。复因奉天海城县等处水灾，钦奉懿旨，拨给银一万两。山东何王庄决口，章邱等县民埝大堤漫溢，拨给漕米十万石，借资赈济。直隶热河被水，江西广信等府被水，浙江衢州等府被风、被雹、被水，福建省城及延平等府被水，河南淅川厅等处被水、被雹，山东寿张等处被水，山西太原等处被水、被雹，陕西临潼等县被雹、留坝等处被水，甘肃皋兰等处被雹，广东省城被火，云南邱北县地震、剥隘等处被火、腾越被水，均经该督抚等查勘抚恤，小民谅可不至失所。惟念来春青黄不接之时，民力未免拮据，著传谕该督抚等体察情形，如有应行接济之处，即查明据实复奏，务于封印以前奏到，候朕于新正降旨加恩。再江苏萧县被风，安徽安庆等府被水，浙江嘉兴等属被风、被雹，湖南安乡等县、华容等县被水，河南南召县被水，陕西商州等处被水、被雹，武功县被水，甘肃兰州各属被水、被雹，广东广州等属被水，均经该督抚等委员查勘，即著迅速办理，并将来春应否接济之处一并查明，于封印前奏到。此外，各省有无被灾地方，应行调剂抚恤之处，著该将军督抚等一并查奏，候旨施恩。将此各谕令知之。"

（卷233　144页）

光绪十二年（1886年）十月辛巳

谕内阁："谭钟麟奏病体难支，恳准开缺一折。谭钟麟著赏假两个月调理，毋庸开缺。"

（卷233　150页）

光绪十二年（1886年）十月壬午

谕内阁："前据谭钟麟奏参甘肃肃州镇总兵郑金华与署右营游击易顺胜互揭一案。当将郑金华解任，交该督详查奏明参办。兹据奏称，查明郑金华尚无侵蚀饷银情事，惟以练军额兵看守粮药各局及充当杂差，需兵至三十余名，与存营之兵牵混提用，且将练军月饷由镇署领发。虽系沿照前任旧规，究属办理颟顸。郑金华著开缺送部引见。前肃标右营游击赵谦士管带练军，虽因兵燹后土著无多，马兵内向有外勇充数，惟于前任总兵擅派练兵充当杂差，并不阻止。其汰去老弱又不即时请补，实属含混。赵谦士著开缺另补。署游击易顺胜查点练兵不敷，以所带勇丁求补，与郑金华意见不合，互相禀揭，尚属因公。惟性情粗暴，语言不逊，业经撤任，仍著该督等随时察看。”

又谕：“谭钟麟奏大员丁忧，请开缺回旗守制，据情代奏一折。李慎著准其回旗穿孝，毋庸开缺，百日孝满，即行回任。西宁办事大臣著福裕暂行署理。”

谕军机大臣等：“电寄岑毓英，电奏已悉。初四日已有旨令该督暂行回省矣，云南巡抚著岑毓英兼署，俟奏到时再降谕旨。电寄以记名总兵柳泰和为甘肃肃州镇总兵官。”

（卷 233　150 页）

光绪十二年（1886年）十月甲申

以神灵显应，颁甘肃张掖县龙王庙扁额曰“仁敷鳞得”，平凉县龙王庙扁额曰“鹑阴普护”，并敕封曰“灵济”，礼县龙王庙扁额曰“泽覃漩水”，高台县城隍庙扁额曰“合黎昭佑”，永昌县城隍庙扁额曰“福佑鸾城”。

（卷 233　151 页）

光绪十二年（1886年）十一月辛丑

旌表灭性殉亲、河南南阳县已故甘肃知府黄崇礼。

（卷 234　161 页）

光绪十二年（1886年）十一月丁未

以河神效灵，堤防稳固，发大藏香十枝交山东巡抚张曜分诣祀谢，以答神麻，并颁黄河上游工段金龙四大王庙扁额曰“宣防顺轨”，栗大王庙扁额曰“茨防永固”。

（卷 235　164 页）

光绪十二年（1886年）十二月辛未

以记名提督李培荣为甘肃肃州镇总兵官。

（卷 236　186 页）

光绪十二年（1886年）十二月己卯

谕内阁：“穆图善、恭镗奏已故将军功绩卓著，恳恩准予建祠立传一折。

已故伊犁将军金顺，历在军营带兵剿贼，转战直隶、山东、湖北、安徽等省，所向克捷；嗣于陕甘关外剿办回逆，懋著勋劳，著加恩准于立功省份建立专祠，并将生平战绩宣付国史馆立传，以彰忠荩。"

蠲缓甘肃皋兰、河、金洮、华亭、武威、巴燕戎格、西宁、碾伯、玉门十厅、州、县被灾地方钱粮草束。

（卷237　191页）

光绪十三年（1887年）正月辛丑

谕军机大臣等："雷正绾所部马步九营前经调驻营口，复谕令移扎凤凰边门。该提督统军久戍，颇著勤劳，朝廷时深厪念。现在边防安靖，自应遣撤回甘，俾资休息。著雷正绾统率所部仍回固原本任。该军经过地方著李鸿章、庆裕饬属妥为照料，以利遄行。至到甘后应如何裁汰归并、分布驻扎，著谭钟麟会商雷正绾体察情形，酌量办理。应领月饷由谭钟麟核明给发，其江苏、浙江月协该军每年共银三十四万八千两，应由户部拨归海军衙门，以济东三省练军饷需。将此谕知户部并由四百里谕知李鸿章、庆裕、谭钟麟，并传谕雷正绾知之。"

（卷238　201页）

光绪十三年（1887年）正月丙午

又谕："户部奏筹垫雷正绾军饷，并令将勇丁妥筹裁并一折。据称江苏、浙江二省协拨雷正绾本年份军饷尚未报解，若令该军俟饷银解到起程实属缓不济急，请令盛京将军垫发等语。著庆裕无论何款，速即垫发。该军四个月饷银十一万六千两，俾利遄行。一面派员赴部领还归款，至户部所垫之款即著曾国荃、崧骏、卫荣光将本年应解雷正绾正、二、三、四等月饷银改解部库，其闰四月份饷银一并解部归还。从前垫发之款自五月份起再行批解海军衙门，以清界限。至该军勇丁前已谕令裁汰归并，如有籍隶奉天、山东、山西、河南、湖南、湖北等省，即著就近分别遣散。其籍隶陕甘勇丁俟回甘后会商谭钟麟遣撤归并，以节饷糈。将此由五百里谕知庆裕、曾国荃、谭钟麟、崧骏、卫荣光并传谕雷正绾知之。"

（卷238　207页）

光绪十三年（1887年）二月戊辰

谕军机大臣等："谭钟麟奏遣撤雷正绾所部勇丁，酌拟办法一折。雷正绾一军前已有旨令该提督查明各勇丁籍隶省份，就近分别遣散，与该提督所拟办法相同。应给饷项已谕令庆裕垫发至四月止，由部归还。并将应扣借款银一万二千七百余两赏给该军，以示体恤。至将来该军月饷，著俟到甘裁汰归并后由谭钟麟查明实在存营勇数，详细具奏，候旨遵行。将此由四百里谕令知之。"

（卷239 220页）

光绪十三年（1887年）二月壬申

以营伍废弛，已革甘肃肃州镇总兵柳泰和，遣戍新疆。

（卷239 222页）

光绪十三年（1887年）二月丁丑

又谕："本年轮应查阅直隶、山西、陕西、四川、甘肃五省营伍之期。直隶即派李鸿章，山西即派刚毅，陕西即派叶伯英，四川即派刘秉璋，甘肃即派谭钟麟，逐一查阅，认真简校。如有训练不精、军实不齐者，即将废弛之将弁据实参奏，不得视为具文。"

（卷239 224页）

光绪十三年（1887年）二月壬午

谕内阁："谭钟麟奏目疾未痊，恳恩开缺一折。谭钟麟著再赏假一个月，毋庸开缺。"

（卷239 226页）

陕甘总督谭钟麟奏："部驳另造报销，请饬仍照原单册核销。"允之。

（卷239 227页）

光绪十三年（1887年）四月甲子

山西巡抚刚毅等奏："归化等厅考试请暂照甘肃口外章程，由学臣拟题封固，交归绥道扃试。"得旨："此事业经礼部复奏，该学政考试时如已接到部文即遵照部议办理，倘尚未接到即照所请办理一次。"

（卷241 247页）

光绪十三年（1887年）四月乙丑

又谕："户部奏速议西征欠饷，请于各省关应行解部款内指拨一折。刘锦棠一军应拨欠饷前经户部议准，于浙江等省欠饷内分年拨解。时逾一年，仅据闽海关解银二万两，各该省任意玩延，实属不顾大局。该军远驻关外，为时愈久，欠饷愈多。前拟酌改营制，遣撤旧勇，非筹给大批的饷不足以应急需。现据户部于各省关应行解部款内指拨银一百万两，著该将军督抚监督迅速筹拨，务于五月底如数解至甘肃，转解刘锦棠应用。一面将起解日期专案奏报。此系本应解部有著之款，不准稍涉推诿迟延，致有贻误。倘逾期不解，即著户部指名奏参。谭钟麟、刘锦棠于此项拨款解到后务当从速料理，尽此一百万两清厘该军欠饷，其余欠款，各该统领营官如何报捐之处，即行奏明办理，余照该部所议行。原单著抄给古尼音布等阅看。将此由五百里谕知古尼音布、李鸿章、曾国荃、杨昌濬、张之洞、刘秉璋、裕禄、谭钟麟、张曜、刚毅、崧骏、卫荣光、吴大澂、卞宝第、奎斌、陈彝、边宝泉、刘锦棠并传谕李嘉乐、增润知之。"

（卷241　248页）

光绪十三年（1887年）四月戊辰

陕甘总督谭钟麟奏："抚臣刘锦棠请假省亲，如蒙恩准，湘军皆将附之以行。拟请饬部借拨库银七十万两，由甘库筹足百万，以清欠饷。"得旨："刘锦棠已宽予假期。此项应发欠饷业经户部指拨的款一百万两，饬各省关照数筹解，并谕令该督从速料理矣。"

又奏："力疾销假。"得旨："览奏具见力顾大局，深堪嘉尚，著赏给拨云散二匣，俾资医治。该督当加意调摄，以副委任。"

又奏："遵照部议，拟设伊犁、塔城道、府、厅、县各官。"又奏："新疆现设行省，请裁塔城参赞等官。"均下部议。

盛京将军庆裕奏："甘军全数出境。"报闻。

（卷241　251页）

光绪十三年（1887年）四月乙酉

以甘肃甘凉道奎顺暂署西宁办事大臣。

（卷241　257页）

光绪十三年（1887年）闰四月己亥

以拿获匪首，复记名总兵刘楚华原官，留于陕甘补用。

（卷242　261页）

光绪十三年（1887年）闰四月乙巳

追予甘肃总兵谭拔萃，附祀广东提督刘松山湖南、甘肃省城专祠。

（卷242　263页）

光绪十三年（1887年）五月甲戌

陕甘总督谭钟麟奏："拿办铁布番匪事竣。"得旨："即著饬令该土司等将番地保甲事宜认真办理，务令日久相安，毋任再滋事端。"

（卷243　274页）

光绪十三年（1887年）七月丁卯

陕甘总督谭钟麟奏："洮州等属被灾情形。"得旨："著即饬属查勘被灾轻重情形，分别妥筹抚恤，毋任失所。"

蠲免甘肃带征节年民欠地丁正耗银粮草束暨各项杂赋。

（卷245　291页）

光绪十三年（1887年）七月辛巳

谕军机大臣等："刘锦棠奏棍噶札拉参所领徒众拟请仍在旧地居住，并筹哈巴河防务一折。前因沙克都林札布等奏乌梁海蒙、哈官兵逼令承化寺僧众赶紧移挪，情形急迫，当于五月二十二日谕令刘锦棠、锡纶迅筹复奏。此次该抚所奏尚系议复三月间谕旨，未经奉到续谕之件。所称乌梁海部属人口无多，恋寒畏热，不乐居山南之地等语，与沙克都林札布等前奏该部落急盼还归各节大相径庭。此事颇有关系，必须得一实在情形。著刘锦棠、锡纶懔遵前旨，确切查明，迅速筹议。一面咨商沙克都林札布等秉公酌度，务须筹一妥善办法，奏明请旨，毋得各存成见，以致辗转稽迟，迄无定议。至所奏哈巴河以达承化寺一带地方拟请划归塔尔巴哈台管辖等语，俟复奏到日再行酌定降旨。将此由五百里各谕令知之。"

（卷245　298页）

光绪十三年（1887年）八月壬辰

谕军机大臣等："户部奏筹拨甘肃新饷一折。甘肃关内外各军饷银关系紧要，现经该部将光绪十四年新饷指拨山西银八十四万两，河东道银五十二万两，河南省银六十一万两，陕西省银二十万两，湖北省银三十三万两，湖南省银十六万两，江苏省银二十万两，两淮银二十万两，安徽省银二十万两，江西省银三十六万两，四川省银九十八万两，闽海关六成洋税银二十万两，共银四百八十万两。请饬依限报解，著该将军督抚等严饬各该司道按照部拨数目于本年十二月底止赶解三成，至来年四月底止再解三成，其余四成统限九月底止扫数解清。各该省如能依限完解，即由陕甘总督照案奏请奖叙，倘再仍前延欠，即著户部照案奏参。将此由五百里各谕令知之。"

（卷246　303页）

光绪十三年（1887年）八月丙申

旌恤甘肃阵亡殉难暨积劳病故文武员弁、士民、团勇、妇女、幼童。

（卷246　305页）

光绪十三年（1887年）九月丙辰

谕军机大臣等："文硕奏西藏贡道请复旧制一折。据称前后藏年班贡道旧例本由北路西宁进京，同治年间因陕甘办理军务，改由南路取道四川。刻下敉平已久，请仍由北路行走等语。西藏例贡久经改道，现在能否仍由北路西藏旧道行走，著谭钟麟会商西宁办事大臣体察情形，妥筹具奏。"寻谭钟麟奏："西藏贡道应仍由内地行走。"得旨："即由该督咨行驻藏大臣，令该堪布等仍由川陕内地行走。"

（卷247　316页）

光绪十三年（1887年）九月辛酉

抚恤甘肃洮州被水、被雹灾民。

（卷247　319页）

光绪十三年（1887年）九月壬戌

予军营病故甘肃知府邹鲁彦等议恤。

（卷247　319页）

光绪十三年（1887年）九月辛巳

以记名总兵闪殿魁为甘肃凉州镇总兵官。

（卷247　328页）

光绪十三年（1887年）十月丙戌

谕军机大臣等："本年顺天、直隶各属洼区积水未消，春麦未能播种，赏拨江苏海运漕米十万石，并由李鸿章在直隶藩库添提银八万两办理春赈。

开州黄河漫溢，灌入山东濮州等处，准令张曜截留新漕五万石。湖北罗田、石首及沔阳等州县先后被水，准令奎斌截留冬漕三万石。顺天通州等处被水，赏拨京仓漕米五万石。河南郑州漫口，黄流夺溜南趋，被灾地方甚广，钦奉懿旨发给内帑银十万两，并准倪文蔚截留银三十万两，复特谕曾国荃等将十四年份江北及江苏应行河运京仓米石全数截留，俾资赈济。直隶永清等县，安徽怀宁、太和等县，江西进贤、新城等县各被水，江西彭泽等县被水、被旱，浙江富阳等县、山东齐河县各被水，湖北汉口镇被火，湖南龙阳等县被水，河南南阳等县被风、被水，内乡等县被水，武陟县小杨庄被淹，四川安县等县、陕西省城各被水，陕西长武、榆林等州县各被水、被雹，山阳县及洋县各被水，甘肃洮州等处被雹，平番等县被雹、被水，又洮州被水、被雪，甘肃新疆温宿等处被水，广西凌云县被风、被雹，龙州融县等处被火，云南开化府等属被火，平彝县被水，建水县被雹，均经该督抚等查勘抚恤，小民谅可不至失所。惟念来春青黄不接之时，民力未免拮据，著传谕该督抚等体察情形，如有应行接济之处，即查明据实复奏，务于封印以前奏到，候朕于新正降旨加恩。再直隶开州、安徽安庆等府、浙江仁和等州县、临安等县各被水，浙江长兴等州县被风、被旱，湖南澧州、临湘、益阳等州县，河南滑县各被水，甘肃新疆拜城县被水、被雹，均经该督抚等委员查勘，即著迅速办理，并将来春应否接济之处一并查明，于封印前奏到。此外，各省有无被灾地方，应行调剂抚恤之处，著该将军督抚等一并查奏，候旨施恩。将此各谕令知之。"

（卷248 333页）

光绪十三年（1887年）十月己亥

谕内阁："福州将军穆图善老成练达，秉性忠诚。咸丰、同治年间出师直隶、安徽、江南、湖北、陕西、甘肃等省，历著勋勤，洊升将军，克称厥职。前年特授钦差大臣办理东三省练兵事宜，驰驱周历，况瘁不辞，规划精详，渐臻成效。方冀克享遐龄，长资倚畀，遽闻溘逝，轸惜殊深。穆图善著照将军军营病故例赐恤，加恩予谥。前经得有云骑尉世职，著改为骑都尉世职，任内一切处分悉予开复。应得恤典，该衙门查例具奏，赏银一千两治丧，由盛京户部给发。灵柩回旗时沿途地方官妥为照料。伊孙那福著俟百日孝满后由该旗带领引见，伊子恩保、承保均著俟及岁时由该旗带领引见，用示笃念荩臣至意，寻予谥果勇。"

（卷 248　339 页）

光绪十三年（1887 年）十月癸卯

陕甘总督谭钟麟奏："甘省采买洋铜铸钱，工本太重，请从缓办。"下部知之。

（卷 248　342 页）

光绪十三年（1887 年）十月甲辰

陕甘总督谭钟麟奏："甘省边僻文职升调补署，遵照部章殊多窒碍，仍请变通办理。"如所请行。

（卷 248　343 页）

以亏短银两，革甘肃候补知县崇瑞职，并勒追。

（卷 248　344 页）

光绪十三年（1887 年）十月乙巳

甘肃新疆巡抚刘锦棠奏："甘肃镇西厅入秋以来，田鼠为害，又降大雪，灾伤可悯。"得旨："著即饬属查明被灾户口，分别妥筹抚恤。"

以行止卑污、居心贪刻，革陕甘补用副将邓得贵、乌鲁木齐提标左营游击方庆中职。

（卷 248　344 页）

光绪十四年（1888 年）正月壬申

谕军机大臣等："据谭钟麟奏请催四川、江西欠饷，当谕令户部速议具奏。兹据该部奏称，甘肃新饷江西省欠解光绪十一年份四十九万八千余两，丁亥年应带解银九万八千余两，又自戊子年起每年带解银十万两。四川省欠解光绪十二年份三十三万二千余两，自丁亥年起每年应带解银十一万七百余两。前经奏准饬令依限解清。上年江西仅带解银三万两，尚欠解六万八千余两。四川并未带解分毫等语。关外遣撤各军需饷孔亟。四川、江西欠解饷数甚巨，自应遵照部议分年带解。著刘秉璋、德馨严饬各该藩司，将丁亥年应行带解甘肃新饷务于本年三月以前如数筹拨，并将戊子年应行带解之款一并提前照数解清，毋稍延宕。并著谭钟麟于前项饷银解到时按照各处应分数目划拨，以济要需。将此由五百里各谕令知之。"

（卷251 386页）

光绪十四年（1888年）二月丁未

调闽浙总督杨昌濬为陕甘总督。

（卷252 406页）

光绪十四年（1888年）二月戊申

予甘肃殉难典史严汉宾议恤如阵亡例，暨固原州民人合家殉难闫舆量等四十九名口分别旌恤。

（卷252 406页）

光绪十四年（1888年）三月己巳

以筹解甘饷出力，予四川总督刘秉璋优叙，赏布政使崧蕃头品顶戴。

（卷253 413页）

光绪十四年（1888年）三月辛未

谕军机大臣等："刘锦棠奏前署安西直隶州知州廖溥明欠缴该军各项经费银五千四百两，前安肃道叶毓桐欠缴转运经费银一千三百四两零，该员等现已回籍，迄未缴解等语。公款关系紧要，岂容日久宕延，著刘秉璋、陈彝转饬各该原籍地方官传知该员等迅速如数解缴，毋任迟缓。原片均著抄给阅看。将此各谕令知之。"

（卷253 414页）

光绪十四年（1888年）三月甲戌

塔尔巴哈台参赞大臣额尔庆额奏："塔尔巴哈台土著汉民甚稀，膏腴半属荒废，现抽调甘肃携眷制兵来塔驻防，酌量发给籽种，认地开垦，俟三年后按亩升科。"下部知之。

（卷253 415页）

光绪十四年（1888年）四月己丑

以闽浙总督杨昌濬暂署福州将军。

（卷254 424页）

光绪十四年（1888年）四月甲午

又谕："恩承等奏棍噶拉勒参请建寺诵经折内有经达赖喇嘛指定，在本籍洮州厅地方建立庙宇等语。所建庙宇地方系何年指定，何年建立，是否在洮州厅属内地，曾否呈明地方官有案，著恩承等即传该呼图克图详悉询明复奏，再降谕旨。"寻理藩院奏："遵旨询问，据称前于光绪十年十月禀蒙达赖喇嘛指在本籍陲弼胜地方建立庙宇，十一年八月间动工，现未完竣。系在洮州厅属土司杨作霖所属生番地方，曾经报明察验。"得旨："该呼图克图建寺诵经，具见悃忱，加恩著另行赏银二千两，由甘肃藩库给发。其前次赏银五千两仍著全数赏给该呼图克图，作为津贴该徒众等川资之用。"

（卷254　426页）

光绪十四年（1888年）五月辛酉

以剿办贵德番案出力，予甘肃西宁道方鼎录等升叙加衔有差。

（卷255　436页）

光绪十四年（1888年）五月癸亥

（湖南巡抚卞宝第）又奏："已故陕甘总督裕泰请建专祠。"下部议。

（卷255　436页）

以捐田赡族，赏甘肃提督周达武匾额曰"友睦风存"。

（卷255　437页）

光绪十四年（1888年）五月癸酉

以翰林院编修张百熙为四川乡试正考官，修撰赵以炯为副考官，编修陈懋侯为湖南乡试正考官，冯煦为副考官，编修孔祥霖为甘肃乡试正考官，周克宽为副考官。

（卷255　439页）

光绪十四年（1888年）六月丁未

以约束兵丁不严，降甘肃记名提督萧拱照为副将。

（卷256　448页）

光绪十四年（1888年）七月癸亥

旌表节孝甘肃秦安县世职陈万选妻王氏。

（卷257　455页）

光绪十四年（1888年）八月庚辰

胡景桂提督甘肃学政。

（卷258　463页）

光绪十四年（1888年）八月癸未

陕甘总督谭钟麟奏："关内外七、八两年报销，请饬部核准，以清积案。"得旨："所奏尚系实在情形，著准其核销。"

（卷258 465页）

光绪十四年（1888年）八月丁未

谕军机大臣等："户部奏筹拨甘肃新饷一折。甘肃关内外各军饷银关系紧要，现经该部将光绪十五年新饷指拨山西省银八十四万两，河东道银五十二万两，河南省银六十一万两，陕西省银二十万两，湖北省银三十三万两，湖南省银十六万两，江苏省银二十万两，两淮银二十万两，安徽省银二十万两，江西省银三十六万两，四川省银九十八万两，闽海关税银二十万两，共银四百八十万两。请饬依限报解，著该将军督抚等严饬各该司道按照部拨数目于本年十二月底止赶解三成，至来年四月底止再解三成，其余四成统限九月底止扫数解清。各该省如能依限完解，即由陕甘总督奏请奖叙，倘仍前延欠，即著户部照案奏参。将此由五百里各谕令知之。"

（卷258 474页）

光绪十四年（1888年）九月乙丑

西宁办事大臣萨凌阿奏："循例致祭海神，并与外藩、蒙古会盟。"又奏："查询蒙、番情形，尚属安谧，并照章严禁口卡，以杜偷贩。"均报闻。

（卷259 480页）

光绪十四年（1888年）九月戊寅

署福州将军调补陕甘总督，闽浙总督杨昌濬奏交卸督篆，将军篆务，应否派署。得旨："著即速赴新任，福州将军著卞宝第暂行署理。"

（卷259 485页）

光绪十四年（1888年）十月庚辰

陕甘总督谭钟麟奏："拟提藩库节存银六十万两分拨豫、皖、淮、扬，以拯灾黎。"得旨："该督平日储款备荒，为未雨绸缪之计。此次又能救灾恤邻，力顾大局，深堪嘉许。此项银两应如何匀拨各该省之处，著户部速议具奏。"

以甘肃按察使方汝翼为江西布政使，陕西陕安道唐树楠为甘肃按察使。

（卷260 488页）

光绪十四年（1888年）十月辛巳

谕军机大臣等："本年顺天、直隶各属洼区积水未消，民情困苦。顺天赏拨京仓米三万石，直隶赏拨江苏海运漕米十万石，并由李鸿章在直隶藩库添提银五万两办理春赈。顺天、房山等处被水，加赏卢沟桥粥厂米石。江苏、安徽水旱为灾，特谕曾国荃等将本年江北河运米石及水脚运费等款一并截留，俾资赈济。顺天、固安等县被水，奉天、凤凰等厅、州、县被水，安徽颍州等府被水，安庆等府被旱、被水，江西瑞昌等厅县被水、被旱，福建连江等县被风，河南祥符等州县被水，山东临朐等县被水，陕西咸宁等县被水、被雹，鳌屋等县被水，甘肃皋兰等厅、州、县被雹，广东惠州等府被水，四会等州县被水，肇庆等府被水，广西融县被火，武宣县被水，苍梧等州县被水，均经该将军督抚等查勘抚恤，小民谅可不至失所。惟念来春青黄不接之时，民力未免拮据，著传谕该将军督抚等体察情形，如有应行接济之处即查明据实复奏，务于封印以前奏到，候朕于新正降旨加恩。再江西丰城等县被水，浙江富阳等县被水，余杭等县被水、被旱，归安等县被风被虫、被旱，湖南华容等县被水，安乡等州县被水、被旱，武陵县被旱，陕西醴泉等县被雹，甘肃新疆镇西厅属被旱、被鼠，均经该督抚等委员查勘，即著迅速办理，并将来春应否接济之处一并查明，于封印前奏到。此外，各省有无被灾地方，应行调剂抚恤之处，著该将军督抚等一并查奏，候旨施恩，将此各谕令知之。"

（卷260　489页）

光绪十四年（1888年）十一月庚午

蠲缓甘肃皋兰、华亭、化平、泾、镇原五厅、州、县被灾地方正耗银粮。

（卷261　512页）

光绪十四年（1888年）十二月己卯

陕甘总督杨昌濬奏："随带兵弁赴甘。"得旨："现在甘省并无军务，此项弁兵著即行裁撤。"

（卷262　518页）

光绪十四年（1888年）十二月丁亥

以神灵显应，颁甘肃会宁县城隍庙扁额曰"福佑桃山"，龙神庙扁额曰"青关泽普"，陇西县城隍庙扁额曰"仁敷襄武"，中卫县城隍庙扁额曰"温池昭佑"，靖远县龙神庙扁额曰"惠洽乌兰"。

陕甘总督谭钟麟奏："请以总兵何福泰等留于陕甘补用。"允之。

（卷262　522页）

光绪十四年（1888年）十二月癸巳

青海札萨克多罗贝勒拉旺多布济一人，喀尔喀札萨克镇国公札布萨林札布等二人，察哈尔辅国公格楚克札木苏一人，土默特辅国公贡格巴勒一人于神武门外瞻觐。

（卷263　527页）

光绪十四年（1888年）十二月庚子

赏青海多罗郡王翰柯济尔噶勒三眼花翎，青海固山贝子吹木丕勒诺尔布、喀尔喀公衔头等台吉洞多毕喇布帕喇木多尔济等在乾清门行走。

（卷263　531页）

光绪十五年（1889年）正月癸丑

以甘肃西宁镇总兵谭上连为喀什噶尔提督，记名提督董福祥为阿克苏镇总兵官。

（卷264　540页）

光绪十五年（1889年）正月乙卯

以记名总兵张俊为甘肃西宁镇总兵官。

（卷264　540页）

光绪十五年（1889年）正月庚申

陕甘总督谭钟麟奏："靖远、皋兰地震，居民被灾情形。"得旨："即著该督饬属妥为抚恤，毋任失所。"

（卷264　542页）

光绪十五年（1889年）正月甲子

调甘肃按察使唐树楠为陕西按察使，陕西按察使裕祥为甘肃按察使。

（卷265　545页）

光绪十五年（1889年）正月戊辰

又奉懿旨："各省封疆大吏均为国家倚任之臣，其久历戎陈，熟谙韬略者，懋建殊勋，贤劳尤著。现任提镇诸臣类皆起自行间，洊膺专阃。各该文武大员为国宣勤，历久不懈，现在归政伊迩，允宜分别施恩。大学士直隶总督李鸿章著赏用紫缰，两江总督曾国荃、云贵总督岑毓英，均著赏加太子太保衔，陕甘总督杨昌濬、山东巡抚张曜、甘肃新疆巡抚刘锦棠、福建台湾巡抚刘铭传，均著赏加太子少保衔，吉林将军长顺、江宁将军丰绅、绥远城将军克蒙额、乌里雅苏台将军杜嘎尔、察哈尔都统托伦布、直隶提督李长乐、陕西提督雷正绾、甘肃提督周达武、长江水师提督李成谋、浙江提督欧阳利见、福建水师提督彭楚汉、福建陆路提督孙开华、广东水师提督方耀、广东陆路提督唐仁廉、广西提督苏元春、湖北提督程文炳、四川提督宋庆、云南提督冯子材，均著赏加二级。前兵部尚书彭玉麟著交部从优议叙，前陕甘总督杨岳斌、长江水师提督黄翼升、江南提督李朝斌，均著交部议叙。此外，现任曾历军营之文武一、二品大员著吏部兵部分晰查明，均赏加一级。"

（卷265　549页）

又奉懿旨："迩来各省军务一律敉平，朝廷安不忘危，每思疆场之臣身经百战，赍志捐躯，亮节孤忠，时深悯念。本年二月举行归政典礼，论功行赏，普遍寰区，更宜泽及九原，以褒忠荩。原任西安将军多隆阿、杭州将军瑞昌、伊犁将军明绪、正黄旗汉军都统舒通额、乌鲁木齐都统平瑞、署云贵总督潘铎、浙江提督饶廷选、广西提督张玉良、乌鲁木齐提督业布冲额、署福建陆路提督福宁镇总兵林文察、署贵州提督赵德光、甘肃提督高连升、广东陆路提督刘松山、镶红旗护军统领舒保、护军统领恒龄、吐鲁番领队大臣色普诗新、塔尔巴哈台参赞大臣武隆额、巴燕岱领队大臣穆克登额、库伦办事大臣萨凌阿、内阁学士全顺、浙江巡抚王有龄、兵部左侍郎黄琼、刑部右侍郎张锡庚、都察院左副都御史张芾、副都统舒明安、副都统苏伦保、乍浦副都统杰纯、河南归德镇总兵李臣典、江西南赣镇总兵程学启、总兵何建鳌、广西右江镇总兵张树珊、广东高州镇总兵杨玉科、贵州安义镇总兵陈嘉、福建按察使张运兰、乾清门头等侍卫卓明阿、头等侍卫隆春、头等侍卫奇克达善，均著赐祭一坛。此外，满汉阵亡殉难之实任一、二品文武大员，并蒙古各盟阵亡二品以上各员著吏部、兵部、理藩院、八旗确切查明，咨报礼部，各赐祭一坛。"

（卷265 550页）

光绪十五年（1889年）二月壬寅

以胆大妄为，革甘肃直隶州知州严先礼职，永不叙用。

（卷267 579页）

光绪十五年（1889年）二月癸卯

谕军机大臣等："钟泰奏请调炮械以备操防一折。据称宁夏满营向无新式枪炮，附近无从购办，旗营无款可筹，请就近由陕甘总督拨给陆战洋炮数尊、洋枪一千杆，配齐子药，运解到营等语。即著该督酌量筹拨，俾资应用。将此谕令知之。"

（卷267 579页）

光绪十五年（1889年）三月庚戌

以擅改公文，革留甘补用知县曾炳勋等职。

（卷268 583页）

光绪十五年（1889年）三月癸亥

谕军机大臣等："神灵御灾捍患，有功德于民，理宜崇报。惟近来各省奏请颁发扁额敕加封号者甚多，未免烦渎。且有据称转歉为丰而地方仍系报灾者，语多不符，尤不足以昭事神之诚。著各直省将军、都统、督抚接奉此旨后遇有此等事件，确实有征者，分季汇题请旨，毋庸专折具奏。将此各谕令知之。"

（卷268 589页）

光绪十五年（1889年）三月丁卯

拨江苏库存协赈陕甘未用银三万两，赈山东青州、利津县等处灾民。

（卷268 591页）

光绪十五年（1889年）三月己巳

礼部以会试中额请。得旨："满洲取中八名，蒙古取中三名，汉军取中六名，直隶取中二十三名，奉天取中三名，山东取中二十一名，山西取中十名，河南取中十七名，陕西取中十四名，甘肃取中九名，江苏取中二十五名，安徽取中十七名，浙江取中二十四名，江西取中二十二名，湖北取中十四名，湖南取中十四名，四川取中十四名，福建取中二十名，台湾取中二名，广东取中十六名，广西取中十三名，云南取中十二名，贵州取中十一名。"

（卷268　591页）

光绪十五年（1889年）五月辛酉

西宁办事大臣萨凌阿奏："出巡回署日期并查明巴燕戎格一带防务周妥，惟青海地阔兵单，野番肆掠，应俟设法整顿，以安游牧。"报闻。

（卷270　621页）

光绪十五年（1889年）五月丁卯

以翰林院编修高赓恩为湖南乡试正考官，修撰陈冕为副考官，太仆寺少卿胡聘之为四川乡试正考官，翰林院侍读黄卓元为副考官，编修陈兆文为甘肃乡试正考官，檀玑为副考官。

（卷270　624页）

光绪十五年（1889年）六月癸巳

谕军机大臣等："户部奏嵩武军报销款目辌辂，酌拟变通办法一折。据称该军采制军装报部逾限。山西前欠驼干银两碍难找发，开捐归补欠饷与定章不符，均难照准。其前借陕甘新疆等处饷银一百四五十万两应行缴还，可否免其追赔，请旨办理等语。此项借款著加恩免其追缴。其余各节即照该部所议办理。张曜前请找领欠饷及开捐归补之处均毋庸议。原折著抄给阅看。将此谕令知之。"

（卷271　632页）

光绪十五年（1889年）七月丁未

谕军机大臣等："张曜奏前经部议加培黄河两岸堤埝，指拨各省郑工捐输银两，现除山西等省陆续解到外，其余指拨江苏、甘肃、新疆、福建、台湾、江西、湖北、湖南、四川、广东、广西、云南、贵州应解山东银两迄今尚未起解等语。山东黄河增培堤埝工程，需款孔亟，既经该部指拨各省郑工捐项均系有著之款，何以尚未报解。即著各该省督抚迅将前项银两如数解往山东以资工用，毋稍延缓。将此由四百里各谕令知之。"

（卷272　635页）

光绪十五年（1889年）七月庚戌

陕甘总督杨昌濬奏："循化番僧聚众械斗，业已派队弹压，并委员前往查办。"得旨："即著饬属妥为弹压，并将番僧等构衅各情分别查办，毋任滋生事端。"

（卷272　635页）

光绪十五年（1889年）七月壬子

西宁办事大臣萨凌阿奏："番僧聚众械斗，派员前往查办。"得旨："此案业据杨昌濬奏报，即著会商该督迅即弹压解散，并饬拿匪首讯明惩办。"

（卷272　636页）

光绪十五年（1889年）八月丁丑

调甘肃西宁镇总兵张俊为伊犁镇总兵官，伊犁镇总兵邓增为甘肃西宁镇总兵官。

（卷273　644页）

光绪十五年（1889年）八月壬辰

又谕："户部奏筹拨甘肃新饷一折。甘肃关内外各军饷银关系紧要。现经该部将光绪十六年新饷，指拨山西省银八十四万两，河东道银五十二万两，河南省银六十一万两，陕西省银二十万两，湖北省银三十三万两，湖南省银十六万两，江苏省银二十万两，两淮银二十万两，安徽省银二十万两，江西省银三十六万两，四川省银九十八万两，闽海关银二十万两，共银四百八十万两。请饬依限报解。著该将军督抚等严饬各该司道按照部拨数目于本年十二月底赶解三成，至来年四月底止再解三成，其余四成统限九月底止扫数解清。各该省如能依限完解，即由陕甘总督奏请奖叙，倘仍前延欠，即著户部照案奏参。将此由五百里各谕令知之。"

（卷273　651页）

光绪十五年（1889年）九月乙卯

陕甘总督杨昌濬奏："皋兰等县被灾赈抚情形。"得旨："即著饬属妥为抚恤，毋任一夫失所。"

（卷274　658页）

光绪十五年（1889年）九月癸亥

谕内阁："杨昌濬奏乡试填榜，红号错误，据实检举一折。据称甘肃本科文闱乡试取中第六名朱卷，系殿字五十八号，填榜时误将殿字五十号落卷张晟姓名填写，以致朱墨不符。请将拟中第六名朱墨各卷送部，查对姓名更正，并将考官等议处等语。抡才大典，宜如何慎重将事，乃该考官等于拆封填榜时并不认真核对，致有舛错，殊属疏忽。所有误行填写之张晟一名著即扣除，并著礼部将原中第六名朱墨各卷查对姓名更正。甘肃正考官陈兆文、监临杨昌濬均著交部议处。提调监试等官，著该部查取职名一并议处。"寻吏部议上："陈兆文、杨昌濬应得降一级留任处分。"得旨："陈兆文处分准其抵销，杨昌濬处分加恩宽免。"

（卷274　660页）

光绪十五年（1889年）十月乙亥

谕军机大臣等："本年山东各属被灾，先经加恩赏拨南漕十万石，复钦奉懿旨发给内帑银十万两，广为抚恤。并因滨河各州县堤埝漫溢，谕令张曜截留该省新漕十万石，预筹冬赈。嗣经该抚奏到章邱等处被灾情形，又将本年上忙钱粮分别缓征。四川涪、雅两江涨溢，居民被淹，特谕刘秉璋于捐输项下拨银五万两借资赈济。安徽霍邱等州、县被淹，浙江温州等处被风、被水，严州等处被水，湖南武陵等州、县被淹，河南周家口被火，河内等县被淹，山东莒州、沂水县各被雹，四川石泉等州、县被水，泸州被火，陕西咸宁等县被水、被雹，长安等县被水，鄜州被雹，甘肃阶州被水，广东嘉应州等处被水，新安县被风，均经该督抚等查勘抚恤，小民谅可不至失所。惟念来春青黄不接之时，民力未免拮据，著传谕该督抚等体查情形，如有应行接济之处，即查明据实复奏，务于封印以前奏到，候朕于新正降旨加恩。再安徽宿、松等县被水，江西进贤等县被淹，新喻等县被旱，浙江杭州等府被水，湖南澧州等州、县被淹，河南滑县被水，甘肃皋兰等州、县被雹，云南昆阳等州、县被水，石屏州被旱，均经该督抚等委员查勘，即著迅速办理，并将来春应否接济之处一并查明，于封印前奏到。此外，各省有无被灾地方，应行调剂抚恤之处，著该将军督抚等一并查奏，候旨施恩。将此各谕令知之。"

（卷275　667页）

光绪十五年（1889年）十月戊寅

陕甘总督杨昌濬等奏："拟设西安至嘉峪关陆路电线，以速边报。"从之。

（卷275 669页）

光绪十五年（1889年）十月庚寅

陕甘总督杨昌濬奏："请将甘肃巩秦阶道永远改驻秦州。"从之。

（卷275 675页）

光绪十五年（1889年）十月戊戌

又谕："詹事志锐奏请饬各省试行小火轮船，并甘肃举办电线等语。著该衙门议奏。"寻总理各国事务衙门奏："各省试行小火轮船，应请旨饬下南北洋大臣、沿江沿海各督抚察看情形，通盘筹划，请旨遵行。至甘肃兴办电线，查由保定至嘉峪关官商分办，业经陕甘总督杨昌濬会同北洋大臣李鸿章先后奏准开办，并声明关外应如何展拓，已与署新疆巡抚魏光焘等设法兴修，另行奏明办理。该詹事所陈各节应毋庸议。"从之。

（卷275 680页）

光绪十五年（1889年）十一月丙午

直隶总督李鸿章奏："关陇电线拟由保定接至太原，由蒲州渡河至西安，作为商线由公司筹款。西安至嘉峪关作为官线，由陕甘筹款，将来接至新疆则东西万里一律灵通。"下所司知之。

（卷276 685页）

光绪十五年（1889年）十一月辛亥

以解清甘肃新饷，予河南布政使刘瑞祺、江苏布政使黄彭年等四十三员奖叙有差。

（卷276 691页）

光绪十五年（1889年）十二月壬申

以甘肃布政使谭继洵为湖北巡抚。

（卷278 708页）

光绪十五年（1889年）十二月癸酉

以安徽按察使张岳年为甘肃布政使。调山西按察使嵩昆为安徽按察使。

以前山东按察使潘骏文为山西按察使。

（卷 278　708 页）

光绪十五年（1889年）十二月丁丑

又谕："兵部奏请饬催各省题报兵马数目，开单呈览一折。各省兵马数目例应于每年十月具题，造册报部。该部于年终汇题，以备考核。前于光绪七年七月间曾经降旨严催，现经该部查明奏称，除江苏、湖北、浙江、安徽、漕标依限具题外，四川、江西、甘肃、广西、湖南、山西、广东、福建、河南、山东、云南、贵州等省虽据陆续咨报，并未具题。陕西于光绪十一年奏报一次，亦未造册。直隶省自咸丰六年至今迄未题报，实属不成事体。著各直省督抚迅将本年兵马数目限三个月一律造册具题。如再迟延即著该部奏参，将该督抚从严议处，以儆玩泄。其历年未报各案并著分年带补，以清积牍。"

（卷 278　710 页）

光绪十五年（1889年）十二月庚辰

四川总督刘秉璋奏："请饬陕甘总督等将番匪棒周解川审办。"得旨："著即咨行杨昌濬、萨凌阿严饬拉布浪寺，将首匪棒周交出，解赴四川归案审办。"

陕甘总督杨昌濬等奏："甘肃循化厅拉布楞寺番僧构衅械斗，业经弹压解散，照番例断结。请将出力各员酌予奖叙。"得旨："著准其酌保数员，毋许冒滥。"

（卷 278　712 页）

光绪十五年（1889年）十二月戊子

总理各国事务衙门奏："棍噶札拉参呼图克图拟赴甘肃、新疆，安插徒众，恳请准其驰驿前往。"允之。

（卷 279　719 页）

光绪十六年（1890年）闰二月甲辰

追予甘肃各属阵亡殉难都司刘相国等分别旌恤如例。

（卷 282　755 页）

光绪十六年（1890年）三月庚午

陕甘总督杨昌濬等奏："请拨甘肃西宁、大通二县学额，以广登进而励士气。"下部议。

（卷283　767页）

光绪十六年（1890年）三月辛未

陕甘总督杨昌濬奏："西宁地震，压伤人口，分别抚恤。"报闻。

（卷283　768页）

光绪十六年（1890年）六月戊申

兵部奏："陕甘副将衔参将曾保元阵亡日期在保（褒）奖参将未奉谕旨之先，应如何给恤。"得旨："著照副将衔参将从优议恤。"

（卷286　806页）

光绪十六年（1890年）七月癸酉

礼部奏："议复陕甘总督奏请抽拨西宁、大通二县学额。依议行。"

（卷287　818页）

光绪十六年（1890年）七月乙亥

以办理循化厅番案出力，予甘肃河州镇总兵沈玉遂优叙。

（卷287　820页）

光绪十六年（1890年）八月丙午

以战功卓著，予故甘肃新疆喀什噶尔提督谭上连照军营立功后积劳病故例赐恤。战绩宣付史馆立传，并附祀陕西甘肃新疆左宗棠专祠，从护理新疆巡抚魏光焘请也。

（卷288　834页）

光绪十六年（1890年）八月壬子

又谕："户部奏筹拨甘肃新饷，并酌定分给各军饷数开单呈览一折。甘肃关内外各军饷银关系紧要，现经该部将光绪十七年新饷，指拨山西省银八十四万两，河东道银五十二万两，河南省银六十一万两，陕西省银二十万两，湖北省银三十三万两，湖南省银十六万两，江苏省银二十万两，安徽省银二十万两，两淮银二十万两，江西省银三十六万两，四川省银九十八万两，闽海关银二十万两，共银四百八十万两。请饬依限报解。著该将军督抚等严饬各该司道按照部拨数目，于本年十二月底止赶解三成，至来年四月底止再解三成，其余四成统限九月底止扫数解清。各该省如能依限完解，即由陕甘总督奏请奖叙。倘仍前延欠，即由户部照例奏参。其关内外各军应分新饷即著户部按照单开数目行知陕甘总督等遵照办理。将此由五百里各谕令知之。"

（卷 288　838 页）

光绪十六年（1890 年）八月乙丑

谕内阁："前任陕甘总督杨岳斌忠勇性成、勋劳卓著。咸丰初年随同大学士曾国藩剿办发逆，创立师船，由湖南、湖北、安徽、江西直达江宁，肃清江西数千里，厥功甚伟。同治三年，克复江宁省城，蒙穆宗毅皇帝眷念勋勤，赏给一等轻车都尉世职，并赏加太子少保衔。旋由福建提督简授陕甘总督，嗣因亲老准其回籍终养。朕御极后，复命巡阅长江水师，整顿营规，均臻妥协。上年服阕后，奏准在籍养病，方冀调理就痊，长资倚畀。兹闻溘逝，轸惜殊深。杨岳斌著追赠太子太保衔，照总督例赐恤，任内一切处分悉予开复。应得恤典该衙门查例具奏，加恩予谥，并于立功省份建立专祠。其生平战功事迹宣付国史馆立传。伊子附生杨潽仪著赏给举人，准其一体会试。伊孙候选县丞杨镇荣著以知县用。杨道瀼著俟及岁时由吏部带领引见，用示笃念荩臣至意。寻予谥勇悫。"

（卷 288　844 页）

光绪十六年（1890 年）九月乙酉

陕甘总督杨昌濬奏河州等处被雹情形。得旨："即著妥为抚恤，毋任失所。"

（卷 289　852 页）

光绪十六年（1890 年）十月己亥

谕军机大臣等："本年顺天、直隶各属被水成灾，钦奉懿旨发给内帑银五万两以拯灾黎，并降旨拨给京仓米二十万石、部库银五万两、大钱五十万串。近京各乡镇添设粥厂，复准李鸿章所请，提拨直隶藩库等银六万两，截拨奉天粟米一万二千七百余石、江北漕米三万六千石，广为散放。并因山东濮州等处被水，谕令张曜截留新漕五万石，提拨粮道库银十万两，借资赈济。吉林珲春、宁古塔被水，省城被火，安徽安庆等处被水，盱眙县被火，江西星子等县被风，台湾台北等府属被风、被水，湖北施南等府被水，湖南巴陵等县被水，河南洛阳县被雹，淮宁等县被风，陕西商南等县被雹，商州等处被水，甘肃阶州等处被水，广西灵川等县被火，郁林州等属被水，云南安平蒙化等处被水，均经该将军督抚等查勘抚恤，小民谅可不至失所。惟念来春青黄不接之时，民力未免拮据，著传谕该将军督抚等体察情形，如有应行接济之处即查明据实复奏，务于封印以前奏到，候朕于新正降旨加恩。再安徽安庆等处被旱，江西瑞昌等处被水、被旱，浙江杭州等府属被风、被雹、被水、被旱，河南彰德等府属被水，甘肃西宁县地震，金县等处被雹，河州等处被雹、被水，广东南海等县被水，广西苍梧等处被水，均经该督抚等委员查勘，即著迅速办理，并将来春应否接济之处一并查明，于封印前奏到。此外，各省有无被灾地方，应行调剂抚恤之处，著该将军督抚等一并查奏，候旨施恩。将此各谕令知之。"

（卷290　860页）

光绪十六年（1890年）十月甲寅

　　陕甘总督杨昌濬奏："请将巴燕戎格旧有关帝庙、文昌庙暨新修文昌庙一并列入祀典，春秋致祭。"从之。

（卷290　866页）

光绪十六年（1890年）十月戊午

　　命前陕甘总督谭钟麟来京陛见。

（卷290　868页）

光绪十六年（1890年）十二月戊申

　　以解清甘肃新饷，赏陕西布政使陶模、江宁布政使瑞璋、江西布政使方汝翼头品顶戴，予福州将军希元等四十四员奖叙。

（卷292　888页）

光绪十六年（1890年）十二月甲寅

　　予积劳病故甘肃参将凌霄汉、被贼戕害医学正科杨发甲旌恤如例。

（卷292　890页）

光绪十七年（1891年）正月己巳

以上年万寿庆典，锡类推恩，赏……甘肃宁夏镇总兵卫汝贵之母王氏扁额曰"戎校胪欢"，甘肃新疆阿克苏镇总兵黄万鹏之母杨氏扁额曰"凫藻怡颜"……甘肃督标中军副将邓全忠之母杨氏扁额曰"宣威介寿"……并珍玩文绮。

（卷293　898页）

光绪十七年（1891年）正月庚寅

谕内阁："本年轮应查阅直隶、山西、陕西、四川、甘肃五省营伍之期。直隶即派李鸿章，山西即派刘瑞祺，陕西即派鹿传霖，四川即派刘秉璋，甘肃即派杨昌濬，逐一查阅，认真简校。如有训练不精，军实不齐者，即将废弛之将弁据实参奏，毋得视为具文。"

（卷293　904页）

光绪十七年（1891年）二月戊申

谕内阁："杨昌濬奏大员丁忧，请开缺回旗守制，据情代奏一折。萨凌阿著准其回旗穿孝，毋庸开缺，百日孝满即行回任。西宁办事大臣著奎顺暂行署理。"

（卷294　912页）

光绪十七年（1891年）二月丙辰

命前陕甘总督谭钟麟在紫禁城内骑马。

（卷294　915页）

光绪十七年（1891年）二月丁巳

以陕西布政使陶模为甘肃新疆巡抚。

调甘肃布政使张岳年为陕西布政使，以湖南按察使沈晋祥为甘肃布政使，广西左江道孙楫为湖南按察使。

（卷294　915页）

光绪十七年（1891年）四月己酉

陕甘总督杨昌濬奏："筹拨银两办理阶州春赈。"得旨："即著核实散放，毋任灾黎失所。"

以前陕甘总督谭钟麟为吏部左侍郎，并赏尚书衔。

（卷296　930页）

光绪十七年（1891年）五月乙酉

以翰林院编修王锡蕃为湖南乡试正考官，丁立钧为副考官，内阁学士李端棻为四川乡试正考官，编修陈同礼为副考官，编修熙瑛为甘肃乡试正考官，李联芳为副考官。

（卷297　939页）

光绪十七年（1891年）六月庚子

（成都将军岐元等）又奏："核减商上应收玉树番族兵费，以纾重累，并严饬德尔格特土司不得串同番官借势欺凌玉树番族。"如所请行。

（卷298　945页）

光绪十七年（1891年）六月庚戌

以捐银助赈，予甘肃提督周达武等奖叙。固原提督雷正绾为其故母、河州镇总兵沈玉遂为其故父，各建坊。

（卷298　947页）

光绪十七年（1891年）七月己卯

陕甘总督杨昌濬奏："甘省欠解光绪八年以前朋马奏销，自经回乱，无案可稽，请免造报销，以清积案。"从之。

（卷299　960页）

光绪十七年（1891年）七月辛巳

户部奏："议复陕甘总督奏陕西绿营官弁俸廉例干银两请照甘肃全支，未便照准。"依议行。

（卷299　960页）

光绪十七年（1891年）七月乙酉

谕内阁："山东巡抚张曜秉性忠勇、历著勋勤。咸丰、同治年间由知县从戎，创立嵩武军，转战河南、安徽、湖北、直隶等省，叠克名城，剿平粤捻各逆。嗣复剿办甘肃及关外回匪，扫穴擒渠，战功甚伟。历蒙先朝知遇赏给骑都尉世职，赏戴双眼花翎，升授布政使，改补总兵，擢任提督。朕御极后，因回疆肃清，给予一等轻车都尉世职，补授广西巡抚，加尚书衔。调任山东巡抚，于山东黄河尤能悉心擘画，亲历河干督率工员力筹修守，实属勤劳罔懈。前经叠奉懿旨，命帮办海军事务，赏加太子少保衔。方冀克享遐龄，长承倚畀。昨因患病，甫经赏假调理，遽闻溘逝，轸惜殊深。张曜著晋赠太子太保，入祀贤良祠，并于立功省份建立专祠。生平战绩事实宣付国史馆立传，加恩予谥，赏银一千两治丧，由山东藩库给发，照总督例赐恤。任内一切处分悉予开复，应得恤典该衙门查例具奏。灵柩回籍时，沿途地方官妥为照料。伊子知府张端本著遇有道员缺出，请旨简放主事。张端理著赏给员外郎。张端瑾及伊孙张尔常均俟及岁时，由吏部带领引见，用示笃念荩臣至意。"寻予谥"勤果"。

（卷299　963页）

光绪十七年（1891年）八月壬辰

命……黎荣翰提督陕西学政，蔡金台提督甘肃学政。

（卷300　968页）

光绪十七年（1891年）八月乙卯

甘肃提督周达武奏："匪类私造印信，售卖伪咨、伪札投标，屡滋事端，请饬严查。"得旨："即著周达武移咨各省督抚提镇详查办理。"

（卷300　977页）

光绪十七年（1891年）八月辛酉

谕军机大臣等："户部奏筹拨甘肃新饷开单呈览，并请饬催关内外各军将裁减实需饷数迅速奏报一折。甘肃关内外各军饷银关系紧要，现经该部将光绪十八年新饷指拨，山西省银八十四万两，河南省银六十一万两，河东道银五十二万两，陕西省银二十万两，湖北省银三十三万两，湖南省银十六万两，江苏省银二十万两，安徽省银二十万两，两淮银二十万两，江西省银三十六万两，四川省银九十八万两，闽海关银二十万两，共银四百八十万两。请饬依限报解，著该将军督抚等严饬各该司道按照部拨数目，于本年十二月底止赶解三成，至来年四月底止再解三成，其余四成统限九月底止扫数解清。各该督如能依限完解，即由陕甘总督奏请奖叙，倘仍前延欠，即由户部照例奏参。至各军裁减饷数并著户部行知该督抚将军副都统切实估计，迅速报部。将此由四百里各谕令知之。"

（卷300　978页）

光绪十七年（1891年）九月丙寅

陕甘总督杨昌濬奏："甘肃防军遵裁步队五百六十名，以节饷需。"下部知之。

又奏："甘肃地瘠民贫，光绪十八年以后协饷仍请照原拟估拨，以维边疆大局。"下部议。

又奏："泾州各属被灾情形。"报闻。

（卷301　981页）

光绪十七年（1891年）九月庚午

以才有专长，予甘肃安肃道刘含芳等三员军机处存记。

（卷301　983页）

光绪十七年（1891年）九月辛巳

陕甘总督杨昌濬奏："总兵王大发等请留甘补用。"如所请行。

（卷301　987页）

光绪十七年（1891年）九月戊子

予故甘肃凉州镇总兵蒋东才于河南省城及安徽亳州地方建立专祠，事迹宣付史馆立传，从河南巡抚裕宽请也。

（卷301　990页）

光绪十七年（1891年）十月甲午

谕军机大臣等："本年顺天、直隶各属洼区积水未消，民情困苦，谕令李鸿章截留本年江苏海运漕米十六万石分拨顺天、直隶办理春赈，并因甘肃阶、文二州、县民情拮据，动用厘金仓谷筹办赈抚。云南顺宁府属被火，鲁甸厅属被旱，将新旧钱粮分别豁免缓徵。安徽寿州被火，江西丰城、新淦二县被风，清江县被风、被雹，均经该督抚等查勘抚恤，小民谅可不至失所。惟念来春青黄不接之时，民力未免拮据，著传谕该督抚等体察情形，如有应行接济之处，即查明据实复奏，务于封印以前奏到，候朕于新正降旨加恩。再安徽安庆等府被水、被旱，凤阳等府州被虫，江西永新、永丰二县被旱，浙江杭州等府被风、被水，台州府被旱，河南永城县被虫，山西介休、孝义二县地震，陕西兴安等府州被水、被雹，吴堡县被雹，榆林、绥德等府州被雹、被霜，甘肃泾州等州县被雹，甘肃新疆温宿州被水、被雹，广东高要、高明二县被水，广西百色厅被风，临桂、苍梧二县被火，云南平彝县被水，石屏被旱，寻甸等州县被水，宣威等州县被水、被雹，均经该督抚等委员查勘，即著迅速办理，并将来春应否接济之处一并查明，于封印前奏到。此外，各省有无被灾地方，应行调剂之处，著该将军督抚等一并查奏，候旨施恩。将此各谕令知之。"

（卷302　993页）

光绪十七年（1891年）十月己酉

甘肃学政胡景桂奏："海防、边防宜核实变通，敬陈管见，以备采择。"下所司议。寻议上："原奏各条虽属留心时务，而事多隔阂难行，应毋庸议。"从之。

（卷302　999页）

光绪十七年（1891年）十一月辛巳

护理甘肃新疆巡抚魏光焘奏："勘明库尔喀喇乌苏厅属无碍民屯地方，拨给棍噶札拉参呼图克图安插徒众。"下部知之。

（卷304　1023页）

光绪十七年（1891年）十一月乙酉

以解清甘肃新饷，予江宁布政使瑞璋等升叙加衔有差。

予故记名提督前广东琼州镇总兵陶定升恤典如例，事迹宣付史馆立传，并附祀安徽、陕西、甘肃故大学士曾国藩、左宗棠，故提督刘松山专祠。

（卷304　1025页）

光绪十七年（1891年）十二月丁巳

蠲缓甘肃华亭、泾平、罗、中卫四州、县银粮草束有差。

（卷306　1044页）

光绪十七年（1891年）十二月庚申

陕甘总督杨昌濬奏："续拨银粮，赈济甘肃阶州、文县灾区。"得旨："即著核实散放，毋任灾黎失所。"

以争斗伤毙平民，革甘肃副将姜占魁职，并讯办。

以捐银助赈，予甘肃固原提督雷正绾为其母建坊。

（卷306　1047页）

《清光绪实录（五）》

光绪十八年（1892年）正月己巳

　　谕内阁："杨昌濬奏甄别庸劣不职各员一折。甘肃阶州直隶州知州区望濂才短性执，民事废弛，著开缺以简缺知县降补。前署静宁州平番县知县米协麟听断糊涂，难膺民社，惟文理尚优，著开缺以教职归部选用。抚彝通判方希祖才具平庸，舆论不洽，著开缺以县丞降补。前代理中卫县候补知县杨得炳年力就衰，难供任使，著勒令休致。平番县西大通县丞李成林举止任性，操守平常；白马关州判屈逢壬识浅才庸，声名亦劣；岷州学正罗炳塈行止有亏，不堪司铎，均著一并革职，以肃吏治。"

　　以记名总兵汤彦和为陕西河州镇总兵官。

（卷307　3页）

光绪十八年（1892年）二月丙午

　　陕甘总督杨昌濬奏："甘肃土药税厘征收艰困，向系按三折一，请以后每土浆百斤仍税实银一十六两六钱。禁除折收名目。"下部知之。

（卷308　16页）

光绪十八年（1892年）三月癸亥

　　谕军机大臣等："刘秉璋奏甘肃番僧叠次越界滋事情形，并将焚掠各案开单呈览一折。据称甘省所属之拉布浪寺窝匪棒周越界抢掠，曾经奏明，饬令该寺将棒周交出审办，至今抗延未交。上年八月间，该寺香错黑窝折顿等拥众数千至松潘所属之上阿坝，围攻色凹等寨，焚毁多家，并至折参巴寺院肆行焚杀。色凹六寨均被逼降，复将班佑十二部落之辖漫各寨概行烧毁，且围攻中阿坝等处。请饬查拿究办等语。此案首匪棒周纠众焚掠，曾经谕令刘秉璋咨行杨昌濬等将该犯解川审办，何以至今未据杨昌濬等复奏。现在该寺番僧复行越界滋扰，亟应认真拿办。著杨昌濬、奎顺迅即严饬拉布浪寺，将棒周交出，归案审办，并将滋事喇嘛提讯惩治。所占番寨勒令退还，并偿还焚掠各件，以遏乱萌而安边氓。该督等务将此案妥速办结，即行复奏，毋再迟延。原折单均著抄给阅看。将此谕知杨昌濬并传谕奎顺知之。"

（卷309　23页）

光绪十八年（1892年）三月癸酉

缓征甘肃安化、环、文、巴燕戎格四厅、县被旱、被雹、被水各地方额粮屯粮有差。

（卷309　26页）

光绪十八年（1892年）三月丁丑

陕甘总督杨昌濬奏："修治阶州城堤河工告竣，恳准择尤保（褒）奖。"得旨："著准其酌保数员，毋许冒滥。"

（卷309　27页）

光绪十八年（1892年）三月戊寅

礼部以会试中额请。得旨："满洲取中八名，蒙古取中三名，汉军取中七名，直隶取中二十三名，奉天取中三名，山东取中二十一名，山西取中十名，河南取中十七名，陕西取中十四名，甘肃取中九名，江苏取中二十五名，安徽取中十七名，浙江取中二十四名，江西取中二十一名，湖北取中十四名，湖南取中十四名，四川取中十三名，福建取中二十名，台湾取中二名，广东取中十六名，广西取中十三名，云南取中十二名，贵州取中十一名。"

（卷309　27页）

陕甘总督杨昌濬奏："关外垫支撤勇等款拟请作正开销，以清镣辖。"下部知之。

（卷309　28页）

光绪十八年（1892年）四月壬子

陕甘总督杨昌濬等奏："设肃州至新疆电线，请分筹银两，购办机器。"得旨："该衙门议奏。"寻议："由总理各国事务衙门、户部各拨银五万两解交北洋大臣李鸿章应用。其采购材料就甘肃、新疆平余项下动拨。"从之。

（卷310　40页）

光绪十八年（1892年）五月戊寅

以甘肃提督邓少云等积劳病故，都司萧德华因公溺毙，典史沈楷等城陷阵亡，文童沈蓉暨伊母女等十五名口同时殉难，分别旌恤如例。

（卷 311 52 页）

光绪十八年（1892年）六月丁亥

谕军机大臣等："杨昌濬、奎顺奏查明川属番案大概情形一折。据称拉布浪寺呼图克图嘉木样被控各节，现已派员究办。惟棒周系川属热档坝土百户之侄，是否逃回该坝，抑窜入果洛克番族，均属川省所辖，请饬该将军总督就近缉拿讯办等语。此案日久未结，必应迅将棒周严拿到案，即著雅尔坚、刘秉璋迅饬所属严密查拿，归案审办，并著杨昌濬等督饬派出之员认真查办，总期妥速办结，毋得彼此推诿，再事耽延。杨昌濬等原折著抄给雅尔坚、刘秉璋阅看。将此谕知雅尔坚、刘秉璋、杨昌濬并传谕奎顺知之。"

陕甘总督杨昌濬等奏："改派副将杨志胜等会办玉树德格番案。"报闻。

缓征甘肃安化、合水、环、正宁、宁、泾、镇原、崇信八州县暨董志县丞被旱地方本年上忙钱粮有差。

（卷 312 54 页）

光绪十八年（1892年）六月戊子

理藩院奏："伊犁、青海等处蒙古王公可否令其来京该班。"得旨："著照例按班来京。"

（卷 312 55 页）

光绪十八年（1892年）六月戊申

予故陕西河州镇总兵沈玉遂优恤，战绩宣付史馆立传，附祀陕西、甘肃大学士左宗棠专祠，并于河州捐建专祠，从陕甘总督杨昌濬请也。

（卷 312 62 页）

光绪十八年（1892年）闰六月庚辰

陕甘总督杨昌濬奏："边事日棘，请派大员督办防务。"下所司知之。

（卷 313 70 页）

光绪十八年（1892年）闰六月壬午

陕甘总督杨昌濬奏："捕获谋逆抢劫首要各犯，分别斩枭惩办，并将在事出力文武员弁从优奖叙。"得旨："刑部议奏，所有在事出力之知府胡学骏等均照所请奖励。"

以才识练达、勇于任事，予陕西平庆泾固化道何维楷军机处存记。

（卷313　71页）

光绪十八年（1892年）七月丙午

陕甘总督杨昌濬奏："甘肃东路被毁电竿一律修复，请将文武各员免议。"允之。

（卷314　80页）

光绪十八年（1892年）八月辛酉

又谕："户部奏筹拨甘肃新饷，开单呈览，并请饬催关内外各军将裁减实需饷数迅速奏报一折。甘肃关内外各军饷银关系紧要，现经该部将光绪十九年新饷指拨，山西省银八十四万两，河南省银六十一万两，河东道银五十二万两，陕西省银二十万两，湖北省银三十三万两，湖南省银十六万两，江苏省银二十万两，安徽省银二十万两，两淮银二十万两，江西省银三十六万两，四川省银九十八万两，闽海关银二十万两，共银四百八十万两。请饬依限报解。著该将军督抚等严饬各该司道按照部拨数目于本年十二月底止赶解三成，至来年四月底止再解三成，其余四成统限九月底止扫数解清。各该省如能依限完解，即由陕甘总督奏请奖叙，倘仍前延欠，即由户部照例奏参。至各军裁减饷数并著户部行知该督抚将军副都统切实估计，迅速报部。将此由四百里各谕令知之。"

（卷315　84页）

光绪十八年（1892年）八月乙亥

陕甘总督杨昌濬奏："查明甘省各属被灾情形。"得旨："即著饬属妥为抚恤，毋任失所。"

（卷315　87页）

光绪十八年（1892年）九月乙未

西宁办事大臣萨凌阿因病解职，赏甘肃甘凉道奎顺副都统衔为西宁办事大臣。

（卷316　93页）

光绪十八年（1892年）九月丁酉

谕内阁："前据杨昌濬奏已故陕西河州镇总兵沈玉遂战功卓著，吁恳优恤。当经降旨议恤，并准其立传建祠。兹据都察院左副都御史杨颐奏，同治二年粤逆余党陈金刚等就诛，未闻湘军前来助战，高州郡城亦未失陷，杨昌濬原奏沈玉遂率五千人驰往竟克高州，与当时情事不符，请饬更正等语。沈玉遂转战各省，其劳绩自不可泯。惟于剿平陈金刚股匪，该故员既未身与其事，即著国史馆将沈玉遂本传核明更正，以昭详慎。杨昌濬未能详查确实，率行具奏，殊属疏忽，著交部察议。嗣后各该督抚于奏请赐恤之案，务须查明实在战功事迹，不得仅凭旧部呈报，即行胪陈入告，致涉虚诬，用副朝廷录善劝功、综核名实之至意。”寻吏部议上：“杨昌濬应得罚俸一年公罪。”得旨：“准其抵销。”

（卷316　94页）

光绪十八年（1892年）九月己亥

陕甘总督杨昌濬奏：“甘凉马厂试办有效，推广办理，以备拨补。”下部知之。

（卷316　95页）

光绪十八年（1892年）九月辛亥

甘肃提督周达武奏：“变产承还借款，并筹建四川本籍武军忠义祠。”得旨：“周达武捐垫巨款，著该部核给奖叙。”

（卷316　99页）

光绪十八年（1892年）十月丁巳

谕军机大臣等：“本年顺天、直隶各属雨水过多，闾阎困苦，谕令李鸿章截留河运漕米十万石，分拨散放，并因江苏丹徒、甘泉等县被旱两次，特谕刘坤一等截留漕米八万石，借资赈济。山东黄河盛涨，惠民等州、县被淹，谕令福润将该省应行运通米石悉数截留备赈。云南昆明等州、县被水，特饬户部拨银十万两发交王文韶等赈抚。河南汲县等处被淹，准如该抚所请，截留帮丁月粮银四万两，办理工赈。山西汾州等府属被旱，陕西延安等府属被淹，甘肃泾州等州、县被旱，叠准该督抚所请，将上忙钱粮分别缓征。湖北东湖县被火，河南卫辉府属被淹，山西归化等厅被旱，甘肃兰州等府属被水、被雹，庆阳府属被旱，新疆疏勒等州、县被水、被旱，广东恩平等县被水，福建漳州府属被水，均经该督抚等查勘抚恤，小民谅可不至失所。惟念来春青黄不接之时，民力未免拮据，著传谕该督抚等体察情形，如有应行接济之处，即查明据实复奏，务于封印以前奏到，候朕于新正降旨加恩。再直隶承德府属被霜，安徽安庆等府属被水、被旱，江西建昌等县被旱，吉水等县被淹，浙江杭州等府属被旱、被风、被雹、被虫，福建顺宁县被水，台湾台南等府属被风、被水，湖南龙阳等县被淹，陕西富平等县被雹，榆林等县被水，甘肃巴燕戎格厅、隆德县被雹，古浪县被水，云南武定等州、县被淹，均经该督抚等委员查勘，即著迅速办理，并将来春应否接济之处一并查明，于封印前奏到。此外，各省有无被灾地方，应行调剂抚恤之处，著该将军督抚等一并查奏，候旨施恩。将此各谕令知之。"

（卷317　103页）

光绪十八年（1892年）十一月庚子

陕甘总督杨昌濬奏："甘肃东路并关外各州、县塘驿夫马不敷应用，请复设酌添，以重邮政。"下部议。

（卷318　119页）

光绪十八年（1892年）十一月丁未

以解清甘肃新饷，予河南巡抚裕宽等二十五员奖叙有差。

（卷318　123页）

光绪十八年（1892年）十二月乙卯

军机处奏："《平定陕甘新疆回匪方略》纂辑完竣，拟分次呈进。"报可。

（卷319　127页）

光绪十八年（1892年）十二月己巳

谕内阁："朕钦奉皇太后懿旨，甲午年为予六旬寿辰，皇帝率天下臣民胪欢祝嘏，特派王大臣等举行庆典。具见诚敬之忱。予自归政以来，仰荷昊苍眷佑，列圣垂庥，用能膺受蕃厘，康强逢吉，兹以花甲初周，皇帝摅爱日之诚，洽敷天之庆，欢欣称祝。予若却而不受，转似近于矫情，惟念海宇虽已乂安，民气亟宜培养。每于皇帝侍膳问安之际，以去奢崇俭，爱育黎元，谆谆训诫。皇帝当仰体此意，以国计民生为念，孜孜求治，俾四海咸臻乐利，物阜民康，养志承欢，孰大于是。正不在备物将忱也。此次办理庆典，王大臣等于应行典礼，查照旧章，请旨遵行外，其余一切用款务当力求撙节，毋得稍滋糜费，以副予慎怀节俭、体念间阎之意，中外诸臣其各勤职守，共济时艰。内而王公一、二品文武大臣，外而将军、督抚、都统、副都统、提督、总兵，照例应进贡物缎匹，均著毋庸进献，以示体恤。本年特颁内帑，赈济顺天、直隶贫民，嗣后著每年发银二万两交顺天府府尹、直隶总督普给穷黎。甲午年每省各赏银二万两，交奉天、吉林、黑龙江各将军，两江、陕甘、四川、闽浙、湖广、两广、云贵各总督，江苏、安徽、山东、山西、河南、陕西、甘肃、新疆、浙江、福建、台湾、江西、湖北、湖南、广东、广西、云南、贵州各巡抚，核实散放。均由节省内帑项下给发，用示行庆施惠，有加无已至意。钦此。朕钦奉懿训，祗切遵承。将此通谕知之。"

（卷319　134页）

光绪十九年（1893年）二月乙卯

兵部会奏："议复陕甘总督奏复设酌添塘驿夫马。"依议行。

（卷321　154页）

光绪十九年（1893年）二月乙亥

蠲缓甘肃安化、宁、合水、环、固原、狄道、董志原县丞等七属被旱、被水、被雹、被霜地方钱粮草束。

（卷321　163页）

光绪十九年（1893年）三月辛卯

陕甘总督杨昌濬等奏："遵复筹办边防情形。"得旨："即著将边防各事严密布置，随时相机办理。"

（卷322　168页）

光绪十九年（1893年）四月癸丑

以记名总兵张永清为甘肃凉州镇总兵官。

（卷323　173页）

光绪十九年（1893年）八月甲子

陕甘总督杨昌濬奏："甘省各属夏、秋禾苗被灾情形。"得旨："即著饬属妥为抚恤，毋令失所。"

（卷327　204页）

光绪十九年（1893年）八月戊辰

谕军机大臣等："户部奏筹拨甘肃新饷，开单呈览，并请饬催关内外各军将裁减实需饷数迅速奏报一折。甘肃关内外各军饷银关系紧要。现经该部将光绪二十年新饷指拨，山西省银八十四万两，河南省银六十一万两，河东道银五十二万两，陕西省银二十万两，湖北省银三十三万两，湖南省银十六万两，江苏省银二十万两，安徽省银二十万两，两淮银二十万两，江西省银三十六万两，四川省银九十八万两，闽海关银二十万两，共银四百八十万两。请饬依限报解。著该将军督抚等严饬各该司道按照部拨数目于本年十二月底止赶解三成，至来年四月底止再解三成，其余四成统限九月底止扫数解清。各该省如能依限完解，即由陕甘总督奏请奖叙，倘仍前延欠，即由户部照例奏参。至伊犁、塔尔巴哈台各军饷数甫经划定，究竟实需若干，能否裁减若干，并著户部行知该督抚将军副都统切实估计，迅速报部。将此由四百里各谕令知之。"

（卷327　205页）

光绪十九年（1893年）八月癸酉

谕军机大臣等："杨昌濬等奏会办川属番案，请饬川省一体严缉逃犯一折。逃犯棒周屡次滋事，上年六月间谕令雅尔坚等饬拿归案，并著杨昌濬等派员认真查办。兹据杨昌濬、奎顺复奏，棒周并未在拉布浪寺藏匿，实在川属西日加安木族内，请饬川省一体严缉等语。此案日久未结，该犯棒周无论在川在甘，亟应会同拿获，归案审办，以杜后患。著杨昌濬、奎顺严饬派出文武各员就川省所指地方密速查拿，并著恭寿、刘秉璋一体饬属严缉，务将该犯捕获惩治，毋任漏网。该将军等当懔遵叠次谕旨，会商妥办，不得互相推诿。杨昌濬等折著抄给恭寿、刘秉璋阅看。将此各谕令知之。"

（卷327　207页）

光绪十九年（1893年）十月辛亥

谕军机大臣等："本年顺天、直隶各属骤被水灾，叠经赏拨银米，分设粥厂，办理急赈。嗣因灾区较广，拨给奉天粟米一万四千四百余石，江苏、江北漕米各五万石备赈，并因办理冬春赈抚，续拨河运漕米折价十万石，截留海运漕米八万石，分解顺天、直隶应用。复准李鸿章所请，动拨直隶藩库银十万两广为散放。采育镇等处添设粥厂，准如孙家鼐等所请，加拨银米，又因湖南醴陵县等处被旱，由户部垫拨银三万两发交吴大澂分别散给。山东沿河各属被水，谕令福润截留新漕六万石，以备冬赈。陕西延安等府属被旱，将上忙钱粮分别缓徵。湖北公安县，陕西绥德、泾阳等州、县被雹，咸宁等县被水，南郑、府谷等州、县被水、被雹，甘肃渭源等县被雹、被水，新疆奇台县被旱，库车等厅、州、县被水，广东廉州府属被水，广西宾州等州、县被水，云南定远、交山、姚州、建水、安平等厅、州、县被水，均经该督抚等查勘抚恤，小民谅可不至失所。惟念来春青黄不接之时，民力未免拮据，著传谕该督抚等体察情形，如有应行接济之处，即查明据实复奏，务于封印以前奏到，候朕于新正降旨加恩。再安徽安庆等府属被水、被旱，江西德化、建昌等县被水，莲花、安福、永新等厅、县被旱，甘肃靖远等县被雹，均经该督抚等委员查勘，即著迅速办理，并将来春应否接济之处一并查明，于封印前奏到。此外，各省有无被灾地方，应行调剂抚恤之处，著该将军督抚等一并查奏，候旨施恩。将此各谕令知之。"

（卷329 220页）

光绪十九年（1893年）十月戊辰

又谕："恭寿、刘秉璋奏甘省拉布浪寺侵占川番各寨，请饬严办一折。据称甘省查办番案拉布浪寺嘉木样窝藏匪犯棒周串同抢劫，纵令黑窝香错等率兵侵占焚掠。杨昌濬等漫无觉察，以致案久未结。请饬勒令该寺退还各寨，撤回管寨喇嘛，并严办带兵焚掠之黑窝等语。此案前经谕令杨昌濬等派员认真查办，并令恭寿等会商妥办，不得互相推诿。兹据恭寿等所奏各节，是拉布浪寺显有欺诳刁抗情形，亟应彻底查究，以遏乱萌。即著杨昌濬等按照川省所指各节，懔遵前旨，确切查办，迅速复奏，不得稍涉回护，致干咎戾。恭寿等折著抄给杨昌濬、奎顺阅看。将此各谕令知之。"

（卷329 224页）

光绪十九年（1893年）十月辛未

以前凉州副都统德魁为正黄旗汉军副都统。

（卷329 226页）

光绪十九年（1893年）十一月丙申

以解清甘肃光绪十八年新饷，予江西布政使方汝翼等奖叙。

（卷330　237页）

光绪十九年（1893年）十二月戊午

谕内阁："兵部奏各省土司册籍仍未送齐，请饬催一折。现修会典土司一门，必须各省册籍造齐送部，方可纂辑成编。乃屡经该部奏催，仅据贵州造送，此外，甘肃、广西均未咨报，湖广、四川尚未送齐，至云南咨送营制总册开有土司各员，亦未注明设立年月日期，殊不足以资考核。著甘肃、广西、湖广、四川、云南各督抚迅速造报，统限于文到三个月内一律送齐，如有原系土司续经改土归流者，并著将议改缘由日期一并详细声叙，不得再行延宕。"

（卷331　246页）

光绪十九年（1893年）十二月乙丑

又谕户部奏："遵议杨昌濬奏请将解清甘肃新饷各员分别奖叙，开单呈览一折。甘肃新饷关系紧要，所有扫数批解各员自应量加奖叙，以示鼓励。至署山西、河东道宁武府知府吴鸿恩等或官职较卑、暂时权篆，或指拨并非本款，或无管库责任。著照部议，毋庸给予奖叙。嗣后筹解甘饷人员务须核实请奖，不得以前项各员率行列保，以杜冒滥。"

（卷331　251页）

光绪二十年（1894年）正月己卯

又奉懿旨："本年予六旬庆辰，在廷臣工，业经降旨加恩。因念各省文武大臣有久膺重寄、卓著勋劳者，允宜同膺懋赏。大学士直隶总督李鸿章著赏戴三眼花翎，伊子李经迈著以员外郎用。两江总督刘坤一著赏戴双眼花翎。陕甘总督杨昌濬著赏加太子太保衔。四川总督刘秉璋、闽浙督谭钟麟，均著赏加太子少保衔。湖广总督张之洞著交部从优议叙。两广总督李瀚章著赏加太子少保衔。云贵总督王文韶著赏戴花翎，并交部从优议叙。河东河道总督许振祎、漕运总督松椿，均著交部从优议叙。江苏巡抚奎俊、安徽巡抚沈秉成、山东巡抚福润、山西巡抚张煦、河南巡抚裕宽、陕西巡抚鹿传霖、甘肃新疆巡抚陶模、浙江巡抚廖寿丰、福建台湾巡抚邵友濂、江西巡抚德馨、湖北巡抚谭继洵、湖南巡抚吴大澂、广东巡抚刚毅、广西巡抚张联桂、云南巡抚谭钧培、贵州巡抚崧蕃，均著交部从优议叙。盛京将军裕禄著赏加尚书衔。吉林将军长顺、黑龙江将军依克唐阿、西安将军荣禄、宁夏将军钟泰、江宁将军丰绅、杭州将军吉和、荆州将军祥亨、广州将军继格，均著交部从优议叙。福州将军一等继勇侯希元著赏戴花翎。成都将军恭寿、绥远城将军克蒙额、伊犁将军长庚、定边左副将军永德、热河都统庆裕、察哈尔都统德铭、直隶提督叶志超，均著交部议叙。陕西提督雷正绾、甘肃提督周达武、乌鲁木齐提督董福祥，均著赏加尚书衔。江南提督谭碧理著赏加太子少保衔。浙江提督冯南斌、福建水师提督杨岐珍，均著赏加尚书衔。福建陆路提督黄少春著赏加太子少保衔。广东水师提督郑绍忠、陆路提督唐仁廉，均著赏加尚书衔。广西提督苏元春著改为二等轻车都尉。湖北提督吴凤柱革交部议叙。湖南提督娄云庆、四川提督宋庆、云南提督冯子材、贵州提督罗孝连、长江水师提督黄翼升、北洋海军提督丁汝昌，均著赏加尚书衔。河南河北镇总兵刘盛休、广东南韶连镇总兵方友升、高州镇总兵左宝贵、北海镇总兵王孝祺、广西右江镇总兵张春发、柳庆镇总兵马盛治、云南开化镇总兵蔡标、昭通镇总兵何雄辉、贵州安义镇总兵蒋宗汉、古州镇总兵丁槐、威宁镇总兵苏元瑞，均著赏戴双眼花翎。直隶正定镇总兵徐邦道、山西太原镇总兵聂士成、河南南阳镇总兵崔廷桂、归德镇总兵杨玉书、甘肃宁夏镇总兵卫汝贵、江南淮扬镇总兵潘万才、江西九江镇总兵朱淮森、福建福宁镇总兵曹志忠、广东琼州镇总兵滕嗣林、湖北宜昌镇总兵傅廷臣，均著赏给如意一柄、用宝寿字一方。直隶马兰镇总兵文瑞、泰宁镇总兵志元、通永镇总兵吴育仁、宣化镇总兵王可升、山东登州镇总兵章高元、兖州镇总兵田恩来、曹州镇总兵王连三、陕西陕安镇总兵姚文广、汉中镇总兵孙金彪、甘肃西宁镇总兵邓增、江南苏松镇总兵张景春、福山镇总兵韩晋昌、浙江温州镇总兵张其光、福建汀州镇总兵宋德胜、湖南永州镇总兵贾起胜、云南鹤丽镇总兵岑有富、临元镇总兵姜桂题、长江水师湖南岳州镇总兵张捷书、湖北汉阳镇总兵高光效、江西湖口镇总兵柳金源、江南瓜州镇总兵谢濬畲、狼山镇总兵曹德庆、北洋海军左翼总兵林泰曾、右翼总兵刘步蟾，均著赏给用宝寿字一方、大卷八丝缎二匹。直隶大名镇总兵吴殿元、天津镇总兵罗荣光、山西大同镇总兵程之伟、陕西延绥镇总兵蒋云龙、河州镇总兵汤彦和、甘肃肃州镇总兵李培荣、凉州镇总兵张永清、伊犁镇总兵张俊、阿克苏镇总兵黄万鹏、江南徐州镇总兵陈凤楼、安徽寿春镇总兵任祖文、皖南镇总兵李占椿、江西南赣镇总兵何明亮、浙江处州镇总兵陈济清、衢州镇总兵喻俊明、定海镇兵陈永春、海门镇总兵孙昌凯、福建漳州镇总兵侯名贵、建宁镇总兵秦怀亮、澎湖镇总兵周振邦、台湾镇总兵万国本、南澳镇总兵刘永福、广东潮州镇总兵刘世俊、碣石镇总兵邓万林、广西右江镇总兵董履高、湖北郧阳镇总兵何长清、湖南镇筸镇总兵周瑞龙、绥靖镇总兵陈海鹏、四川重庆镇总兵钱玉兴、建昌镇总兵刘士奇、松潘镇总兵陈金鳌、川北镇总兵何乘鳌、云南腾越镇总兵张松林、贵州镇远镇总兵和耀曾，均著赏给用宝福字一方、小卷八丝缎二件。前甘肃新疆巡抚刘锦棠著晋封一等男爵。前福建台湾巡抚刘铭传著开复革职留任处分。"

又奉懿旨："本年予六旬庆辰，率土胪欢。蒙古王公等自应一体加恩，以彰庆典。科尔沁和硕图什业图亲王色旺诺尔布桑保著赏穿带嗉貂褂。乌珠穆沁和硕车臣亲王阿勒坦呼雅克图著赏用紫缰。喀喇沁亲王衔多罗都楞郡王和硕额驸旺都特那木济勒著每年加赏银一千两。苏呢特亲王衔多罗都楞郡王济勒旺楚克著赏穿带嗉貂褂。敖汉亲王衔多罗郡王达木林达尔达克著赏用紫缰。科尔沁多罗郡王那兰格哷勒著赏穿黄马褂。札赉特多罗郡王旺喇克帕勒齐、敖汉多罗郡王察克达尔札布、喀尔喀郡王衔多罗贝勒贡桑珠尔默特，均著赏穿亲王补服。翁牛特郡王衔多罗达尔汗岱清贝勒德木楚克苏隆著赏用黄缰。阿巴哈那尔多罗贝勒额外侍郎达木定札布著赏戴三眼花翎。阿巴哈那尔贝勒衔固山贝子多特诺尔布著赏用紫缰。鄂尔多斯贝勒衔固山贝子札那济哩第著赏戴三眼花翎。喀尔喀固山贝子托果瓦著赏穿黄马褂。札鲁特镇国公达瓦宁保著赏戴双眼花翎。科尔沁镇国公喇什敏珠尔著赏用紫缰。郭尔罗斯辅国公图布乌勒济图著赏穿黄马褂。喀喇沁头等塔布囊多罗额驸贡桑诺尔布、喀喇沁二等塔布囊和硕额驸那木札勒色丹，均著赏加辅国公衔。科尔沁和硕卓哩克图亲王丹色里特旺珠尔、翁牛特亲王衔多罗都楞郡王赞巴勒诺尔布，均著赏用紫缰。科尔沁多罗札萨克图郡王乌泰著赏穿黄马褂。科尔沁多罗宾图郡王敏噜布札布、阿巴噶多罗郡王扬素桑，均著挑在御前行走。阿巴噶多罗卓哩克图郡王布彦乌勒哲依、浩齐特多罗额尔德呢郡王都昂东僧格，均著赏戴三眼花翎。土默特郡王衔多罗贝勒色凌那木济勒旺宝著赏用紫缰。札鲁特郡王衔多罗贝勒桑巴著挑在御前行走。科尔沁多罗贝勒济克丹达克齐瓦著赏用紫缰。科尔沁多罗贝勒凯毕阿噜、科尔沁多罗贝勒巴咱尔济哩第，均著挑在御前行走。苏呢特多罗贝勒索特那木多布沁著赏戴双眼花翎。鄂尔多斯多罗贝勒喇什札木苏著赏用紫缰。鄂尔多斯贝勒衔固山贝子察克都尔色楞、喀尔喀固山贝子敏珠尔多尔济，均著赏戴双眼花翎。杜尔伯特固山贝子喇什彭苏克著赏穿黄马褂。巴林固山贝子杜莫固尔札布著挑在御前行走。阿巴噶固山贝子贡多桑保著赏戴双眼花翎。鄂尔多斯固山贝子阿尔宾巴雅尔著赏用紫缰。郭尔罗斯镇国公噶尔玛什第、乌喇特镇国公色楞那木济勒、乌珠穆沁辅国公图普钦札布，均著挑在御前行走。敖汉头等台吉色凌端鲁布、翁牛特头等台吉色莲，均著赏加辅国公衔。苏呢特头等台吉衔协理二等台吉察克都尔色楞、郭尔罗斯二等台吉阿木尔霍毕图、乌喇特二等台吉索特那木旺珠尔多尔济，均著赏给头等台吉。郭尔罗斯四等台吉齐默特萨木丕勒著赏给三等台吉。阿拉善和硕亲王多罗特色楞著赏给带嗉貂褂。喀尔喀多罗郡王晋丕勒多尔济、喀尔喀多罗郡王多尔济帕喇穆，均著赏穿亲王补服。喀尔喀多罗贝勒车凌桑都布著赏戴三眼花翎。青海多罗贝勒拉旺多布济著赏穿黄马褂。喀尔喀固山贝子普尔布札布、喀尔喀固山贝子旺楚克察克达尔，均著赏用紫缰。阿拉善镇国公阿育尔札布著赏加贝子衔。喀尔喀贝子衔辅国公达什拉布坦著赏穿贝勒补服。察哈尔辅国公济楚克什木苏、青海辅国公车林端多布，均著赏穿贝子补服。喀尔喀贝子衔头等台吉勒旺呼克津著赏加贝勒衔。喀尔喀公衔二等台吉巴保多尔济著赏加贝子衔。喀尔喀车臣汗德木楚克多尔济著赏用黄缰。喀尔喀图什业图汗那逊绰克图著赏穿黄马褂。喀尔喀和硕亲王那木济勒端多布著赏用紫缰。喀尔喀多罗郡王鄂特萨尔巴咱尔著挑在御前行走。青海多罗郡王韓柯济尔噶勒、青海多罗郡王棍布拉布坦，均著赏用紫缰。青海固山贝子棍楚克拉旺丹忠著赏加贝勒衔。青海固山贝子吹木丕勒诺尔布、喀尔喀贝子衔镇国公车林呢玛，均著赏戴双眼花翎。阿拉善镇国公沙克都尔札布著挑在御前行走。喀尔喀辅国公德哩克多尔济著赏戴花翎。喀尔喀辅国公贡楚克札布、青海辅国公罗布桑端多布，均著戴双眼花翎。察哈尔辅国公车旺哩克靖著赏戴花翎。伊克明安辅国公巴克莫特多尔济著赏戴双眼花翎。喀尔喀镇国公衔头等台吉车林端多布、喀尔喀镇国公衔头等台吉那逊布彦济尔噶勒，均著赏加贝子衔。喀尔喀公衔头等台吉呢朗瓦尔、喀尔喀公衔头等台吉洞多毕拉布帕喇木多尔济、阿拉善公衔头等台吉勒旺布哩克济勒，均著赏加贝子衔。喀尔喀头等台吉桑旺车林多尔济、喀尔喀头等台吉哈丹，均著赏戴花翎。喀尔喀头等台吉车林多尔济著赏加辅国公衔。阿拉善二等台吉普勒忠呢什尔著赏给头等台吉。"

（卷332　263页）

光绪二十年（1894年）正月丙申

谕内阁："朕钦奉慈禧端佑康颐昭豫庄诚寿恭钦献皇太后懿旨，本年予六旬庆辰，各省文武大员情殷祝嘏，业经降旨于各省将军、督抚、副都统、提镇、藩臬内每省各酌派二三员来京庆祝。兹派盛京礼部侍郎文兴、副都统济禄，吉林副都统沙克都林札布，黑龙江副都统文全，直隶总督李鸿章，察哈尔副都统吉升阿，密云副都统国俊，直隶提督叶志超，江宁将军丰绅，漕运总督松椿，江宁布政使瑞璋，江苏按察使陈湜，安徽寿春镇总兵任祖文、布政使德寿，青州副都统讷钦，山东布政使汤聘珍，绥远城将军克蒙额，山西按察使张汝梅，河南巡抚裕宽，河北镇总兵刘盛休，西安将军荣禄，陕西布政使张岳年，宁夏副都统苏噜岱，甘肃按察使裕祥，喀什噶尔提督董福祥，杭州将军吉和，浙江提督冯南斌、布政使赵舒翘，福州将军希元、福建按察使张国正，江西布政使方汝翼，荆州将军祥亨，湖北提督吴凤柱、布政使王之春，湖南布政使何枢，广州将军继格，广东巡抚刚毅，广西按察使胡燏棻，成都将军恭寿，四川松潘镇总兵陈金鳌，云南布政使史念祖，贵州按察使唐树森，均著于十月初一日以前到京，恭候届期随同祝嘏，其未经派出各员，毋庸再行吁请。"

（卷333　279页）

光绪二十年（1894年）正月己亥

陕甘总督杨昌濬奏："上年西宁各属被灾情形，暨应蠲缓银粮草束数目。"下户部知之。

（卷333　282页）

光绪二十年（1894年）正月庚子

谕军机大臣等："杨昌濬奏学政蔡金台校阅公明从无私谒等语。各省年终密考向不咨部，亦不声叙藩臬详文。此次该督所奏与密考体裁不符，是否即系学政年终密考，著杨昌濬查明复奏。将此谕令知之。"

（卷333　283页）

光绪二十年（1894年）二月癸丑

予故甘肃提督周达武优恤，加恩予谥，并于立功省份建立专祠，事迹宣付史馆立传。从陕甘总督杨昌濬请也。

（卷334　292页）

光绪二十年（1894年）二月甲寅

以甘肃肃州镇总兵李培荣为甘肃提督。

（卷334　293页）

光绪二十年（1894年）二月乙卯

以前四川重庆镇总兵田在田为甘肃肃州镇总兵官。

（卷334　293页）

光绪二十年（1894年）三月癸未

谕内阁："御史安维峻奏本年来京补行复试之辛卯科举人李炳珩，系四川南部县人，冒入新疆迪化县籍。众论确凿，新疆巡抚陶模恐甘肃京官扣阻，以咨代结。经礼部议准，请分别惩儆，并将李炳珩会卷扣除各折片。著礼部查明具奏。"

又谕："御史安维峻奏甘肃乡试冒籍甚多，以致弊端百出。请申明严禁旧例，以重科名等语。著礼部议奏。"

又谕："有人奏士子舞弊幸中，监临斅法弥缝，据实揭参一折。据称上年甘肃新中第七名举人李运达，原籍湖北黄陂县，以伊父李景庚服官省份，冒入两当县学籍，上年乡试雇倩（请）枪手湖北李某在场中换卷幸中。嗣因枪手索讨谢银呈控，杨昌濬以枪者中者均属同乡，瞻徇情面，嘱令内监试胡孚骏等代出银两和息，并闻有更换墨卷情事。请饬查办等语。冒籍考试例禁綦严，李运达事既败露，杨昌濬何以置之不办，犹复曲为弥缝，著鹿传霖派委道府大员查明据实复奏，不得稍涉徇隐。原折著抄给阅看。将此谕令知之。"

（卷 336　313 页）

光绪二十年（1894 年）三月甲申

谕内阁："昨据御史安维峻奏甘肃举人李炳珩有冒籍情事，当经降旨令礼部查明具奏。兹据奏称前因李炳珩系边远士子，与他省不同，是以据咨代奏，准其投卷，以示体恤。既据该御史奏称该举人系冒入新疆籍贯，应否将会试卷扣除之处，请旨遵行等语。李炳珩试卷著先行扣除，即由该部行查该举曾否呈明入籍，俟查复到日，再行奏明办理。"

（卷 336　314 页）

光绪二十年（1894 年）三月壬辰

谕军机大臣等："杨昌濬复奏甘肃自设学政后于光绪四年为始，由藩、臬两司年终循例详请陈奏咨部查照，并未另行加考，以后均循旧章办理等语。各省学政考试有无劣迹，均于年终由督抚密陈。甘肃自应一律办理。嗣后该省学政考试情形若何，著该督自行访察，密折陈奏，毋庸由藩、臬两司具详，亦毋庸咨部，以昭慎重。将此谕令知之。"

（卷 336　318 页）

光绪二十年（1894 年）三月庚子

礼部以会试中额请。得旨："满洲取中九名，蒙古取中四名，汉军取中四名，直隶取中二十四名，奉天取中三名，山东取中二十二名，山西取中十名，河南取中十七名，陕西取中十四名，甘肃取中九名，江苏取中二十五名，安徽取中十七名，浙江取中二十五名，江西取中二十二名，湖北取中十四名，湖南取中十三名，四川取中十四名，福建取中二十名，台湾取中二名，广东取中十六名，广西取中十三名，云南取中十二名，贵州取中十一名。"

（卷 337　326 页）

光绪二十年（1894 年）四月甲子

追予阖家殉难、前任甘肃平庆泾道万金镛于固原州城建立专祠，同时被戕之官幕眷属人等一并附祀。从陕甘总督杨昌濬请也。

（卷 339　341 页）

光绪二十年（1894年）五月癸未

谕内阁："礼亲王世铎等奏纂辑《平定陕甘新疆回匪方略》三百二十卷、《平定云南回匪方略》五十卷、《平定贵州苗匪纪略》四十卷，全书告成一折。剿捕回、苗各匪皆始于咸丰五年，至光绪五年后以次戡定。办理军务二十余年，凡各路军营及内外臣工章奏纷繁，我文宗显皇帝随时指示，洞烛几先，广运神谟，炳如日月。穆宗毅皇帝申命各将领剿抚兼施，肤功叠奏，朕御极后，懿训亲承，大勋克集，滇、黔、关、陇咸就肃清。一切运划机宜允宜编纂成书，昭垂久远。礼亲王世铎等奉命纂办，数年来率同在馆人员陆续缮辑呈进，朕随时披览，卷帙繁多，尚为详悉赅备。上年十二月间并将陈设本一分缮写完竣，奉表恭进。所有大小出力各员自应普加优奖。礼亲王世铎等折内虽据称不敢仰邀议叙，仍应特沛恩施。礼亲王世铎、额勒和布、张之万、孙毓汶，均著交该衙门议叙。该提调等在馆数年，或总司纂辑，或分司检校，均能奋勉出力，迅速告成。著照所请，给予奖励。其余誊录供事人等著礼亲王世铎等核其在馆功课及平日差使，分别等第，造册注明，咨部奖叙。其应如何过班铨选之处，均由该部核办。该誊录供事当差勤苦，异常出力，所有从优给予分发各员加恩照所请行。"

（卷340　353页）

以纂辑《平定回匪方略》《苗匪纪略》告成，赏礼部左侍郎钱应溥、宗人府府丞沉恩嘉头品顶戴，户部员外郎王汝济在任以四五品京堂候补，余升叙加衔有差。

（卷340　354页）

光绪二十年（1894年）五月丁亥

又谕："有人奏陕甘总督杨昌濬为已故河州镇总兵沈玉遂在河州城内建修祠宇，按亩加征，集资巨万，大兴土木。该州士民等敢怒而不敢言。该督前为沈玉遂奏请优恤折内所称据该处官绅军民人等禀请呈内所列之名，大半本人不知。另片奏已故提督周达武在任多年，并无异常劳勋，高台县嚯嚯会一案，误听知县捏报，派兵剿办，殃及无辜。请降旨不准建祠。又片奏甘肃候补道陶兆熊总办厘务，任意苛索。杨昌濬未敢查问，迄今三四年之久，又未敢更换各等语。著鹿传霖派委道府大员按照所参各节确切查明，据实复奏。原折片三件著抄给阅看。将此谕令知之。"

（卷 340　359 页）

光绪二十年（1894 年）五月戊子

谕内阁："杨昌濬奏准礼部咨查甘肃服官人员子弟蒙混考试，据实复陈一折。据称甘肃、新疆自军务平定后奏请分闱乡试，创设行省。前督臣左宗棠暨前学臣因应试士子无多，多方招来，准外省人入籍考试。近数年客省士子中式后曾经部议准令改归原籍，惟父兄在此地服官，不应子弟蒙混考试。兹查有试用巡检李景庚之子李运达入两当县学，中式癸巳恩科举人。又因案撤任宁灵厅同知郭昌猷之子郭锡光入宁夏府属灵州学。该两员均系他省籍贯，不惟父子异籍，且令其子蒙混考试，实属荒谬糊涂，显干功令。请旨斥革等语。甘肃试用巡检李景庚、宁灵厅同知郭昌猷，均著即行革职。郭锡光著即勒令回籍，不准逗留，以为蒙混取巧者戒。"

（卷 340　359 页）

光绪二十年（1894 年）五月甲午

谕内阁："前据御史安维峻奏甘肃乡试冒籍甚多，请申明严禁旧例。当谕令礼部议奏。兹据该部复奏，士子冒籍应试，例禁綦严。乃近来甘肃省竟有官场子弟及亲戚幕友冒入学籍，甚至雇借枪替，互相徇隐，实属不成事体。亟应申明例章，以杜流弊。嗣后甘肃及新疆各属外来垦户，著仍照光绪三年奏定章程自领地纳粮之日为始，扣足十年，方准呈明入籍。并于考试时确查的籍，其年限未满及已满年限未经呈明者，均不得冒考。倘有冒籍弋取者，除本生斥革外，并将送考收考官议处。其该省服官人员倘有纵令子弟及幕友亲戚蒙混考试者，并由该省督抚学政严行查禁，一经发觉，即将本生、本官及徇庇容隐各官分别斥革参处。出结同乡京官如有扶同捏饰情弊，照例议处。"

（卷 341　363 页）

光绪二十年（1894 年）五月戊戌

以翰林院编修柏锦林为湖南乡试正考官，掌湖广道监察御史蒋式芬为副考官。鸿胪寺卿刘恩溥为四川乡试正考官，编修张筠为副考官。编修马步元为甘肃乡试正考官，王以懃为副考官。

（卷 341　367 页）

光绪二十年（1894年）六月癸丑

命甘肃肃州镇总兵田在田、安徽皖南镇总兵李占春来京陛见。

（卷342 377页）

光绪二十年（1894年）六月壬戌

又谕："鹿传霖奏遵查甘肃士子舞弊幸中，据实复陈一折。据称李运达实系湖北孝感县人，在其父李景庚服官省份冒入甘肃两当县学籍。上年乡试幸中举人，至换卷说合，查无实据。倩（请）枪舞弊，事出有因。请饬查拿归案讯办等语。已革举人李运达于乡试后未经复试，即行回籍，难保非因事败露畏罪潜逃，即著张之洞、谭继洵严饬查拿，解交鹿传霖归案审办。杨昌濬虽据查无瞻徇情面等事，惟于李运达冒籍幸中失于觉察，究属疏忽。杨昌濬著交部察议。"

（卷343 386页）

光绪二十年（1894年）六月丙寅

以甘肃平庆泾固化道何维楷为江西按察使。

（卷343 390页）

光绪二十年（1894年）六月庚午

以被控有案，革甘肃分省补用知府刘策职，并讯办。

（卷343 393页）

光绪二十年（1894年）七月甲申

又谕："有人奏职官含冤自尽，贿和祖逼，请饬查办一折。据称甘肃候补知县石桝官候补多年，业经拟补合水县缺，乃忽服毒自尽，留有遗嘱，语多不平，藩幕贺吉斋串通委员余子良贿其家属三千金消弭此案。又新疆候补府经历宋德宾控告分省补用知府刘策哄骗伊女作妾，致伊妻气忿身死。迨经质鞫，宋德宾又复服毒自尽，身藏冤状。承审委员虚捏情词，朦胧详禀等语。案关职官含冤，自应彻底根究。著杨昌濬亲提两案人证，按照原奏所指各节，秉公研讯，务得确情，据实参办，毋得以陈奏在先，稍涉回护。原折著抄给阅看。将此谕令知之。"

（卷344 405页）

光绪二十年（1894年）七月丁亥

　　谕军机大臣等："有人奏陕甘制兵练军人数多不足额，督抚巡阅时雇人充伍，阅后立即散去。上年提督周达武有勒扣提标赏项情事，谓受雇之人给有雇价不应再领赏项等语。著杨昌濬按照所奏各节确切查明，据实复奏，毋稍回护。原片著抄给阅看。将此谕令知之。"

（卷344　408页）

　　予故甘肃凉州镇总兵蒋东才河南省城专祠，列入祀典。从河南巡抚裕宽请也。

（卷344　409页）

光绪二十年（1894年）八月乙巳

　　命工部右侍郎徐会沣提督顺天学政，刑部右侍郎龙湛霖提督江苏学政，太常寺卿李端遇提督安徽学政，詹事府詹事黄卓元提督江西学政，翰林院编修庞鸿文提督湖北学政，编修江标提督湖南学政，编修徐继孺提督河南学政，检讨钱骏祥提督山西学政，编修赵惟熙提督陕西学政，编修刘世安提督甘肃学政，山西道监察御史吴树荼提督四川学政，内阁学士悻彦彬提督广东学政，掌京畿道监察御史冯金鉴提督广西学政，检讨姚文倬提督云南学政，编修严修提督贵州学政，以詹事府少詹事李培元为奉天府府丞兼学政，浙江学政徐致祥、福建学政王锡蕃、山东学政华金寿俱留任。

（卷346　429页）

光绪二十年（1894年）八月壬戌

　　又谕："前据御史安维峻奏参甘肃河州捐建已故总兵沈玉遂专祠，按亩加征。已故提督周达武剿办会匪，殃及无辜。道员陶兆熊总办厘务，任意需索各节。当经谕令鹿传霖确切查奏。兹据查明复奏，河州捐建沈玉遂专祠，地方文武各官及各营弁兵所捐，十居其七民间系量力酌捐，为数无多，并无按亩加征、鞭扑比追之事。现祠已竣工，即著毋庸置议。惟都司黄福廷经理修祠，刚愎自用，致招怨言，著以守备降补。已故提督周达武前办高台县会匪，接据禀报，即派兵前往剿灭，地方赖以乂安。办理迅速，不为无功。当时营县并非捏报，至派往员弁未能约束兵丁，虽当时业经督臣参奏，该故提督未在行间。惟事后未即查参，其过亦不可掩，著仍遵前旨，准其于立功省份建立专祠，毋庸予谥。参将现署肃州镇总兵刘得腾奉派剿匪，不能严束兵丁，实难辞咎，著交部议处。候补道陶兆熊委办厘务，虽无苛索确据，惟气质粗暴，难胜监司之任。该员起家戎行，前在军营尚称勇敢，著以副将改用。"

（卷347　447页）

光绪二十年（1894年）八月丙寅

又谕："甘肃肃州镇总兵田在田著暂缓起程，听候谕旨。"

（卷347　454页）

光绪二十年（1894年）八月丁卯

又谕："现在近畿一带防务紧要，亟需添兵驻守，即著田在田前往山东召募四五营统带北上，听候调遣。所需粮饷枪械著李秉衡妥筹办理，将此谕知李秉衡并传谕田在田知之。"

（卷347　457页）

光绪二十年（1894年）八月戊辰

陕甘总督杨昌濬奏："兰州府等属地方雨雹成灾，禾苗被损情形。"得旨："即著饬属妥为抚恤，毋任失所。"

（卷347　461页）

光绪二十年（1894年）八月己巳

谕军机大臣等："昨谕令甘肃肃州镇总兵田在田前往山东召募勇营，著户部拨交军装等项银六千两交该总兵领用。"

（卷347　461页）

陕甘总督杨昌濬奏："甘肃候补知县石懋官、新疆候补府经历宋德宾服毒自尽案，请派员前来会审。"得旨："仍著该督秉公讯办，毋庸另派会审。"

（卷347　463页）

光绪二十年（1894年）九月乙亥

又谕："电寄谭钟麟，据奏请调拨甘肃马步各营一折。现在调募外省兵勇数已不少，且远调甘军缓不济急，应毋庸议。"

（卷348　472页）

光绪二十年（1894年）九月己卯

又谕："电寄杨昌濬，现在军情紧急，亟须添调劲旅，用资防剿。据谭钟麟奏称甘肃可抽调马、步队各四营。河州本有回马队三旗，兰州回队一旗，合四旗为两营。陕甘提镇标各有练军马队，拣调两营。至步队则于甘省防军挑选精壮勇丁四营，遴选营官统带，月需饷银于新饷四分减平项下提拨等语。著杨昌濬迅即照办，饬令各营取道草地前进，限四十日到京，听候调遣。"

（卷348　476页）

光绪二十年（1894年）九月甲申

又谕："谭钟麟奏闽关现拟解津饷八万，或改兑京为甘军饷等语，著户部查明办理。"

（卷349　484页）

又谕："电寄杨昌濬，前经谕令拣调马、步八营来京，谅已遵办。兹复据谭钟麟电称，马队可先行，步队继发宁夏一带。运装以骡，至包头雇骆驼数百头，负军装、粮料，人亦可骑，以纾马力，则行走较速。骆驼能夜行，亦可赶及等语。著杨昌濬即饬照办，以免迟滞。"

（卷349　485页）

光绪二十年（1894年）九月乙酉

又谕："电寄杨昌濬，据电奏，改调马、步八营，并拟再募数营，请自行统带赴京等语。杨昌濬职任兼圻，地方紧要，著毋庸来京。董福祥现已到京，该提督籍隶甘肃，统带西勇，定能得力。此项马、步八营到时，即令该提督管带。毋庸再行添募。"

（卷349　486页）

光绪二十年（1894年）九月庚子

又谕："前有旨调甘肃马步八营来京听候调遣，并谕知杨昌濬此项马步到时令董福祥管带。兹据杨昌濬电奏，达春马队已归并就绪，委郎永清管带，由定边、绥德、永宁一路前进，于本月二十六日拔队启行，余俟齐集，分起由宁夏北路继进等语。此项马步队到时即著董福祥统带，将来驻扎何处，再候谕旨。将此传谕知之。"

（卷350　504页）

光绪二十年（1894年）九月癸卯

又谕："电寄杨昌濬现在畿疆防务紧要，前调甘肃马步八营行抵何处，著杨昌濬电催该军兼程北上，毋得片刻迟延。"

（卷350　516页）

光绪二十年（1894年）十月庚戌

陕甘总督杨昌濬奏："甘军马步八营遵旨抽调赴京，听候调遣。现在赶紧筹办，饬令马队先行，步队继进。"下部知之。

（卷351　529页）

光绪二十年（1894年）十月辛亥

谕军机大臣等："有人奏田在田等召募各军，克粮短额，以致军心怨恨，沿路脱逃，并有贿卖营哨官情事。又桂祥、田在田诸军占据民房，抢夺民物，尤为骚扰，请饬严禁等语。行军首严纪律，若如所奏各节，殊属不成事体。著桂祥、田在田分饬各营官一律从严申禁，如查有前项情弊，定必重惩不贷。将此谕知桂祥并传谕田在田知之。"

又谕："有人奏田在田等召募各军，克粮短额，并有占据民房、抢夺民物情事。请饬查究等语。著恭亲王等派员前往确切查明，据实复奏。"

（卷351　529页）

光绪二十年（1894年）十月壬子

甘肃肃州镇总兵田在田奏："胪陈驻扎通州，现在军需枪炮粮饷并安插余弁，以及防守情形。"下部知之。

（卷351　532页）

光绪二十年（1894年）十月戊午

吉林将军长顺奏："请调已革布政使衔西宁道舒之翰来营差委。"得旨："舒之翰获咎情节较重，所请著不准行。"

（卷351　540页）

命甘肃提督李培荣暂行留京，交督办军务处差遣。

（卷351　541页）

光绪二十年（1894年）十月辛酉

又谕："电寄田在田所部勇丁六营，著交李培荣管带。田在田即赴肃州镇本任，毋庸请训。"

（卷 352　547 页）

光绪二十年（1894年）十一月甲午

以前甘肃凉州镇总兵闪殿魁为四川建昌镇总兵官。

（卷 354　602 页）

光绪二十年（1894年）十二月己酉

以玩视营务，革甘肃满营防御忠龄职，佐领都成额下部严议。

（卷 355　623 页）

光绪二十年（1894年）十二月乙卯

谕内阁："杨昌濬奏回部郡王病故等语。库车回部郡王阿密特由京回牧行抵兰州，因病身故，殊堪悯恻。所有该郡王借支俸银一千两，著加恩免其扣还。灵柩回牧时并著沿途地方官妥为照料，应袭之爵该衙门照例办理。"

（卷 356　628 页）

山东巡抚李秉衡奏："筹办海防，库款奇绌，请将前借陕甘赈款暂缓拨还。"允之。

（卷 356　630 页）

光绪二十年（1894年）十二月辛酉

陕甘总督杨昌濬奏："遵查甘肃候补知县石楸官自戕一案。讯据家属切结，并无冤抑贿和情事。"报闻。

命甘肃布政使沈晋祥开缺来京，另候简用。

（卷 356　639 页）

光绪二十年（1894年）十二月壬戌

以陕西按察使曾鉥为甘肃布政使，广东高廉钦道李有棻为陕西按察使。

（卷 356　641 页）

光绪二十年（1894年）十二月乙丑

以营勇抢银滋事，革游击衔留甘补用都司吴连城、山东候补参将李连升、蓝翎守备谷有才等职，甘肃提督李培荣下部议处。

（卷 357　646 页）

光绪二十年（1894年）十二月丙寅

谕军机大臣等："前因有人奏提督李培荣素性傲惰，不理军事。当经谕令刘坤一查明具奏。兹又有人奏称李培荣骄纵掊克，罔恤兵艰；其自防所来京，往返皆乘坐四人大轿；督办军务处发有勇丁皮衣、银两，该提督仅制棉衣散给；复于勇丁名下坐扣饷银，勇丁等不胜其苦。请饬查办等语。著刘坤一按照所参各节确切查明，归入前案一并复奏。原片著抄给阅看。将此谕令知之。"

（卷357 646页）

光绪二十年（1894年）十二月己巳

谕内阁："户部奏遵议解清甘饷各员应给奖叙，请旨办理一折。"著吏部议奏。

（卷357 649页）

光绪二十一年（1895年）正月庚辰

谕内阁："兵部奏遵议甘肃提督李培荣处分，议以降二级调用。公罪可否准其抵销请旨一折。李培荣著改为革职留任，即回甘肃提督本任。其所带防营，著归江西九江镇总兵宋朝儒接统。"

谕军机大臣等："甘肃提督李培荣现经降旨革职留任，饬令即回本任。该提督到甘后，著杨昌濬悉心察看，于营伍事宜能否整饬，如不能得力，即行据实具奏，毋稍迁就。将此谕令知之。"

（卷358 664页）

光绪二十一年（1895年）正月辛巳

陕甘总督杨昌濬奏："甘肃防营遵调赴直，余营不敷分布，添募马步四营旗，以固边陲。"下部知之。

（卷358 667页）

光绪二十一年（1895年）正月乙未

陕甘总督杨昌濬奏："微末员弁三成廉银，请免核扣。"从之。

以容留私铸，革甘肃候补副将杨明友职。

（卷360 689页）

光绪二十一年（1895年）二月癸卯

又谕："前经谕令杨昌濬察看李培荣能否得力，据实具奏。兹又有人奏甘肃肃州镇总兵田在田统带泰安军，克扣军饷，虐待勇丁，请与罢斥一折。田在田前经饬令即回本任，该总兵到甘后，著杨昌濬悉心察看，于营伍事宜能否整饬，有无克扣军饷等弊，一并据实具奏，毋稍徇隐。原折著摘抄给与阅看，将此谕令知之。"寻奏："肃州镇总兵田在田尚能称职。"报闻。

（卷361　700页）

光绪二十一年（1895年）二月辛亥

又谕："兵部奏本年轮应查阅山西、陕西、四川、甘肃等省营伍之期，山西即派张煦，陕西即派鹿传霖，四川即派谭钟麟，甘肃即派杨昌濬。认真查阅各省营伍，关系紧要。国家养兵，岁需巨款，原期一兵得一兵之用。近来各省循例校阅，往往视为具文，以致武备渐形废弛，殊失朝廷整饬戎行之意。兹特申谕，各该督抚务当认真简校。如有技艺生疏，老弱充数及军实不齐等弊，即将该管将弁据实严参，不得稍涉瞻徇。另片奏河南南阳、归德、河北三镇营伍请补行查阅等语，著派刘树堂认真校阅。"

（卷361　707页）

光绪二十一年（1895年）二月己未

命甘肃西宁镇总兵邓增来京陛见。

（卷362　719页）

光绪二十一年（1895年）三月癸巳

礼部以会试中额请。得旨："满洲取中九名，蒙古取中四名，汉军取中六名，直隶取中二十二名，奉天取中三名，山东取中十九名，山西取中十名，河南取中十七名，陕西取中十四名，甘肃取中九名，江苏取中十五名，安徽取中十名，浙江取中十四名，江西取中十五名，湖北取中十三名，湖南取中十三名，四川取中十四名，福建取中十三名，广东取中十三名，广西取中十一名，云南取中十一名，贵州取中十一名。"

陕西巡抚鹿传霖奏："札调总兵叶占魁在甘肃地方召募健勇步队四营、马队二营，训练成军，命名永定军。于二月十七日分起开拔，步队先行，马队继进，陆续北上。"报闻。

（卷364　758页）

光绪二十一年（1895年）三月丁酉

以戳毙人命，革甘肃补用都司白庆职，并讯办。

（卷364　763页）

光绪二十一年（1895年）四月己酉

又谕："杨昌濬奏撤回纠众滋事，围攻厅城，添兵剿办一折。据称循化厅撤回韩奴力等，借争教为名纠聚多人于本年三月间闯入河循交界之积石关，杀毙勇丁，伤害汉民，肆意焚掠。复率众数千日夜围攻循化厅城，并潜袭北岸防营等语。撤回叛服不常，久为河湟之患。此次因争教起衅，胆敢抗拒官兵，围攻城池，实属逆迹昭著。若不痛加剿洗，何以戢凶暴而安善良。著杨昌濬会同奎顺督饬该厅文武严密防守，毋稍疏虞。一面咨会提督雷正绾等迅速督队，分路进攻，克期扑灭。总以严拿匪首，解散胁从，以期早靖地方，是为至要。杨昌濬折著抄给奎顺阅看。将此由五百里各谕令知之。"

（卷365　771页）

陕甘总督杨昌濬奏："关内兵力不敷，现在添募防军土勇并召足各营以备防剿。"下部知之。

（卷365　772页）

光绪二十一年（1895年）四月戊午

又谕："电寄杨昌濬，据电请饬西军回甘等语。现在日本允归辽地，和约甫定，所有近畿各营未便遽撤。闻撤回因争教启衅，若得明干之员前往剀切开导，分别解散息争，较省兵力。著该督酌量情形，妥为办理。"

（卷366　781页）

光绪二十一年（1895年）四月己未

又谕："本日据杨昌濬电称循化厅被围月余，十分危急。河州东乡回民蠢动，兵丁过单，请饬董福祥率全部星夜回甘等语。著督办军务王大臣传知董福祥拣派得力营官统带西军八营迅速回甘。"

又谕："电寄杨昌濬，来电已悉，本日已有旨饬令董福祥拣派得力营官统带西军八营，迅速回甘矣。"

（卷366　782页）

光绪二十一年（1895年）四月辛酉

又谕："电寄鹿传霖，电悉所有陕省暂留之马队两营，著即饬赴甘肃，以资调遣。"

（卷366　783页）

光绪二十一年（1895年）四月壬戌

又谕："电寄鹿传霖，昨已照鹿传霖所请准将马队两营调赴甘肃。兹据鹿传霖电称，回事已松，拟请留陕一营，带一营赴川等语。川省现无军务，著毋庸带营前往。"

（卷366　786页）

光绪二十一年（1895年）五月丁丑

谕军机大臣等："电寄杨昌濬，电奏已悉，撒回猖獗，河州、西宁等处并皆蠢动。前令董福祥拣派营官统带西军八营回甘，业已启程，并令鹿传霖将陕省马队两营派往调遣。刻下和约虽定，事尚未了。董福祥留兵近畿，尚难遽撤，著该督会商雷正绾就现有兵力迅速剿办，勿任蔓延。"

（卷367　800页）

光绪二十一年（1895年）五月癸未

谕内阁："督办军务王大臣奏提督董福祥请假省亲，据情代奏一折。览其所呈，情词恳切，出于至诚。惟董福祥现在总统甘军，一切训练事宜正资得力，未便遽允所请。该提督忠勇朴诚，朕所深悉。际此时艰，当思力图报称用副朝廷委任至意。"

（卷367　806页）

光绪二十一年（1895年）五月丙戌

谕军机大臣等："前据杨昌濬奏撒回争教起衅，围攻循化厅城。当谕令会商奎顺、雷正绾等督队进剿。嗣叠据电奏撒回猖獗，河州、西宁等处并皆蠢动，复令就现有兵力迅速剿办。兹览所奏，分路布置援剿情形，尚属周妥。即著杨昌濬会同奎顺、雷正绾督饬总兵杨彦和、邓增等分路进攻，剿抚兼施，迅解成围，毋任蔓延为患。本日有人奏撒匪生变，始因争教涉讼，地方官有索费情事，遂致激而生变等语。著该督确切查明，先将办理不善之员从严参办，毋稍徇纵。将此由五百里各谕令知之。"寻奏："请将办理不善之主簿陈庆麟革职。"从之。

陕甘总督杨昌濬奏："官军分布不敷，续添营兵，加募土勇，以资防剿。"下部知之。

（卷368　809页）

光绪二十一年（1895年）五月庚寅

陕甘总督杨昌濬奏："甘肃撒回倡乱，本年营伍请展缓校阅。"允之。

（卷368　812页）

光绪二十一年（1895年）五月癸巳

谕军机大臣等："电寄杨昌濬，前因撒回猖獗，令杨昌濬会同奎顺、雷正绾迅速剿抚。现在办理情形究竟如何，循化厅城已否解围，河州、西宁等处能否安谧。著杨昌濬详细电奏。"

（卷368　813页）

光绪二十一年（1895年）五月戊戌

又谕："电寄杨昌濬，电奏已悉，循化厅城已经解围，即著饬令陈嘉绩等，将抚辑事宜妥为办理。该匪分股出窜河州西乡，情形吃紧，著严饬汤彦和等迅速援剿，贺福春防堵碾伯、巴燕戎格等处，毋任分窜。海城聚逆，务当实力会剿，及早扑灭，以免蔓延为患。西军各营即由该督探明行抵何处，飞催迎提，以资得力。"

（卷368　818页）

光绪二十一年（1895年）五月己亥

谕军机大臣等："电寄杨昌濬，陶模奏棍噶札拉参于上年六月间，由八音沟驰赴洮州新寺诵经，为日已久。现据土尔扈特及额鲁特各头目呈请催令速回等语。即著杨昌濬催令棍噶札拉参仍回新疆八音沟新寺，以安众心。"

（卷368　818页）

光绪二十一年（1895年）闰五月庚戌

谕军机大臣等："电寄杨昌濬等，循化等处之贼甫经击散，河州汉回又复滋事，并有奸回闵秃子乘机起事，围攻狄道，亟应迅速剿办，免致燎原。董福祥一军除前已调赴甘省八营外，现存一营，一时难撤。如陕省有可调之兵，著张汝梅酌派数营前往，以资调遣。仍著杨昌濬檄令雷正绾飞饬各营合力进剿，并分别解散，毋任蔓延。"

（卷 369　827 页）

光绪二十一年（1895 年）闰五月辛亥

谕军机大臣等："杨昌濬奏海城回匪纠众为乱，派兵剿捕情形一折。海城聚逆前经电谕该督实力会剿，兹览所奏，该逆纠众爬城戕毙知县及眷属、幕友、家丁人等多命，并焚劫衙署狱库，实属罪不容诛。业经该督饬将获匪龙二克等八名正法枭示，足昭炯戒。惟该匪分股四窜，恐与望城等处回民勾结，煽惑益形蔓延，著即严饬派出马步各营合力兜剿，务将此股匪犯悉数殄除，毋任再行他窜。另片奏撤回滋事，由于游击王振德不即带队赴循为贼所乘，致有挫失等语，王振德著即行革职，以示惩儆。昨据杨昌濬电奏河州、狄道复有回匪起事，势甚猖獗，已令张汝梅酌派陕军前往调遣，其董福祥所部甘军八营前经调回甘省，现已行抵何处，著张汝梅查明饬催，迅速前进，勿稍迟延。将此由五百里谕知杨昌濬并传谕张汝梅知之。"寻奏："已派何建威等督带陕军赴甘并筹防务，其甘军八营已于闰五月初五至十八等日先后到陕，严催启程，计已到甘。"报闻。

（卷 369　827 页）

光绪二十一年（1895 年）闰五月丁巳

又谕："电寄刘坤一，杨昌濬电河、狄回氛甚恶，请饬总兵牛师韩赴甘援剿等语。牛师韩所部七营前经刘坤一奏准遣撤回豫，如尚未启程，著刘坤一即饬牛师韩统率所部迅速赴甘，听候杨昌濬调遣，并知照沿途各地方官一体催趱照料，以利遄行。"

又谕："电寄杨昌濬，电悉，本日已谕知刘坤一饬令牛师韩统率所部赴甘援剿矣，据称省城近亦戒严，该督当就现有兵力严密布置，毋稍疏忽，仍将办理情形随时电闻。"

（卷 369　832 页）

光绪二十一年（1895 年）闰五月己未

又谕："电寄杨昌濬，电奏已悉，海城逸匪仍饬各营上紧捕拿，毋任漏网。前据奏称河、狄回氛甚恶，省城近亦戒严，请饬牛师韩赴甘援剿。当经电谕刘坤一，即令牛师韩统兵前往，并谕该督就现有兵力严密布置，朝廷眷顾西陲，时深廑系，何以该督此次电奏于剿办河、狄回匪并无一字言及，著将近日办理情形即行电闻。"

光绪二十一年（1895年）闰五月庚申

谕军机大臣等："电寄刘坤一，据电牛师韩请添召马步十三营，并请由河、狄预备枪炮军装等语。现在河、狄回氛正炽，牛师韩若待添募多营，必致耽延贻误，且新募之勇亦难得力，著刘坤一严饬该总兵懔遵前旨，即统所部七营迅速启程，毋许逗留。"

光绪二十一年（1895年）闰五月癸亥

谕军机大臣等："电寄杨昌濬，前因河、狄回氛日炽，叠经谕令杨昌濬将剿办情形随时电奏，迄今多日，未据电闻。西顾弥增悬系，著杨昌濬懔遵前旨，迅即电奏，毋再延迟。"

光绪二十一年（1895年）闰五月甲子

又谕："电寄杨昌濬，电奏已悉，据称河州、狄道遍地皆贼，西宁、碾伯等处亦皆告警，亟须大枝劲旅援应等语。董福祥一军本令驻扎近畿，未便遽撤，刻下甘省匪势披猖，不得不移缓就急，现已令其统带所部各营前往援剿。惟程途较远，未能克期即到。著杨昌濬催令现调各军迅速赴援，勿稍延误。"

光绪二十一年（1895年）闰五月乙丑

谕军机大臣等："现在甘肃回匪滋事，军务紧要，著传知董福祥统带所部各营迅速驰往援剿，勿稍延缓。"

又谕："电寄刘坤一，现因甘肃回匪滋事，已令董福祥统带所部驰往援剿，著刘坤一即调余虎恩一军移扎河西务，以资拱卫，并令挑选精壮，裁汰疲弱，严申纪律，不准丝毫骚扰，俟该总兵到防后即令来京陛见。"

光绪二十一年（1895年）闰五月丁卯

（钦差大臣两江总督刘坤一）又奏："豫凯军赴甘援剿，请照湘军营制发饷。"允之。

（卷369　838页）

光绪二十一年（1895年）闰五月戊辰

谕军机大臣等："电寄杨昌濬、奎顺，电奏循化解围后匪窜巴燕戎、碾伯等处，势甚猖獗。西宁防务紧要，奎顺所募土勇需用饷械，著杨昌濬酌拨应用。一面由该督派兵援应河、狄等处，剿办情形如何并著随时电闻。又据王文韶奏，据杨昌濬电称董福祥奉准回甘，牛师韩一军毋须度陇等语。该军业已派往，仍令迅速前进，以厚兵力。"

（卷369　839页）

光绪二十一年（1895年）闰五月己巳

又谕："电寄杨昌濬等，张汝梅电请饬派豫省数营赴陕防剿等语，前因牛师韩所部七营赴甘援剿，旋据杨昌濬电奏董福祥奉准回甘，兵力敷用，牛师韩一军毋须度陇。该军业已前进，著杨昌濬、张汝梅查明该总兵行抵陕省，即行截留调遣，毋庸再行赴甘，其饷项军火即由陕省筹备应用。张汝梅请拨豫军并令郭广泰赴陕之处均著暂缓调拨。"

（卷369　840页）

光绪二十一年（1895年）六月壬申

谕军机大臣等："电寄杨昌濬，电奏已悉，贼由狄道并攻河州，望援甚急。杨昌濬已派西军各营前进，著即督饬该将领迅速进剿，与雷正绾合力夹击，力扫寇氛。董福祥所部克日即可拔队西行，但道远未克速到耳。"

（卷370　842页）

光绪二十一年（1895年）六月癸酉

又谕："电寄刘坤一，刘树堂电奏牛师韩一军宜由保定至山西前进最为近捷。现据来电，由水路溯流，纤道至汶等语。该军奉调赴陕，自应迅速进发，何以由水路纤道而行，殊属不知缓急。著刘坤一饬令改由陆路速往，倘敢任意逗留，即行据实参奏。"

（卷370　844页）

光绪二十一年（1895年）六月乙亥

（署陕西巡抚张汝梅）又奏："遵催甘军过陕，并派军会剿甘回，筹办陕防。"报闻。

（卷370　846页）

光绪二十一年（1895年）六月丙子

又谕："甘肃新疆喀什噶尔提督董福祥此次统军回甘，遇有紧要事件，著准其专折具奏。"

（卷370　848页）

光绪二十一年（1895年）六月己卯

谕军机大臣等："杨昌濬奏官兵剿办海城逆回获胜情形一折。匪犯李倡发主谋勾通河州逆回马筐筐等戕官劫狱，啸聚千余人，蹂躏海城等三州、县，汉民惨遭荼毒。经杨昌濬派提督李培荣督饬兵团分道进攻，兼旬之内即行扑灭，并获首逆多名正法，地方渐就安谧。办理尚为妥速。在事出力文武员弁绅团，著准其择尤保（褒）奖，毋许冒滥。海城县知县惠福同妻富察氏及伊弟妻富察氏同时遇害，情殊可悯，并被害之幕友许茂梧、家丁孙喜，均著交部议恤，以慰忠魂。盐茶都司刘继仁、典史方传宗有城守监狱之责，事前疏于防范，事后又未能迅速救护，咎无可辞；李旺堡移扎七营汛署千总雷雨瑞、平远汛把总宋安被匪扑入放火焚杀，亦属咎有应得，以上四员均著交部议处。另折奏剿办河、狄回匪情形。本月初三日据电奏狄道围解，该贼并攻河州等语。当谕令督饬西军各营与雷正绾合力夹击。兹览所奏，河狄及西宁等匪势狓猖，非大加惩创不足以挫其凶锋。即著该督速筹大枝劲旅，围逼进攻，分头扼堵，力保完善之区，并将巴燕戎格一路严密布置，扫荡而前，迅速蒇事。毋得专待董军到甘会剿，以致旷日持久，贻误事机。将此由五百里谕令知之。"

陕甘总督杨昌濬奏："请饬部添拨本年军饷一百二十万两，以顾急需。"下户部速议。

（卷370　850页）

光绪二十一年（1895年）六月丙戌

又谕："电寄奎顺，两电均悉，西宁、大通两县回逆数万并起，烧杀汉民，势甚猖獗。此时以力保西宁为急，著杨昌濬迅速分拨数营驰往救援。董福祥已拨队启行，惟到甘尚须时日。奎顺当就现有兵力并多募土勇严密布置，实力堵剿，毋稍疏虞。"

（卷371　856页）

光绪二十一年（1895年）六月壬辰

又谕："电寄张汝梅等，前据杨昌濬电奏董福祥奉准回甘，兵力敷用，是以电知张汝梅俟牛师韩一军抵陕，即行截留调遣，毋庸赴甘。兹据杨昌濬电奏，西宁被围，匪踪窜至平番，凉州镇刘璞迎战失利，河州围困如故。请飞饬董福祥、马心胜、牛师韩倍道来甘援剿等语。甘省回氛甚炽，情形万紧。董福祥甫经启程，道远未能即到，著张汝梅俟马心胜、牛师韩两军抵陕，即饬星速倍道赴甘援剿，不准稍有逗留。仍著杨昌濬会同奎顺就现有兵力严密防守，相机堵剿，不得坐待援军，一筹莫展，致误事机。"

（卷371　861页）

光绪二十一年（1895年）六月癸巳

谕军机大臣等："电寄陶模，电悉，甘省回氛猖獗，西宁被围匪踪窜至平番，河州围仍未解，已派董福祥往剿，并添派马心胜、牛师韩两军倍道赴甘。惟关外回族众多，深恐乘机蠢动，著陶模督饬各营将领认真防范，毋任蔓延勾结。"

（卷371　862页）

光绪二十一年（1895年）六月戊戌

谕军机大臣等："电寄杨昌濬，电奏已悉，河州回逆经雷正绾歼毙多名，大东乡渡洮之匪复经马安良等击退，似可稍挫凶锋。李良穆著力扼洮河，叶占魁等著催令迅速进剿。西宁遍地皆贼，李培荣率邓全忠等营前往接应，能否得力。现在除董福祥等军外，别无大枝劲旅可拨。杨昌濬身膺重寄，务当振刷精神，妥为调度。将领中有不得力者，即著随时参撤，以作士气。前谕奎顺召募土勇已否成军，著即电复。"

（卷371　863页）

光绪二十一年（1895年）七月甲辰

又谕："电寄杨昌濬等，电奏已悉，汤军溃退后，经雷正绾督率文武极力抵御，四战皆捷。惟贼焰日张，雷正绾务当固守河州，持以稳慎。至调兵助剿各节，除陶模业已酌派马步各营旗驰赴甘、凉扼扎外，所有河南防营前据张汝梅电奏，豫省现成练军十有余营人皆精壮，著刘树堂酌量情形，迅速调拨，并著杨昌濬电知张汝梅就近商办。"

（卷372 869页）

光绪二十一年（1895年）七月丁未

又谕："电寄张汝梅，甘省回氛甚炽，待援孔亟。董福祥、马心胜、牛师韩各军现在行抵何处，著张汝梅探明，催令倍道赴甘，毋稍逗留。"

（卷372 870页）

光绪二十一年（1895年）七月戊申

谕军机大臣等："电寄杨昌濬，鹿传霖讷钦奏请调棍噶札拉参呼图克图赴川商办藏番事宜，著杨昌濬传知该呼图克图迅即前往。"

护理陕西巡抚张汝梅奏："请截留京、甘各饷并各项经费，作为永兴、永定两军饷需。"下部议。

又奏："陕省设立机器局试造枪械。"报闻。

又奏："甘回不靖，副将何建威现已驰抵狄道并檄总兵叶占魁带所部四营迅速会剿。"报闻。

（卷372 871页）

光绪二十一年（1895年）七月己酉

陕甘总督杨昌濬奏："已革都司谢智夫因案发遣，惟回氛吃紧，正当用人之际，请暂留营试用。"允之。

（卷372 873页）

光绪二十一年（1895年）七月壬子

谕军机大臣等："本日张汝梅奏甘肃回氛日炽，请添兵助剿一折。已交督办军务王大臣妥议具奏矣。该护抚于折尾年、月暨封筒均盖用关防，殊属不谙体制，著传旨严行申饬。"

（卷372 874页）

光绪二十一年（1895年）七月甲寅

谕内阁："杨昌濬奏总兵援剿不力，请旨惩处一折。甘肃逆回滋事，日益蔓延，自海城收复、循化解围后，河、狄、西宁又复聚众猖獗，总兵汤彦和奉调赴援，迁延日久，迨行抵河州又不侦探虚实，冒昧进攻，以致全军溃退，贻误戎机。汤彦和著革职留营、带罪图功，以观后效。杨昌濬在甘有年，于回众情形岂未深悉，乃忽剿忽抚迄无定见，以致湟中、河、狄遍地皆贼，实属措置乖方。雷正绾受回愚弄，发给枪械转借寇兵，亦属庸愦不职。杨昌濬、雷正绾均著交部议处。此后务当振刷精神，破除壅蔽。董福祥等军到后，合力同心，将回氛迅速扫荡，庶可稍赎前愆。懔之。"

（卷373　876页）

谕军机大臣等："电寄陶模，甘肃回氛甚炽，关内防营不敷调拨，著陶模于新疆各营内抽调数营旗及开花炮队驰赴河州，归董福祥调遣，其月饷即由甘肃开支。"

又谕："电寄杨昌濬，片奏已悉，汤彦和业经降旨革职留营，带罪自效。河州镇总兵著李良穆署理，汤彦和所部马步各营旗即著陈宗蕃接统。"

又谕："电寄陈湜，甘肃河、狄回氛猖獗，陈湜前在甘省剿回得力，著即统所部十营迅速西发。唯闻该藩司之子陈善所募各营颇滋物议，著严行沙汰，不得徇隐。刘坤一所部湘军如有情愿随征者，著陈湜于入关时商带数营，以资得力。"

（卷373　877页）

光绪二十一年（1895年）七月乙卯

以前江西南赣镇总兵王得胜为陕西河州镇总兵官。

（卷373　878页）

光绪二十一年（1895年）七月丁巳

又谕："电寄刘坤一，钢武三营两哨著即裁撤。此等不得力之营早应酌裁，何必动辄请旨。以后当随时整顿，勿致虚糜。前电转饬陈湜赴甘剿回，著即催令迅速前往。此外，各营如有可以调拨者，著该督查明具奏。"

（卷373　879页）

光绪二十一年（1895年）七月戊午

又谕："电寄董福祥，董福祥一军计已抵陕，著迅速前进。牛师韩、马心胜著统归该提督节制。董福祥立功西陲，旧部将卒有闻风投效者，著广为收募，克日成军。所有饷需当饬户部源源筹济。惟回众不可召募入营，是为至要。"

又谕："电寄德馨，电悉陈湜现令赴甘剿回。所请翁曾桂调署藩司，裕昆调署臬司，著照行。"

护理陕西巡抚张汝梅奏："参将马安良在新添堡剿贼获胜。"报闻。

（卷373　880页）

光绪二十一年（1895年）七月己未

又谕："电寄刘坤一，电悉方友升愿拨五营赴甘，著俟陈湜入关，妥商办理。"

又谕："电寄杨昌濬，河、狄、西宁回逆近日剿办情形，著杨昌濬迅速电闻。"

（卷373　882页）

光绪二十一年（1895年）七月庚申

又谕："电寄张之洞，电悉，甘回煽乱，经张之洞筹解枪械，具见力顾大局。所请将陈凤楼、吴凤柱两军调甘一节，陈凤楼无所表见，吴凤柱屡被参劾，且所部在津滋事，均毋庸调往。现派陈湜调十营并方友升五营援甘，当可得力。"

（卷373　883页）

光绪二十一年（1895年）七月癸亥

谕内阁："吏部、兵部会奏遵议处分一折。陕甘总督杨昌濬、陕西固原提督雷正绾应得革职处分，均著加恩改为革职留任。该督等当知感奋，迅将回逆扫荡，力赎前愆。"

（卷373　885页）

光绪二十一年（1895年）七月丁卯

又谕："电寄张汝梅，西宁告急，著董福祥迅速前进，派队往援。所募马队已成军否，此旨著张汝梅转递董福祥知之。"

又谕："电寄杨昌濬，西宁待援甚急，著杨昌濬迅拨军火，间道运往。董福祥到甘，即著分拨一军进援西宁，以固河湟大局。前张之洞电奏，有济甘军械，即著催提应用。"

（卷373　887页）

又谕："电寄奎顺，电悉已饬催董福祥拨兵往援矣。该大臣当先靖城厢之贼，极力固守，毋使内外勾结。"

（卷373　888页）

光绪二十一年（1895年）七月戊辰

又谕："电寄刘坤一，电悉周兰亭一营著即裁撤。本日据钟泰奏宁夏添募防营，请拨枪械军火。现在遣撤各营，缴回枪械并现存军火究有若干，能否酌拨，著详晰电复。陈湜何日入关，著催令迅速赴甘。"

（卷373　888页）

光绪二十一年（1895年）八月己巳

吉林将军长顺奏："已革甘肃西宁道舒之翰来营投效攻剿出力，恳恩销去永不叙用字样，并赏还翎衔。"得旨："所请著不准行。"

（卷374　889页）

光绪二十一年（1895年）八月庚午

陕甘总督杨昌濬奏："回氛不靖，添募勇营以资防剿，并权其缓急，随时分别撤留，以节饷需。"又奏："现于西安设立转运局，借运甘军饷械。"均下部知之。

（卷374　890页）

光绪二十一年（1895年）八月壬申

又谕："电寄刘树堂，所奏悉，牛师韩一军前谕令由陆赴甘，今改由水道仍迟滞不前，实属懈弛，著催令迅速前进，毋得刻延。"

（卷374　891页）

光绪二十一年（1895年）八月丙子

又谕："电寄杨昌濬，据奏循化解围情形，并河州击贼获胜各一折。所有出力员弁著查明，暂行存记。阵亡之记名提督广东补用总兵李日新、补用总兵刘润山、把总罗俊儒、从九谭楚生、文童王少卿、都司李振元，均著交部议恤。嗣后剿办情形该督务遵前旨，随时电奏，毋稍迟延。"

陕甘总督杨昌濬奏："甘肃阶、文、西宁、张掖、中卫、宁、灵等处被灾，现筹抚恤。"得旨："所有被水、被雹之六厅、州、县，著饬属分别抚恤，应否蠲缓，即查明具奏。"

（卷374 893页）

光绪二十一年（1895年）八月丁丑

又谕："电寄杨昌濬，电悉，西宁道路梗塞，情形吃紧，著责成李培荣节节扫荡前进。董福祥到甘，著即迅赴前敌，相机进剿，毋庸进省，以免濡滞。叶占魁、何建威均归董福祥节制调遣，如不听令，即行严参。"

又谕："电寄董福祥，奏悉，前谕令添募马队，上紧召募。吴云伍著催令启程，所请调编修白遇道赴营，已照准矣。"

（卷374 894页）

光绪二十一年（1895年）八月庚辰

谕军机大臣等："户部奏筹拨甘肃新饷，开单呈览一折。现在回匪滋事，甘肃关内外各军饷银尤关紧要。经该部将光绪二十二年新饷，查照上届所拨银数，于各省关指拨，请饬依限提前报解等语。著该将军督抚等严饬各该司道按照单开数目于本年十二月底赶解三成，至来年四月止再解三成，其余四成统限九月底止扫数解清。各该省如能依限完解，即由陕甘总督奏请奖叙，倘有延欠，即由户部照例奏参。原单均著抄给阅看。将此由四百里各谕令知之。"

（卷374 896页）

光绪二十一年（1895年）八月癸未

又谕："刑部奏司员呈请投效甘肃军营，据情代奏一折。刑部学习主事张恒湘著毋庸发往。"

（卷374 898页）

光绪二十一年（1895年）八月甲申

又谕："电寄杨昌濬，数日未得河湟消息，董福祥计已度陇，资粮军火著杨昌濬妥筹接济，毋令缺乏。河州曾否解围，西宁待援甚急，李培荣进至何处，均著随时电闻。"

（卷375 899页）

光绪二十一年（1895年）八月乙酉

又谕："电寄董福祥，电奏悉，该军到甘，当确探贼情，休养兵力，察看何路紧要，即由何路进剿，朝廷不为遥制。甘省新募各营著统归该提督节制调遣，以一事权。"

（卷375　900页）

光绪二十一年（1895年）八月己丑

又谕："电寄张汝梅，前谕令董祥将甘肃新募各军节制调遣，该提督谅已接到。前此援剿河、狄诸将中有退衄者，著查明参奏。地方大吏有无讳饰因循等弊，并著据实奏闻。此旨著张汝梅迅寄董福祥知之。"

（卷375　902页）

光绪二十一年（1895年）八月庚寅

谕军机大臣等："电寄王文韶，甘肃军营亟需军火，著王文韶酌拨洋火药数万磅，派员速解董福祥军营应用。"

又谕："电寄杨昌濬、董福祥，电均悉，平、泾布置尚妥，董福祥著先解河围，其救援西宁，著牛师韩与李培荣合力进攻小峡口以通道路。至甘、凉等处亦当设法防剿，著杨昌濬随时接济，所需军火已饬王文韶酌拨解往矣。"

（卷375　903页）

光绪二十一年（1895年）八月丁酉

又谕："电寄杨昌濬，前谕杨昌濬传知棍噶札拉参迅即赴川商办藏番事宜，该呼图克图何时启程，杨昌濬未经复奏，著即查明电复。"

（卷375　908页）

光绪二十一年（1895年）九月戊戌

又谕："电寄董福祥，现在行抵何处，著稳慎前进，不可卤莽。察看回情，是否尚易剿办，著即速电闻。"

（卷376　910页）

光绪二十一年（1895年）九月己亥

又谕："电寄杨昌濬，电悉，现在藏番事宜亟须商办，仍著传知棍噶札拉参迅即赴川入藏。"

（卷376　911页）

光绪二十一年（1895年）九月乙巳

谕军机大臣等："电寄杨昌濬、牛师韩一军，经董福祥请留扎安定以顾后路，本日已饬陈湜带二十营赴甘援剿矣。刘世安所请著毋庸议。"

又谕："电寄陈湜著遵前旨统带二十营即速启程赴甘援剿。方友升一军著陈湜察看，如不得力，即毋庸带往。"

（卷376 914页）

谕军机大臣等："电寄杨昌濬，据奎顺奏，西宁危急，大通营城失守，并据刘世安奏，甘、凉道路梗塞等语。现在贼氛遍地，关外饷道几至不通。杨昌濬一无筹策，前后所募数十营零星分布。将领屡次败衄，且有营私克扣等情。该督身任边圻，若再粉饰因循，贻误大局，自问应得何罪。著即调派各营一面援救西宁，一面疏通甘、凉道路。诸将中有不能得力者随时撤参，如查有克扣兵饷情弊即按军法从事。该督务当振刷精神，抉去壅蔽，以期力赎前愆。懔之勉之。"

又谕："电寄董福祥，据奎顺奏，西宁危急，大通营城失守，大通县亦朝不保夕，李培荣阻于平戎驿等语。西宁待援孔亟。牛师韩一军既留安定，此外，如何建威等营如有可以酌拨者，著董福祥抽调数营，迅速往援为要。"

又谕："电寄刘世安，刘世安职司文柄，是以未准从戎。惟该省贼势军情以及将吏等营私纵寇等弊，著据实具奏，不准一字隐饰。"

以甘肃按察使裕祥为云南布政使，甘肃巩秦阶道丁体常为甘肃按察使。

（卷376 915页）

光绪二十一年（1895年）九月丁未

谕军机大臣等："电寄魏光焘，西事方殷，援师宜速。顷据刘坤一、王文韶、陈宝箴合词电奏，陈湜一军有轮船失事之营，尚须召补，其添拨十营尚难克日就绪等语。陈湜留扎山海关，专办湘军操防事宜。其援甘之师著改派魏光焘于所部内挑选精锐迅速拔队，但期得力，不必拘定营数，约计何时启程，先行复奏。"

（卷376 916页）

光绪二十一年（1895年）九月戊申

谕军机大臣等："张汝梅奏甘肃贼众兵单，请添拨大枝劲旅一折。西事方殷，兵力宜厚，昨已有旨令陈湜留扎山海关，改派魏光焘挑选所部精锐克日启程，赴甘援剿。与该护抚所奏适相吻合。现在甘肃邻近各省无可抽调之军，所请添拨大枝劲旅之处，著毋庸议。将此谕令知之。"

又谕："杨昌濬等奏西宁、河州近日战守情形一折。所有阵亡之总兵衔副将周万生、游击曾仁、黄雨亭、把总贺国贵、团总军功杨巨海，均著照所请，交部议恤。杨昌濬、奎顺务当懔遵叠次电寄谕旨，妥筹战守，力保河湟大局，是为至要。倘再迁延贻误，该督等不能当此重咎也。将此谕令知之。"

（卷376　916页）

光绪二十一年（1895年）九月己酉

又谕："电寄董福祥，电悉，进扎狄道，将次渡洮，此后须步步为营，谋定后动。回众枪炮尚少，我军辎重军火均在后路，尤防抄截。牛师韩、吴云伍各营著催令陆续前进，毋得逗留。昨已有旨令陈湜留扎山海关，改派魏光焘挑选所部精锐迅速赴甘援剿矣。"

（卷376　917页）

光绪二十一年（1895年）九月壬子

谕军机大臣等："电寄王文韶等，魏光焘奏，统军入陕，分道前进，请饬沿途地方供应舟车等语。所有该军经过之直隶、山西、河南、陕西等省地方，著该督抚严饬沿途各州、县查照上年成案，预备舟车，将军装、辎重等项妥速运送，毋稍延误。并准其作正开销。"

（卷376　918页）

光绪二十一年（1895年）九月乙卯

陕甘总督杨昌濬奏："被回难民待赈孔殷，请动拨银粮兼办善捐以拯残黎。"允之。

（卷376　921页）

光绪二十一年（1895年）九月戊午

谕军机大臣等："程文炳著统率所部迅速驰往甘肃，会同董福祥剿办回匪，著即行来京请训。"

又谕："电寄董福祥。现在河州悍贼麇聚，该提督所部究嫌单薄，后路堪虞。牛师韩一军应否仍留安定，以资援应。著斟酌情形办理。本日已派程文炳统率所部赴甘会剿矣。"

（卷376　923页）

光绪二十一年（1895年）九月乙丑

命甘肃凉州副都统施宝成来京当差，以前额鲁特领队大臣依楞额为甘肃凉州副都统。

（卷376　927页）

光绪二十一年（1895年）九月丙寅

又谕："电寄董福祥等，我军渡洮，该逆败退，惟有大股悍贼纠截后路，务须勤加侦探，稳慎进取，勿为所乘。并著杨昌濬设法策应，俾为后路声援。"

（卷376　927页）

光绪二十一年（1895年）十月己巳

又谕："电寄杨昌濬，电悉，河、宁均在吃紧，南北两军如何择要援剿，朝廷不为遥制。前谕该督力顾后路系专指安定一带而言，不特护董福祥辎重兼防窜陕之路是为至要，甘、凉为关外饷道，尤应设法疏通。该督当统筹全局，与董福祥函电会商，毋令诸将各不相统，以致顾此失彼。"

（卷377　930页）

光绪二十一年（1895年）十月庚午

谕军机大臣等："本年顺天、直隶所属被水、被潮地方，田禾受伤，业经将山东应行运仓粟米截留十万石，并饬户部垫发银十万两，复拨给仓米五千石，先后谕令王文韶、孙家鼐等分别妥为赈抚，并将被灾较重之永平、遵化两属，武清等州、县新赋等项钱粮一律缓征。又奉天、锦州等处春荒，截留湖北漕米三万石折价解清赈济。热河被水，准令崇礼等拨给仓存等项粟米一千石。湖北钟祥等州、县被淹，准令谭继洵截留冬漕三万石，并随漕耗米等项，俾作工赈之需。甘肃循化等厅、县被兵，准杨昌濬所请截拨银米妥筹抚恤。湖南长沙、衡州二府所属州县被旱，准令吴大澂截留漕折银三万两预备平粜。河南河内等县被淹，准令刘树堂发给被灾村庄一月口粮，以示体恤。其奉天、锦州、宁远各州、县被水、被兵，直隶玉田县，山东济阳等州、县，湖北荆门等州、县被水，陕西长武、澄城、镇安、汧阳、府谷等州、县被水、被雹，广西梧州府被火，均经该将军督抚等查勘抚恤，小民谅可不至失所。惟念来春青黄不接之时，民力未免拮据，著传谕该将军督抚等体察情形，如有应行接济之处，即查明据实复奏，务于封印以前奏到，俟朕于新正降旨加恩。再安徽安庆等府属被旱、被水，江西莲花、永新等厅、县被旱，德安、庐陵等县被水，浙江杭州等府属被旱，湖南茶陵、浏阳、澧州等州、县被水、被旱，河南祥符、浚县、临漳、永城等州被水，甘肃渭源、伏羌、宁灵等厅、州、县被雹，广西恭城等州、县被水、被旱，陕西华阴等县被水、被雹，贵州贵阳、遵义等府属被旱，均经该督抚等委员查勘，即著迅速办理，并将来春应否接济之处一并查明，于封印前奏到。此外，各省有无被灾地方，应行调剂抚恤之处，著该将军督抚等一并查奏，候旨施恩。将此各谕令知之。"

（卷 377　931 页）

陕甘总督杨昌濬奏："请仍于省城设立甘肃新疆总粮台，暨制造采办转运各局，以应军需。"下部知之。

以打仗溃退革甘军营官潘长清等职。

以失守城汛革甘肃大通营游击王有德等职。

予进援西宁、河州阵亡副将萧孝田、游击潘英南等议恤。

豁免甘肃循化、河、狄道、海城、平远、皋兰、金、安定、隆德、平凉、固原、镇原、陇西、渭源、伏羌、宁远、中卫、西宁、大通、碾伯、巴燕戎格、平番二十二厅、州、县本年莺粟地税。

（卷 377　932 页）

光绪二十一年（1895 年）十月辛未

命陕甘总督杨昌濬开缺回籍，以甘肃新疆巡抚陶模署陕甘总督，甘肃新疆布政使饶应祺署甘肃新疆巡抚。

（卷 377　933 页）

光绪二十一年（1895 年）十月壬申

谕军机大臣等："电寄饶应祺，昨谕令陶模署理陕甘总督，迅速赴任。兹阅杨昌濬电奏，新疆各处颇有河湟客回勾结，正在添营查捕。著饶应祺督饬各营严密守御，毋稍疏虞。"

又谕："电寄杨昌濬，昨降旨令杨昌濬开缺回籍，陕甘总督著陶模署理。兹据杨昌濬电奏，河、宁情形尚在困守，平番亦正吃紧，其乞抚要不足信。该督务当振刷精神，与董福祥迅扫贼氛，毋得存五日京兆之见。"

（卷377　934页）

光绪二十一年（1895年）十月甲戌

又谕："电寄董福祥，电悉，洮东之贼屡有擒斩，务须坚筑营垒，节节扫荡，不可轻进。渡洮十营亦须首尾相衔，稳扎稳打，如有乞抚者断勿轻信为要。"

（卷377　935页）

光绪二十一年（1895年）十月乙亥

谕军机大臣等："电寄刘坤一，现令程文炳带兵赴甘，于本月十五日启行。惟兵力尚单，著刘坤一饬令陈凤楼统带所部马队五营随同程文炳前往。所有督办处电询之吕本元一军，即著毋庸置议。"

（卷377　936页）

光绪二十一年（1895年）十月丙子

谕军机大臣等："电寄王文韶，电悉，西师虽有小捷，董福祥全军尚未渡洮，且河、宁均在被围，甘、凉亦复梗阻，不得不以大兵迅扫，此近日甘省军情也。朝廷深虑供亿之烦，叠降谕旨，禁止带兵官骚扰。又准沿途州、县支应车马，作正开销，正为体恤民生起见。兹阅该督所奏，自是实情。惟程文炳业经请训，克日启行。况河湟待援孔亟，自以厚集兵力为宜，著该督严申约束，并行文山西、河南、陕西各巡抚，查有军行不肃者立即劾参，沿途支应车辆亦不准稍有贻误。"

（卷377　936页）

光绪二十一年（1895年）十月己卯

又谕："电寄董福祥，电悉渡洮一捷，览奏甚慰。惟招抚宜慎，著遵前旨，以稳扎稳进为主，至后路安定、平凉一带仍须布置周密。该提督所需军械已饬王文韶筹拨，一时尚难解到，著与杨昌濬商拨，毋致缺乏。此次马安良甚为得力，著传旨嘉奖。"

（卷377　937页）

光绪二十一年（1895年）十月辛巳

谕军机大臣等："电寄杨昌濬，据电奏，初三、初八剿贼获胜。本日复据董福祥电，续得大捷。河州之路已通，董福祥往来洮河东西，布置甚为周妥。所需军械著杨昌濬源源匀拨接济。顷又据刘世安复陈甘省将领情形，内称王正坤弃积石关、汤彦和失双城集，并称李良穆勇不足数、陈宗蕃临敌纳妾及李培荣嗜好甚深、逗留不进等语。著杨昌濬再加详访，据实奏参，不准回护徇隐。"

又谕："电寄董福祥，电悉，高家集贼巢已覆，河州路通，即著乘此声威，节节扫荡。该提督往来洮河东西，布置周妥，甚属可嘉。仍著恪遵前旨，稳慎剿抚。所需军火等件王文韶业经筹拨解往矣。"

又谕："福建陆路提督程文炳此次统军赴甘，遇有紧要事件，著准其专折具奏。"

（卷377　938页）

光绪二十一年（1895年）十月癸未

护理陕西巡抚张汝梅奏："陕省设局试办水利。又奏甘回猖獗，凤、陇一带空虚，请添募数营，令管带豫军提督李永芳统带。又奏请就陕省善后局内附设西安转运粮台，遴委干员，专司局务。"均下部知之。

（卷378　940页）

光绪二十一年（1895年）十月甲申

谕军机大臣等："有人奏甘省军务积习甚深，请饬严查参奏一折。据称管带凉州练军王正塈（坤）驻扎积石关，移扎白塔寺。八月十二日团目康达与贼接仗获胜，王正塈（坤）攘为己功。副将朱祥兴委带练军屡次推故不去。署河州镇李良穆带营驻防中部，惟日请回目宴饮。提督李培荣往援西宁，行至峡口，遇贼大挫，其余营官无不任意迁延，未闻一为参奏等语。此次甘省逆回变乱，猝至燎原，总由诸将领违令藐法，毫无顾忌，以致迁延日久，军务愈形棘手。现在董福祥督军渡洮亲临前敌，著按照折内所指，破除情面，严查参奏，毋稍瞻徇，总期赏罚严明，功罪悉当，俾士气为之一振。逆回屡经败衄，自不难克日扫除也。原折著抄给阅看。将此由五百里谕令知之。"

又谕："电寄董福祥，本日据董福祥驰奏系渡洮以前情形，今全军已渡，叠破贼巢，深入之余尤须稳慎。河州一带贼股林立，该提督设法晓谕，甚合机宜。新添六营月饷已饬部筹拨。至牛师韩、李培荣赴援西宁是否得力，并著确查具奏。"

（卷378 941页）

光绪二十一年（1895年）十月丁亥

又谕："电寄陶模，电悉，甘州紧急，该抚派四营旗往援，实为力顾大局。此后折报取道蒙古，自是正办。惟台站安设不易，是否可行，当令科乌等处照案举办。陶模现署甘督，疏通饷道为第一要义，如能再带数营入关，沿路剿抚更资得力。著该抚斟酌妥办。"

（卷378 944页）

光绪二十一年（1895年）十月戊子

又谕："现在甘肃回匪猖獗，军事方殷，所有军营文报关系戎机，递送不容迟缓。著崇欢、志锐、魁福、额勒春、德铭、吉升阿体察蒙古台站情形，设法整顿，并严饬各台遇有军营文报等件，务当迅速接递，毋得稍有贻误。将此由四百里各谕令知之。"寻奏："遵饬各台遇有文报即刻急递，不得贻误戎机，并札饬回盟所有帮台蒙户，一体多备牲畜，听候调用，如将来运送太多，挽输较众，再行体察情形，酌加津贴。"下所司知之。

又谕："电寄董福祥，据驰奏攻克三甲集情形，已悉。另片奏，回勇不得用，具见该提督筹策苦心，此等机宜朝廷不为遥制，著详慎妥办。又有人奏，管带陕军叶占魁见贼即逃，军械多为贼有，著董福祥与前交查各员一并查奏。河州团目潘姓、康姓有无战功，并著查明办理。"

（卷378 945页）

光绪二十一年（1895年）十月己丑

又谕："电寄杨昌濬等，杨昌濬、董福祥先后电奏河州解围，军威颇振，览奏欣慰，俟奏到详细情形再降谕旨。河州本系贼巢，忽起忽伏最为狡谲，宜慎重进取，勿堕其计。省路想已疏通，西宁尚在围困，著董福祥分兵速援。甘凉一路杨昌濬亦应派兵兼顾。"

（卷378 946页）

光绪二十一年（1895年）十月壬辰

谕军机大臣等："程文炳援甘之师，俟行抵卫辉时，著暂行驻扎，听候谕旨。该提督当严加部勒，毋得骚扰地方。"

又谕："电寄刘树堂，程文炳已令暂缓赴甘，在卫辉驻扎，听候谕旨。著刘树堂饬属照料，并著转电山西、陕西、甘肃督抚知之。"

（卷378　949页）

光绪二十一年（1895年）十月癸巳

陕甘总督杨昌濬奏："军务吃紧，请将本年大计并察看军政情形展缓办理。"从之。

（卷378　950页）

光绪二十一年（1895年）十月甲午

豁免甘肃清水、两当、文三县暨三岔州判、白马关州判所属本年罂粟地税。

（卷378　950页）

光绪二十一年（1895年）十月丙申

谕军机大臣等："电寄董福祥，电悉，搜斩逆首，勒缴军械，办理悉合机宜。分扎各营以顾后路，亦甚中肯。至西宁能否解围，牛师韩、李培荣是否得力，著据实查奏，不准一字讳饰。雷正绾著饬令回固原本任。董福祥叠次剿贼获胜情形，著即具折驰奏。"

（卷378　952页）

光绪二十一年（1895年）十一月丁酉

谕军机大臣等："电寄奎顺，电悉，西宁四面受敌，著督同邓增设法固守。现在董福祥已入河州，军声大振。撒拉逆目颇有就擒者。小峡一路计不日即可疏通。董福祥俟河州办妥，亦即带兵赴援矣。"

（卷379　954页）

光绪二十一年（1895年）十一月己亥

谕内阁："董福祥奏叠次获胜，连破贼巢，擒斩首逆，立解河州城围一折。甘肃回匪自四月间起事以来，河、狄、西宁贼踪遍地，特派喀什噶尔提督董福祥统兵剿办。该提督行抵安定，节节布置，蓄锐进攻。逆回麇聚洮河西岸，势甚猖獗。九月二十七日，分拨十营抢渡洮河，轰破贼卡，当将该逆击退。十月初二日，该提督亲督队伍由边家湾麾军前进，左右山岔贼垒林立，伏贼蜂起，我军奋勇争先，毙贼甚伙。初三日，悍贼万余蔽山塞谷，图扑营盘。各军整队齐出，鏖战二时之久，贼始溃散。该逆扼守洮河，恃险抗拒。初八日，该提督复亲督全军，暨马安良四营旗赶扎皮筏，衔枚竞渡。该逆坚卡重濠，并遍掘坑坎，内伏枪炮，抵死固守。悍贼五六千从山口蜂拥而出，我军枪、炮、刀、矛齐进，贼始返奔，追剿三十余里，遂将三甲集坚巢攻克。初十日，派何建威由景古城进捣高家集贼巢，生擒逆目马世润正法。复派河得彪马步队接应，杀贼无算。该提督派队填扎，固守后路。十五日，全军由狄道西山口及康家崖两路进兵，齐集于太子寺。闻逆目闵伏英纠集悍贼于四十里铺负隅死拒。十八日，督队猛进，各贼望风溃散，直抵河州，重围立解。该提督度洮仅二十日，叠获大胜，杀贼数千，势成破竹，实属谋勇兼裕，调度有方。董福祥著先行交部从优议叙，在事出力文武员弁不无微劳足录，自应量予奖叙。仍著该提督将河州一带余匪搜捕净尽，并激励将士乘此声威，分途援剿，迅扫逆氛，以期早日蒇事。前据杨昌濬奏援河官军叠次获胜，踏平贼垒，暨河桥平戎两州接仗情形一折。现在河州城围已解，杨昌濬所派援军暨剿办西路各军均尚得力，自宜一体施恩，以示鼓励。"

（卷379　954页）

又谕："电寄董福祥，据驰奏河州解围情形，并请奖各员均已分别加恩矣。办回之法，总须剿抚兼施，但使逆目悉诛，余众慑伏，即为得法，数千里外不为遥制也。该提督忠勇可嘉，尤当破除情面。另片为杨昌濬等乞恩，殊属冒昧。至前此交查各员孰是孰非，即著从实查复，毋得瞻徇。"

以甘军剿回叠胜，河州解围，予翰林院编修白遇道以道府记名简放，并赏戴花翎。补用总兵叶占魁以提督记名简放，并赏换依博德恩巴图鲁名号。赏提督王钺安头品顶戴，余升叙加衔有差。阵亡之千总刘进才等均照升阶优恤。

（卷379　957页）

光绪二十一年（1895年）十一月庚子

又谕："电寄董福祥，电悉，搜斩逆目，弹压地方，自是正办。惟河州不可遽离，西宁亦当亟救，断非特示晓谕所能了。著即设法派队进援，该提督受恩深重，交查各件，当据所闻入告，只须还一实字，不必多费浮词。"

（卷379　958页）

光绪二十一年（1895年）十一月壬寅

又谕："电寄董福祥，电悉，该提督总统甘军，当筹全局。河州虽有伏莽，西宁现正待援，岂可专恃黄云。遂谓兵力已厚，该提督所派之队竟可徘徊不进耶。该提督素性勇往，不必存不敢争功之鄙念，致涉瞻徇。至河州解围保案人数太多，念其初次立功，姑徇其请。且欲激励将士鼓行而西，并非肃清河州即谓全功告蒇也。此后保案不准稍有冒滥。"

（卷379　960页）

光绪二十一年（1895年）十一月乙巳

谕军机大臣等："电寄杨昌濬，电悉，甘凉一路虽派十营前往，而永昌贼势狓狷，现在扰及抚彝，恐阻玉关之路。西宁一路，牛帅韩亦不得力，至李培荣坐困平戎，尤为怯懦。此两路皆该督所应速援，著通盘筹划，严饬诸将，克日图功。若再迁延，即著参奏。"

又谕："电寄魏光焘，电悉，著严催后队到齐，迅速度陇。董福祥在河州剿办余匪，不能兼顾西宁，而援宁之军多不得力，此大局所系。该抚其悉心调度，先其所急为要，粮台事宜仍著张汝梅妥办。"

（卷379　962页）

光绪二十一年（1895年）十一月丙午

谕军机大臣等："钟泰奏募勇成军分扎要隘，并请带队驰赴河、狄会剿各折片。所有募成十营即著于黄河两岸择要布置。现在河水已冻，务须严饬在事员弁实力防范，毋得稍有疏虞。此项勇粮即著照行营章程开支，款项已属不赀。炮队二营毋庸添募。前拨饷项本日已由户部电催鹿传霖速解矣。宁夏地方紧要，该将军有统辖之责，自应认真防守，岂容远离。所请前赴河、狄会剿之处，著毋庸议。将此由四百里谕令知之。"

（卷379　963页）

光绪二十一年（1895年）十一月庚戌

又谕："有人奏甘肃营官王正坤驻防河州积石关，私遁归省，被回匪截杀，勇丁伤亡殆尽。督臣杨昌濬复令召勇驻防白塔川。八月间，团目康达、张正源等击毙回匪，将首级器械解省，王正坤半途截夺，攘为己功，并暗嗾回匪围攻康达，随即率军潜逃，督臣反为饰词请奖。请饬查明撤销保案等语。王正坤冒功各节前有人参奏，业令董福祥查明具奏。兹又被人参劾，著董福祥归入前次所参各节一并确切严查。如果属实即行参奏，毋稍徇隐。原片著抄给阅看。将此谕令知之。"

西宁办事大臣奎顺奏："西宁道路梗塞，请将本年青海祀典并蒙古王公等会盟暂缓举行。"从之。

开缺陕甘总督杨昌濬奏："请将北路援军及循化、河州、狄道三城战守员弁分别奖叙。"得旨："刘大贵等均著交部从优议恤，其战守将士人等著准其择尤保（褒）奖，毋许冒滥。"

（卷 379　965 页）

光绪二十一年（1895年）十一月乙卯

谕军机大臣等："电寄杨昌濬，西宁仍未解严，援军观望不进。甘凉一路消息杳然，殊深廑念。至河、宁难民闻有二万，著杨昌濬即速派员前往安插，毋得漠视。"

又谕："电寄董福祥，电悉，四路搜剿，覆其巢穴，办理甚合。西宁尚未解严，所派五营能否得力，仍著妥筹兼顾。至逃亡难民如何安插，已谕令杨昌濬派员前往，并著该提督饬令作速办理。交查各员即著据实复奏。"寻奏："西宁城围已解，现正搜缉余匪，催办善后。"报闻。

（卷 380　970 页）

光绪二十一年（1895年）十一月丁巳

谕军机大臣等："董福祥奏查明援剿河、狄败衄诸将、地方大吏，尚无讳饰因循诸弊一折。前次援剿河、狄各军既据确切详查，该将士尚能奋勇冲锋，鏖战三昼夜，旋因子药粮食罄尽，以致败退，尚属情有可原。汤彦和业经革职留营，潘长清等姑免置议，所有该提督节制各军嗣后如再有干军律，即著从严参办，毋稍宽纵。至叠次交查各员，务当懔遵前旨，据实入告，不准掩饰。该提督办事认真，受恩深重。目下西宁尚未解严，著督饬前敌各军合力援剿，迅速奏功，方为无负委任。将此由四百里谕令知之。"

（卷380　972页）

光绪二十一年（1895年）十一月戊午

谕军机大臣等："电寄杨昌濬，电悉，援宁之军已抵平戎，乘胜由小峡口前进。西宁咫尺，谅可解严。至永昌之贼依山为阻，犹虑未易拔除。若汤彦和等得力即可立解西宁之围，固无待刘璞等两军夹击矣。著杨昌濬严饬诸将合力攻剿，勿再逗留。魏光焘所部不日度陇，声威更壮，擒渠扫穴在此举矣。安辑难民尤为要务，著饬委员等妥慎办理，毋忽。"

（卷380　973页）

光绪二十一年（1895年）十一月庚申

谕军机大臣等："电寄魏光焘，电悉，湟中尚未解严，兵力正资厚集，该抚所部各军仍著统率前进。至留扎十营，以顾乾、邠一路，亦甚周密。即照所请行。"

（卷380　974页）

光绪二十一年（1895年）十一月辛酉

又谕："有人奏福建提督程文炳所部各营驻扎张家湾时，纵兵扰害，及将赴甘肃，众兵迫于饥寒，抢夺务本钱铺，因而溃散者甚多等语。著孙家鼐等就近确切查明，据实具奏。原片著抄给阅看，将此谕令知之。"寻奏："程文炳被参各节查无其事。"报闻。

又谕："电寄杨昌濬，电悉，西宁解围，剿抚事宜最关紧要。李培荣前在平戎坐困累月，其惝怯已可概见，恐难任剿贼之责。著杨昌濬拣派得力之员四路搜捕，务净余孽。甘、凉道路虽通，永昌入山之匪仍应分别剿办。"

（卷380　975页）

光绪二十一年（1895年）十一月壬戌

谕内阁："董福祥奏元恶授首，余逆就擒，地方渐就安谧一折。河州逆首马永琳父子与其党周七十等同恶相济，聚积匪类数十万人分攻河、宁，蓄意叛逆。河州解围后仍复主唆逆党久困西宁，实属罪大恶极。经董福祥连日督军搜捕逆目百余名，讯明正法，并擒获马永琳父子，立置典刑。河州一带地方渐就安谧，办理甚合机宜。仍著督饬队伍将匪党搜捕净尽，毋留余孽。昨据杨昌濬电奏西宁亦已解围，际此军威丕振，不难尽歼丑类，迅奏肤功。即著该提督严饬派出援宁将领会同杨昌濬所派各军合力兜剿，一鼓荡平，用副朝廷绥靖边陲至意。"

（卷380 975页）

又谕："户部奏遵议解清甘饷各员应给奖叙，请旨办理一折。著吏部议奏。"

谕军机大臣等："电寄杨昌濬，电悉，交查事件该督果能秉公持正，何恤人言，乃辄据委员诿卸之词，遽请改派大员查办，实属冒昧。著传旨申饬仍著将各员劣迹据实复奏，不准徇隐。"

（卷380 976页）

光绪二十一年（1895年）十一月癸亥

谕内阁："甘肃提督李培荣带兵赴援西宁，行抵平戎，坐困数月。顷据杨昌濬奏该提督嗜好甚深，难期振作。李培荣著即革职，不准留营。"

（卷380 976页）

总统湘军陕西巡抚魏光焘奏："各军到陕，开拔度陇，俟到平番，体察情形。一面分兵防其北窜，一面亲督诸军进图西宁，实力剿办。"报闻。

命翰林院编修陈嘉言："内阁中书黄凤岐赴甘肃行营襄理营务，从总统湘军陕西巡抚魏光焘请也。"

（卷380 977页）

光绪二十一年（1895年）十一月乙丑

又谕："电寄董福祥，董福祥著调补甘肃提督，仍著总统甘军所有前敌将领统归节制。各营中如有捏报胜仗，侵冒勇粮，著即执法严惩，以申军律。"

又谕："电寄董福祥，董福祥已调补甘肃提督，仍著节制诸军。现在巴彦戎之匪未降，大通围未解，防其四散蔓延。河州搜净后，著节节扫荡。前敌各军如不听令，即严参重办，务将甘营积习一举廓清。"

又谕："电寄饶应祺，乌城重镇，陶模交卸后，著饶应祺妥慎设防。绥来事可鉴也。董福祥已调甘肃提督，所遗以张俊补授矣。"

（卷380 980页）

光绪二十一年（1895年）十二月丁卯

又谕："电寄董福祥，电悉，昨降旨令该提督节制前敌诸军，事权既一，所有剿抚事宜著妥为布置，务以毋留余孽为要。再该提督久在新疆，武员中有堪胜伊犁镇总兵者，著切实保举二三员，迅速电奏，毋许推诿。"

（卷381　981页）

光绪二十一年（1895年）十二月甲戌

陕西河州镇总兵王得胜因病乞休，允之。

以甘肃永安营城失守，革游击范子湘职，不准留营。

蠲缓甘肃循化、河、狄道、海城、平远、西宁、大通、巴燕戎格、固原、渭源、金、皋兰、岷、洮、永昌、平番、碾伯、古浪、贵德、丹噶尔二十厅、州、县被贼扰害地亩新旧钱粮草束，并各项杂课有差。

（卷381　987页）

光绪二十一年（1895年）十二月乙亥

又谕："电寄杨昌濬，甘凉道路已通，关外饷银有无阻滞，是否须由蒙古台站行走，著杨昌濬切实电复。"

以记名总兵何建威为陕西河州镇总兵官。

（卷381　988页）

光绪二十一年（1895年）十二月丙子

谕内阁："董福祥奏遵旨查明被参各员据实指陈一折。补用副将王正堃管带凉州练军，驻守积石关，抛弃饷械，旋经移扎白塔寺。团目康达在西南川被围，坐视不救。记名提督洮岷协副将署河州镇总兵李良穆驻营白塔寺，叠经董福祥咨商杨昌濬饬令进兵合围，该副将一味迁延，直至河州围解，始行赴任。王正堃、李良穆均著即行革职。宁夏镇总兵牛师韩治军漫无纪律，所过骚扰。管带练军马队杨宝林前在峡口失利。牛师韩、杨宝林均著交部议处。牛师韩现在移扎平戎，如始终不能得力，即著董福祥严参惩办。副将朱祥兴既据查无藐法违抗情事，著毋庸议。"寻兵部议上："牛师韩、杨宝林均应革职。"从之。

（卷381　988页）

又谕："电寄董福祥，奏悉，除王正堃、李良穆业经降旨革职，牛师韩、杨宝林交部议处外，带兵官不得力著一面撤参，一面派员接统。西宁收抚之贼未经惩创，著仍勒献逆首，务绝根株。现在各军均归节制，该提督责无旁贷，不必瞻顾。昨放河州镇何建威著察看能否胜任。各路军情著随时电闻。毋迟。"

（卷381 989页）

护理陕西巡抚张汝梅奏："甘肃待赈孔亟，先由司库筹垫银一万两以资接济。"报闻。

（卷381 990页）

光绪二十一年（1895年）十二月丁丑

又谕："电寄杨昌濬，电悉，甘凉饷道既通，著派兵护送，毋庸改道。至收恤回众，以勒献逆首为要，固不可滥杀，亦不可轻信，全在操纵得宜。已谕令魏光焘驰赴河州与董福祥会商妥办矣。"

又谕："电寄魏光焘，行抵安定后，即驰赴河州与董福祥熟商剿抚之法。此后一军驻河州，一军赴西宁，著会商妥协，奏明请旨。"

又谕："电寄董福祥，闻何得彪四营到湟后有恣意焚杀之事，著董福祥查明具奏，毋稍回护。抚回之法固不可轻信，亦不可滥杀，总以勒献逆首、讯明正法为要。谅董福祥必能操纵合宜也。"寻奏："遵查何得彪并无恣意焚杀情事。"报闻。

（卷381 990页）

光绪二十一年（1895年）十二月庚辰

谕军机大臣等："电寄董福祥，电悉，西宁招抚，办理未协，该提督自应带队前往，惟大峡一带沿路皆贼，须防抄袭。昨据魏光焘驰赴河州，该提督俟彼到后再行拔队方妥。至剿抚机宜著照河州办法。此事责成该提督力持定见，切勿受人牵制。"

（卷381 992页）

光绪二十一年（1895年）十二月辛巳

谕军机大臣等："电寄董福祥等，前因西宁剿抚未能妥协，是以有一军驻河，一军赴宁之谕。旋据董福祥电拟带队前进，深虑后路空虚，是以复令俟魏光焘到河州后该提督再行拔队。兹据魏光焘电称，径赴兰州，毋庸折赴河州等语。与叠次电谕不符。总之，魏光焘与董福祥孰赴前敌，孰顾后路，务当会商定议方能联络声势。著再从长计较，切勿稍存成见，迅速电闻。"

（卷381　993页）

光绪二十一年（1895年）十二月癸未

谕内阁："杨昌濬奏查明带兵各员参款，据实复陈一折。除王正堃、李良穆业经降旨革职外，补用副将陈宗蕃当军务倥偬之时不知检束，先顾其私，著即行革职，以肃戎行。"

（卷382　995页）

光绪二十一年（1895年）十二月丙戌

又谕："电寄董福祥，电悉，西宁贼焰尚炽，何得彪兵单，著速派队援应。该提督与魏光焘晤商如何进止，即速电闻。"

又谕："电寄刘树堂，程文炳一军前令在卫辉驻扎候旨。现在甘省兵力已厚，该军毋庸前往。所统各营应即酌量裁撤，妥为遣散。著刘树堂转电程文炳知之。"

（卷382　998页）

光绪二十一年（1895年）十二月己丑

又谕："电寄魏光焘等，电悉，会商意见相同，即著分别进止。大通围急，该抚取道平番，先解城围，再行雕剿。留陕十营并著调赴前敌，以壮军声。"

又谕："电寄董福祥等，电悉魏光焘，既赴大通，该提督即著仍驻河州，分兵兼顾西宁一带，防其纷窜。一切机宜著该提督妥为布置。"

又谕："电寄张汝梅，魏光焘留陕十营拔赴甘肃，沿途车马著张汝梅饬属应付，毋误军行。"

（卷382　1001页）

光绪二十一年（1895年）十二月庚寅

又谕："电寄董福祥等，前因董福祥立功西陲，魏光焘熟于边事，是以饬令会商进止。今魏光焘进剿大通，而西宁城外尚多贼卡。董福祥俟河州办妥亦应并力向前。该提督等同办一事，不可各分畛域，务当同心共济，迅扫妖氛。"

又谕："电寄董福祥等，昨据魏光焘、董福祥电奏会商情形，已分别进止，饬令遵办。兹阅董福祥电，所部已陆续开拔，仍拟前往西宁。具见勇于任事，惟河州不可空虚，后路布置必须周密。著俟河州办妥后即行启程。"

予积劳伤故陕西补用总兵李良发、副将余魁龙、甘肃巡检聂昭瑾照军营立功后病故例优恤。

（卷382　1004页）

光绪二十一年（1895年）十二月壬辰

谕军机大臣等："杨昌濬、奎顺奏官军攻克大峡，西宁解围，请将出力阵亡员弁分别奖恤一折。所有此次阵亡副将杨宗贤、知府李俊生均著交部从优议恤。出力文武各员著陶模于到任后查明具奏，再降谕旨。杨昌濬等折著抄给陶模阅看。将此各谕令知之。"

（卷382　1006页）

《清光绪实录（六）》

光绪二十二年（1896年）正月丙申

谕军机大臣等："电寄钟泰，奏悉李泰山八营著即调回宁夏。至中卫等处已饬魏光焘分队兼顾矣。该将军务当镇静防守，毋涉张惶。"

又谕："电寄魏光焘，据钟泰奏宁夏兵单，防务孔亟，已饬将驻扎中卫之李泰山八营调回，惟中卫亦系要道，著魏光焘就近派拨数营兼顾，毋致疏虞。"

（卷383　1页）

光绪二十二年（1896年）正月戊戌

谕内阁："董福祥奏遵查营官冒功邀奖，据实复陈一折。甘肃营官王正堃前因带兵驻守积石关，抛弃饷械，移扎白塔寺。团目康达被围坐视不救，经董福祥查明，奏参降旨革职。兹复据该提督将该革员续被参奏各款确查复奏。王正堃虽无暗嗾回匪、围攻康达实据，惟以复败之将，犹敢冒功邀赏，实堪痛恨，仅予革职，不足蔽辜。王正堃著发往新疆效力赎罪，以肃军纪而儆效尤。”

（卷383　2页）

光绪二十二年（1896年）正月庚子

谕内阁：“董福祥奏派援西宁诸营攻克贼巢一折。前因西宁城围紧急，逆势狓猖，经董福祥派何得彪马步四营前往援剿。嗣后城围虽解，逆贼未经惩创，仍复恣意焚掠。上年十二月初一日，何得彪会同西宁镇总兵邓增各出队伍在西杏园地方接仗获胜。初四、初五等日，出队往攻申中贼巢，击败援贼。邓增亲燃大炮，轰倒碉楼，遂将申中坚巢攻破。初六、七等日，何得彪身受炮伤，裹创力战，连破红牙壑、东沟滩、马家滩、羊毛沟四处贼巢，斩逆首苗牙古、马拉辛二名。都司营城之围顿解，南路亦通，剿办尚属得手。仍著董福祥饬令何得彪等趁此军声大振之时，约会西宁各军，一鼓作气，务使元恶授首、余孽净除，用副朝廷绥靖地方至意。”

谕军机大臣等：“电寄董福祥驰奏各折片均悉。已有旨将获胜情形宣示矣。李培荣早经革职，牛师韩现报病故。此两军均著归该提督统带。其如何派员分统，务须斟酌妥协。河州善后关系紧要，现拟交与何人，该提督何日可以拔赴西宁，均著随时电奏。”

又谕：“电寄奎顺，电悉，大小南川渐就肃清，出力员弁准其并案择尤奖叙，毋许冒滥。一切剿抚事宜著与董福祥函商妥办。”

（卷383　4页）

光绪二十二年（1896年）正月癸卯

谕军机大臣等：“电寄董福祥，电悉，豫凯一军即饬陆怀忠押解回豫，到豫后妥为遣散。经过地方如有骚扰，惟统带之员是问，并著董福祥行知张汝梅、刘树堂一体照料。”

（卷383　6页）

光绪二十二年（1896年）正月戊申

谕军机大臣等：“电寄魏光焘，电悉，该抚所部兵力已厚，著即将西、北两川节节扫荡，迅解大通之围。中卫局势既松，即毋庸分队前往。”

（卷383　9页）

光绪二十二年（1896年）正月己酉

谕军机大臣等："有人奏兰州道黄云嗜好既深，性尤贪酷。总管全省厘局，贿卖厘差，皆伊妻弟程姓经手。署臬司任内制造站笼，罗织无辜。去年派充总理营务，克扣饷银，虚冒兵额，并带队围攻柳沟堡民，屠戮殆尽。请饬查参等语。著董福祥按照所参各节，确切查明，据实具奏，勿稍徇隐。原片著抄给阅看。将此谕令知之。"寻奏："遵查道员黄云并无贪酷实迹，亦未闻有嗜好，应请免其置议。"报闻。

又谕："据董福祥奏崔岳所带回勇从未出力，即其教下人亦谓其居心叵测。近又散布谣言，惑乱兵众，以致西宁愈加戒严。请饬裁撤等语。回情狡诈异常，崔岳所部既不得力，又复造谣惑众，自应即行裁撤。惟西宁逆焰尚张，此项回勇遽行遣撤，勾结滋患，亦不可不预为虑及。应如何妥为遣散之处，著陶模体察情形，斟酌办理，毋致别滋事端是为至要。将此由四百里谕令知之。"

（卷383　9页）

又谕："电寄长庚，所购毛瑟枪等件已与许景澄电商妥协。著该大臣速为购定，假道俄境，运赴伊犁。一切经费由江苏协甘饷内在上海汇交。"

（卷383　10页）

光绪二十二年（1896年）正月庚戌

（兼署湖广总督湖北巡抚谭继洵）又奏："官员因公记过，拟请援照咸丰年间陕甘奏定章程酌罚银两。"得旨："所请著毋庸议。"

（卷383　11页）

光绪二十二年（1896年）正月壬子

又谕："电寄魏光焘，电悉，两川贼巢已破，大通解严，办理均甚得手。此次攻拔苏家堡出力各员，著魏光焘择尤保奏，以示鼓励。"

又谕："电寄董福祥，电悉，两川坚巢次第扫荡，大通解围，皆前敌诸军之力，深堪嘉尚。张成基、何得彪及邓增等著董福祥查明战绩，据实保奏。出力员弁一并择尤请奖。河、狄难民即著董福祥派员安插抚辑，所需经费著该提督先行筹垫。李培荣所部既不得力，亦著董福祥饬该营官妥为遣撤。"

（卷384　12页）

光绪二十二年（1896年）正月甲寅

谕军机大臣等："杨昌濬奏棍噶札拉参呼图克图、穆巴图多普正拟遵旨赴川，在洮州新寺圆寂等事。棍噶札拉参道行威望为蒙古及哈萨克各部落所信服，从前在科布多一带亦曾著有战功，遽尔圆寂，轸惜殊深。著赏银五百两，由甘肃藩库发给，交该呼图克图之徒，祗领唪经，以示恩眷。所有洮州垂弼胜新寺暨新疆八音沟新寺两处徒众必须安插得宜。现在应归何人约束，著陶模、饶应祺分别查明，妥为办理。该呼图克图原领印信，既据该徒众等称现存新疆寺中，著饶应祺饬谕该寺僧众呈缴。至该呼图克图现已圆寂，并著陶模咨行鹿传霖查照。将此各谕令知之。"

（卷384　13页）

光绪二十二年（1896年）正月乙卯

陕甘总督杨昌濬奏："已革提督潘长清河州解围，随同出力，请开复原官。"得旨："所请著毋庸议。"

以甘军进援永昌，力战捐躯，予游击陈长生优恤。

蠲缓甘肃泾、宁、合水、皋兰、宁灵、固原六州县暨西固州同所属被灾地亩钱粮草束。

（卷384　14页）

光绪二十二年（1896年）正月己未

又谕："有人奏甘肃逆回煽乱，实由提臣首祸，请饬查办一折。据称循化争教之始，杨昌濬咨请雷正绾统带所部前赴河州驻扎，逮循化告急，该提督并不出河州一步以为声援，任听兵丁在城骚扰。回目马彪派人赴雷营求示晓谕，以安众心，雷正绾即将所派头目二人斩首，回民因而大噪。当河回事发，该提督就地募勇，回民之黠者冒名入伍，甫经召募，旋即叛去，军械反为贼用。雷正绾年逾七十，嗜好甚深，任听所部虚冒缺额，该提督从中分润各等语。著陶模按照所参各节，确切查明，据实具奏，毋稍徇隐。原折著抄给阅看。将此谕令知之。"

又谕："电寄董福祥，电悉，攻克黑林堡坚巢，剿办得手。即著乘此声威与魏光焘所派各军合力进剿，务期迅扫逆氛。至分办合办，朝廷不为遥制也。"

（卷384　16页）

光绪二十二年（1896年）正月甲子

甘肃新疆巡抚陶模奏："甘回不靖，抽调马步进关扼扎，并调马队分驻安西一带，以防西窜。"下部知之。

（卷384　19页）

光绪二十二年（1896年）二月丙寅

谕军机大臣等："电寄董福祥，新军既在北大通失利，魏军又正攻打多巴，现在北大通一路全恃该提督妥筹援剿。究竟贼势如何，张成基等兵力是否敷用，该提督现驻河州，距前敌较远，著酌量进止，毋误戎机。所需月饷著先行电达。"

又谕："电寄魏光焘，数日未得电，多巴一处何以尚未攻克。顷董福祥电奏，据陶模电，新军于北大通失利，彼处情形较重，著该抚严督诸军攻拔多巴，即会合董军力攻北大通，务期一鼓扫除，毋任旁窜。"

（卷385　22页）

光绪二十二年（1896年）二月己巳

谕内阁："魏光焘奏进剿北川获胜，攻克苏家堡老巢一折。西宁北川地方逆目刘腾蛟踞守苏家堡坚巢，与四川多巴逆众互为声援。本年正月初十日，魏光焘所部提督汤秀斋等会同西宁镇总兵邓增各军进剿苏家堡。官军分队抄击，踊跃争先。十一日遂将苏家堡攻克，附近各堡踞贼亦相率奔溃。计克大小坚垒三十余座，阵斩悍目多名，擒斩悍贼二千余名。剿办尚为得手。仍著魏光焘督饬各军乘此声威进攻多巴，务将首要各逆悉数歼除，以靖地方而弭后患。"

（卷385　23页）

又谕："电寄魏光焘，攻克苏家堡情形已有旨宣示矣。多巴贼巢，地险人众，著该抚督饬所部悉力进攻，毋稍松劲。另片所陈甚中窾要，总之，剿、抚二字不可偏废。巨憝必歼，余众必辑。第一防其四散奔窜为要，电寄以通政使司副使曾广汉为光禄寺卿。"

（卷385　24页）

光绪二十二年（1896年）二月庚午

谕军机大臣等："电寄魏光焘，多巴未能攻拔，意欲长围坐困。贼情如此，深恐久延时日，著董福祥驰赴西宁会商魏光焘相机剿办，迅克坚巢。该提督等尤须和衷共济，毋存成见。至河州一路著董福祥饬派得力之员妥为布置，以顾后路。"

（卷385　24 页）

光绪二十二年（1896 年）二月庚辰

又谕："电寄董福祥，月饷户部已筹拨银三十万，由沪汇甘至抚辑款项。陕西筹银三万，可提用。前谕该提督驰往西宁，何以尚未复奏。前敌紧要，毋得瞻顾迟回。速电复。"

（卷385　34 页）

光绪二十二年（1896 年）二月辛巳

（护理陕西巡抚张汝梅）又奏："甘回尚未平定，陕省营勇请暂缓裁减。"允之。

（卷386　35 页）

光绪二十二年（1896 年）二月壬午

又谕："电寄董福祥，据魏光焘电奏，多巴贼蹙乞抚，逆目马人头经良回阵获，呈献首级。现勒限捕送悍党，如逾限仍进攻等语。著董福祥速赴西宁察看情形，妥筹电奏，毋再迟延。"

（卷386　36 页）

光绪二十二年（1896 年）二月甲申

又谕："电寄魏光焘，前奏多巴贼堡限三日内缴械、捆献逆首，现在情形若何。顷董福祥奏初八日攻克大通营城，斩馘甚多。前谕令董福祥驰赴西宁，该提督到后即著该抚会商办法，克期进剿，以期迅速蒇事。"

（卷386　37 页）

光绪二十二年（1896 年）二月丁亥

谕军机大臣等："电寄董福祥等，多巴一堡，蕞尔弹丸，魏光焘未能痛剿，遽欲议抚，数日来亦并无续报。其不能得力已可概见。魏光焘所统三十营兵力不为不厚，著即统带十营回驻河州，以资镇摄。如有反侧，惟该抚是问。其余二十营著分守要隘，如有窜出之贼，亦惟统带之员是问。董福祥著即日驰往西宁，督兵扫荡西川一带，必须先剿后抚，毋堕诡谋。该提督当振刷精神，勿稍瞻顾，务以迅速蒇事为要。"

（卷386　39页）

光绪二十二年（1896年）二月戊子

户部奏："拟裁甘肃募勇，以节饷需。"从之。

以攻克西川获胜，予阵亡总兵衔陕甘补用副将黄大胜照提督例优恤。

（卷386　40页）

光绪二十二年（1896年）三月丁酉

谕军机大臣等："电寄魏光焘等，电悉，多巴逆目擒斩多名，户口亦已查清，是抚局已定。善后事宜应责成魏光焘暂驻西宁，一手经理。董福祥现已启程，俟抵西宁后察看回情，究竟有无后患，与魏光焘从长计议，不必拘定前说。扫荡西川军事移步换形，朝廷并无成见。文武大臣尤应和衷共济，勉之慎之。"

（卷387　44页）

光绪二十二年（1896年）三月己亥

又谕："电寄奎顺等，前经叠谕魏光焘，回匪穷蹙，防其奔窜。顷奎顺电奏回匪窜至哈力盖，该旗贝子接仗未胜，存亡未卜等语。此事曾据魏光焘电叙大概，并称已派汤秀斋、邓增搜剿。今青海情形吃重，著奎顺、董福祥、魏光焘添派队伍，驰往追剿如再蔓延，惟前敌各将帅是问。懔之。"

（卷387　45页）

光绪二十二年（1896年）三月庚子

谕军机大臣等："奎焕、讷钦奏藏哲勘界事宜，藏番仍持定见，不肯前往会勘，现在设法拟办情形一折。藏哲勘界一事关系中外邦交，既经定约于先，断难爽约于后。如本年春夏之交，商上不肯偕往会勘，即由该大臣等照会印度各派委员先行会勘，然后徐图办法。藏番既始终固执，止可暂为通融办理。仍著一面设法切实开导达赖喇嘛及藏番大众，毋得执迷不悟，自启兵端，致蹈隆吐覆辙。现在文海尚未到任，奎焕、讷钦均属责无旁贷，倘有疏虞，惟该大臣等是问。至奏调棍噶札拉参一节，已据杨昌濬奏报，该呼图克图于上年九月三十日圆寂矣。再藏番叠次梗命，何所恃而不恐，是否另有外人为之奥援。又近闻廓尔喀与西藏失和，意欲决战，该大臣等必已知悉，务当设法劝导，不至另起衅端。并著迅速奏报，以纾廑系。将此由五百里谕令知之。"

（卷387　46页）

光绪二十二年（1896年）三月壬寅

署陕甘总督陶模奏："行抵甘州，分拨马步防剿北大通一带悍回。"得旨："回匪必应痛剿，不可敷衍了事。"

（卷387　48页）

光绪二十二年（1896年）三月丙午

谕军机大臣等："电寄董福祥，董福祥计已驰抵西宁，新抚回众究竟有无反复，著据实具奏，不准一字讳饰。本日奏到请奖各折片，著暂留李培荣、牛师韩两军，准其酌留调遣。该提督仍将现在办法随时电闻，以慰廑系。"

（卷387　49页）

光绪二十二年（1896年）三月丁未

又谕："电寄奎顺等，前因贼窜青海，已饬奎顺等添队追剿。兹据奏贝子阵亡，旗族被抢，情形更重。著奎顺、董福祥、魏光焘各派得力将弁，星速前往，随同邓增等穷追兜剿，务将此股就地歼除。倘再西窜，定将带兵各官严惩不贷。"

命陕西提督雷正绾开缺回籍。

（卷387　50页）

光绪二十二年（1896年）三月戊申

谕军机大臣等："电寄董福祥，三电均悉，雨阻俟晴当速进米拉一带，不必滞留。到西宁以速剿青海为急务。"

（卷387　50页）

光绪二十二年（1896年）三月庚戌

又谕："电寄陶模，二月初陶模已抵肃州，计程早应到省。现在贼窜青海，恐延及敦煌、玉门一带，应如何布置严防及设法追剿之处，著与奎顺、董福祥、魏光焘妥商办理，速电复。"

又谕："电寄奎顺等，据奏，贼窜青海台吉洛地方，并称湘军惶恐，马队无多，不敷调遣等语。逸匪西奔，正恐蔓延关外，魏光焘所部较多，何得任汤秀斋逗留不进。奎顺于青海蒙、番是其专辖，著妥为调遣。董福祥计抵西宁，著添派马队并饬张成基等迅速追剿。顷已授邓增固原提督，该员现在前敌，著归董福祥节制。"

（卷387　51页）

以甘肃西宁镇总兵邓增为陕西提督。

（卷387　52页）

光绪二十二年（1896年）三月辛亥

谕军机大臣等："电寄董福祥等，西事之兴，叠次谕令先剿后抚，乃剿则未净根株，抚则动多粉饰，以致蔓延青海，浸及关外。在事诸将帅均不能辞咎。董福祥著迅赴西宁，沿途不准逗留，到湟后著与奎顺、魏光焘公同商酌，孰居前敌，孰固后路，务得一的实办法。具奏候旨。陶模究竟行抵何处，若已抵湟，著一并会议。此事关系边疆全局，该提督等如敢各执成见，互相推诿，必重治其罪。懔之。邓增等计抵青海，著先行饬令出关追剿，毋稍迟延。"

又谕："电寄饶应祺，贼窜敦煌，恐煽诱良回，联成一气。现已令邓增等带兵出关追击，哈密等处回众如有能捍御窜匪、出力打仗者，著破格奖励，以杜勾结。"

（卷387　52页）

以记名总兵何美玉为甘肃西宁镇总兵官。

（卷387　53页）

光绪二十二年（1896年）三月壬子

谕军机大臣等："电寄长庚等，电悉，贼窜中和首长，此后未知所向，天山南北均须严防。著照所拟，饬张宗本力扼南路，黄定坤、张怀玉合防北路，并调张俊驰赴阿克苏，实力堵剿。此旨即著长庚分别传知并传谕饶应祺钦遵办理。"

（卷387　53页）

光绪二十二年（1896年）三月癸丑

谕军机大臣等："电寄长庚，阅长庚电与昨电略同，贼如窜喀喇沙尔，该将军即应扼守珠勒都斯，以固伊犁门户。现在河湟军务未竣，董福祥、魏光焘能否出关尚未可定，已派邓增、张成基等马队数营跟踪追剿。至新疆将弁张俊素称勇往，能否调赴北路防截，著斟酌电奏。"

又谕："电寄陶模，电悉，河湟抚局未妥，必先查办清楚，以防肘腋。现据长庚报，贼众万余西窜，请于董福祥、魏光焘两军饬派一军驰赴哈密截剿等语。董福祥、魏光焘两军孰为得力，陶模必能深悉，著据实电奏。至关内镇抚情形尤应切实体察，毋令余烬复燃是为至要。"

（卷387　53页）

光绪二十二年（1896年）三月丁巳

又谕："电寄魏光焘等，前谕魏光焘、奎顺等会商现在办法，何以迟迟未复，著即将近日情形筹一办法迅速电奏。"

（卷387　55页）

光绪二十二年（1896年）三月庚申

以回匪窜扰青海，力战捐躯，予蒙古贝子纳木希哩素木、章京阿音奇照阵亡例优恤。

（卷387　58页）

光绪二十二年（1896年）三月癸亥

谕军机大臣等："电寄陶模等，前谕董福祥驻西宁，魏光焘顾河州，办法本有次第，乃魏光焘争功冒进，董福祥瞻顾不前，以致抚者复叛，剿者逸出，西陲骚然。魏光焘所谓一了百了者安在。陶模既抵署任，著将零星各营速即裁并。董福祥著专办剿抚事宜，进扎西宁，所有甘军统归节制调度。魏光焘著回驻河州，专顾河、狄、循化、米拉一带，并分防各隘，毋任再有窜逸。邓增素称勇往，著统带所部及陶模、魏光焘现派出关各营迅速启程，会商饶应祺跟踪追剿。张俊著带防喀兵勇迅速赴北路堵截合剿。至粮料车驮，著陶模饬地方官速办，毋误军行。"

又谕："电寄饶应祺，电悉，一切布置均甚妥协。若能将野牛沟一股剿除，王子营一股安插，即可纾朝廷西顾之忧。该署抚其勉力为之。"

又谕："电寄陶模，甘省新募数十营，零星无用，著陶模速议裁并。宁夏十营可否裁撤，并著查复。"

（卷387　58页）

光绪二十二年（1896年）三月乙丑

谕军机大臣等："电寄魏光焘，据驰奏攻克多巴情形暨苏家堡保案，均悉。现在尚有回众万余，由上五庄窜出关外，西事未了，折二件、单一件均暂存。"

（卷387　60页）

光绪二十二年（1896年）四月丙寅

谕军机大臣等："电寄长庚，电悉，张俊著留驻阿克苏，兼顾南北两路。"

（卷388　62页）

光绪二十二年（1896年）四月戊辰

又谕："电寄魏光焘，西路窜匪本无定踪，若在青海自应穷追，若至新疆便当迎截。此等机宜全在前敌将帅调度合法，朝廷不为遥制。魏光焘著遵前旨回驻河州，邓增既已折回，著由大路出关驰赴安、肃一带，各专责成。"

（卷388　63页）

光绪二十二年（1896年）四月己巳

又谕："电寄魏光焘，电悉，水地川各庄均克，此外，蠢动者尚有几处，来电何以未及。窜贼远扬而近处蜂起，该抚回驻河州后正可次第办理，毋涉张惶。"

（卷388　63页）

光绪二十二年（1896年）四月辛未

又谕："电寄董福祥等，董福祥久在西陲，声望颇好，著驻扎西宁，一切剿抚事宜责成该提督一手办理。所有甘军统归节制。魏光焘著回陕西巡抚本任，以重职守。所部湘军除现在出关及分防各处外，余悉带至秦中，分别遣撤。邓增仍遵前旨由大路出关，沿途节节扫荡。宁夏新募十营著陶模知照钟泰一并裁撤。"

（卷388　65页）

光绪二十二年（1896年）四月辛巳

谕军机大臣等："有人奏，甘省军务，董福祥统军无多，后路处处留防，前军恐形单弱，请添拨数营调遣等语。除邓增前经叠降谕旨饬令出关追剿窜匪外，营官陈元尊、副将刘璞两军孰为得力，能否添拨数营归该提督节制调遣，著董福祥就近体察情形，奏明办理。原片著抄给阅看。将此由五百里谕令知之。"

（卷389　70页）

又谕："电寄董福祥，前报行抵碾伯，距西宁不过数舍，计日可到。初六日谕谅亦接奉，何以尚无电来。现在甘军进扎，湘军撤回，接替之际必有一番布置。该提督当直抒所见，迅速具奏。至河、狄后路，泾州饷道应如何分兵镇摄，并著妥筹兼顾。"

（卷389　71页）

光绪二十二年（1896年）四月壬午

谕军机大臣等："电寄董福详，电悉，该提督已抵西宁，所有甘军统归节制。此后军事系该提督一人之责，务当统筹全局，勿得专顾一隅。河州等处尤宜妥为布置。详细情形著随时电奏。"

署陕甘总督陶模奏："请添拨军饷并补发上年所短银数，以济急需。"下部议行。

（卷389　71页）

光绪二十二年（1896年）四月癸未

予故记名提督陶茂林、留甘补用总兵朱超发照军营立功后积劳病故例优恤。陶茂林附祀曾国荃专祠，朱超发附祀湖南昭忠祠，从湖南巡抚陈宝箴请也。

（卷389　73页）

光绪二十二年（1896年）四月甲申

（四川总督鹿传霖）又奏："甘回有将窜扰川、藏之信，派委记名提督周万顺统带四营前往打箭炉扼要驻扎，以固边疆。"报闻。

（卷389　74页）

光绪二十二年（1896年）四月乙酉

谕军机大臣等："电寄魏光焘等，电悉，著即迅赴本任，毋庸在碾伯候旨。董福祥现驻西宁，著将魏光焘所留各军统归节制调遣，以一事权。"

（卷389　74页）

光绪二十二年（1896年）四月丁亥

谕军机大臣等："电寄陶模，电悉，回情反侧，总以肃清关内为主。多巴一役既称抚贼太多，应与董福祥妥筹办法。至玉门窜匪能否就地安插，著从长计议，稳慎办理。"

又谕："电寄董福祥，电悉为将之道刚断为先。魏军二十七营已全归该提督统带，其是否得力、有无空缺，著据实查看，不得一味瞻顾。至多巴就抚后究竟情形如何，亦著妥办毋忽。"

（卷389 76页）

光绪二十二年（1896年）四月戊子

又谕："电寄董福祥，回情反侧，往往有乞抚而复叛者。董福祥生长西陲，此等机宜谅能深悉，如米拉沟等处究竟是否妥协，此后当寓抚于剿，不可因抚而弛剿之功。至魏光焘所留各军若不得力，即应奏请裁撤。湘军习气每涉夸张，该提督既总师干，宜加断制，即所统回队亦应细加体察，切勿为其所愚，是为至要。"

（卷389 77页）

光绪二十二年（1896年）四月辛卯

以怙恶不悛，甘肃留营效力革员谢智夫即谢永谦仍发新疆充当苦差。

（卷389 78页）

光绪二十二年（1896年）四月壬辰

谕军机大臣等："电寄陶模等，电悉，流沙坡之战，贼既乞抚，旋又回扑，反复无常，未易收束。潘效苏、邓增速即驰往援助，力扼安、玉一带为要。甘、凉电线速饬修复。"

（卷389 79页）

光绪二十二年（1896年）四月癸巳

又谕："电寄陶模等，陶模电悉，玉门告捷，将士奋勇可嘉。此股贼回狡诈反复，自应剿除，唯老弱仍应妥筹安插。邓增现抵甘州，如果关外情形较松，著将野牛沟一股实力搜剿。至冶诸麻一股已饬董福祥派兵往办矣。"

又谕："电寄董福祥，电悉，多巴余孽未净，与卡尔冈一带反复之贼皆应扫除。至冶诸麻一股近在肘腋，尤须剿办。三川迁徙之众能否相安，并著妥筹办理。"

（卷389　79页）

光绪二十二年（1896年）五月丙申

又谕："有人奏疆臣拥兵欺饰，请饬查办一折。据称陕西巡抚魏光焘驻扎多巴一带捏报胜仗，一意主抚，以致回匪窜入青海。今年正月间，逆回以八骑前来窥探，该抚闻风惊溃，军械粮饷委弃一空等语。著陶模按照所参各节确切查明，据实具奏，毋稍徇隐。原折著抄给阅看。将此谕令知之。"寻陶模奏："魏光焘所部湘军剿平北、同一带逆匪，不为无功。被参各节，事出风传，究非确论。"报闻。

（卷390　83页）

光绪二十二年（1896年）五月己亥

谕内阁："陶模奏补报甘省添募各军，请饬部立案开单呈览一折。各省添募营旗，饷项攸关，例应随时奏咨立案。上年甘省办理防剿，杨昌濬添募各军竟有未经奏明之案，殊属疏漏。杨昌濬著交部议处。此项营旗著陶模认真裁汰，以节饷需。"寻吏部奏："杨昌濬应降二级留任。"得旨："准其抵销。"

（四川总督鹿传霖）又奏："逆回败窜青海，应添调勇营防堵要塞，弹压土司，以固边围。"下部知之。

盛京户部侍郎良弼奏："升任甘肃庆阳府知府、前辽阳州知州徐庆璋实惠及民，吁请留任。"得旨："徐庆璋系特旨简放人员，所请著不准行。"

（卷390　84页）

光绪二十二年（1896年）五月辛丑

谕军机大臣等："电寄陶模，电悉，刘四伏一股纠合番子四出剽掠，著饬各军赶紧追剿。野牛沟一股亦经分窜，即著邓增暂驻甘州、肃州适中之地，将此股剿除，毋稍松劲。"

（卷390　86页）

光绪二十二年（1896年）五月癸卯

署甘肃新疆巡抚饶应祺奏："古城二守尉边俸期满，呈请陛见，可否留办防务。"得旨："毋庸来见。"

又奏："回贼西窜，派队防剿，开支行粮请饬立案。"下部知之。

以出首逆案，予新疆库车厅良回陈吴发仁以千总拨补。

（卷390 88页）

光绪二十二年（1896年）五月丙午

以遵命捐赈，予甘肃庆阳府知府徐庆璋为其故父母建坊。

（卷390 89页）

光绪二十二年（1896年）五月戊申

又谕："电寄董福祥，半月未得电奏，深为廑系。多巴余匪究竟若何，即前敌情形亦应妥为筹划。该提督熟于边事，故畀以总统之任，其直抒所见，据实电闻。"

（卷390 90页）

光绪二十二年（1896年）五月己酉

谕军机大臣等："电寄魏光焘，魏光焘现在行抵何处，留甘各营除安、肃五营，巴燕戎十营外，余著调赴陕西，即行遣撤。"

又谕："电寄董福祥，电悉，湘军暂留十五营著照办。米拉沟进攻得手，迅将首逆歼除。巴燕戎等处亦著斟酌办理。至关内外余匪或窜或伏，尚烦兵力，著该提督通盘筹划，务以速了为要。"

（卷390 91页）

光绪二十二年（1896年）五月庚戌

谕军机大臣等："电寄陶模等，电悉，湘军遣撤营数，即照此次所奏办理。至卡尔岗一处，著董福祥督饬各营速行攻拔，毋任分窜。"

（卷391 92页）

光绪二十二年（1896年）五月甲寅

署陕甘总督陶模等奏："会攻北大通营城，连克附近十六回庄，出力将弁请奖。"得旨："所有出力将弁准其择尤保（褒）奖，毋许冒滥。阵亡弁勇并著汇报请恤。"

（卷391 94页）

光绪二十二年（1896年）五月丙辰

　　谕军机大臣等："电寄董福祥，电悉，马安良等数战皆捷，已逼卡尔冈。彼处尚有湘营，著责令合力进剿，务使一鼓歼除。冶诸麻一犯著尽力搜捕，毋任窜伏。该军月饷已饬部筹拨。"

（卷391　96页）

光绪二十二年（1896年）五月甲子

　　又谕："电寄董福祥，电悉冶诸麻就获正法，所办甚好。卡尔冈有十余营环攻，何以尚未攻拔，著督饬上紧速了。至野牛沟一股系邓增专办，何以任令窜逸，仍责成邓增实力搜剿，毋误事机。"

（卷391　102页）

光绪二十二年（1896年）六月乙丑

　　谕军机大臣等："电寄陶模，刘四伏一日不除，关外一日不靖。著饬牛允诚等分头搜剿，赶紧殄灭。邓增留驻关内本为剿办野牛沟一股，乃又纷窜青头山，驳驳有出关之势，著责成邓增速办。倘再迟延贻患，惟该提督是问。懔之。"

（卷392　104页）

光绪二十二年（1896年）六月丙寅

　　谕军机大臣等："电寄董福祥等，青海已无贼踪，各军久驻无益，所有官兵及蒙、番各兵著酌量撤回。打仗出力之蒙古王公贝勒等准其请奖。被扰蒙民著奎顺妥为抚恤。"

（卷392　104页）

光绪二十二年（1896年）六月辛未

　　以骚扰良回，甘肃副将马彦春以都司守备降补。

（卷392　108页）

光绪二十二年（1896年）六月壬申

　　以贪劣不职，革甘肃古浪县知县黄炳辰职，永不叙用。

（卷392　108页）

光绪二十二年（1896年）六月甲戌

　　谕军机大臣等："电寄董福祥、奎顺，电悉，卡尔冈十庄俱克，曲麻陇逆首就擒。此外余孽无多，著迅即扫靖。其邓增一军进驻肃州，能否将野牛沟窜匪剿灭，该军是否得力，并著查探具奏。"

（卷392　109页）

光绪二十二年（1896年）六月丁丑

谕军机大臣等："电寄魏光焘，龙恩思五营现已裁撤，著带赴陕西，由魏光焘遣散回湘。务令沿途安静行走。至李永芳五营既未度陇，驻陕无用，著魏光焘酌量遣散，并传谕张汝梅知之。"

又谕："电寄董福祥，龙恩思五营著饬令带赴陕西，由魏光焘妥为遣散。卡尔冈余匪著速办。"

（卷392　110页）

光绪二十二年（1896年）六月癸未

又谕："电寄陶模等，刘四伏窜占盐池滩，当及早歼除，以防勾结。牛允诚等保案俟擒获首逆后再降谕旨。"

又谕："电寄董福祥，入山搜剿及攻克卡尔冈情形，均悉。该提督力疾遄征，调度合宜，深堪嘉尚。叠次出力将弁著俟西宁全境肃清，择尤酌保。"

予力疾捐躯，甘肃参将马明其、守备林进福优恤。

（卷392　113页）

光绪二十二年（1896年）六月丁亥

又谕："电寄董福祥，汤秀斋五营著即裁撤。陕西永兴、永定两军供亿不支，亦著酌裁。该提督月饷由部筹拨不误。张俊回防，著照行。"

（卷392　116页）

光绪二十二年（1896年）六月辛卯

又谕："电寄陶模，两旬未得电报，究竟青头山一股剿办若何，盐池湾一股已歼除否。不得以关内粗定，稍形松劲，著该署督严饬诸将实力进取。至甘肃所募零星防勇著即裁撤。现在甘库存银若干，著查明实数具奏。"

又谕："电寄魏光焘，李永芳五营著照议先撤两营，其余陆续裁撤。至湘军赴甘各营现已全撤，著该抚严饬管带官送至原籍，不准沿途逗留。"

（卷392　117页）

光绪二十二年（1896年）七月丁酉

谕军机大臣等："电寄陶模，甘省军需已饬部酌量筹拨。至该省藩库三月册报存银尚多，何以数月来遽至竭蹶。所留各军仍当酌撤，以节虚糜。至海城等处逸匪当饬董福祥亲往查办，务期除莠安良，以靖余孽。"

又谕："电寄董福祥，西宁军务粗定，董福祥著驰赴海城一带将从前逸匪按名搜捕。此系事后查办，与当时剿办不同，著该提督妥慎持平，不得轻徇浮言，转致激变。"

（卷393　119页）

光绪二十二年（1896年）七月癸卯

又谕："电寄魏光焘，各军遣撤甚妥。永定六营月饷归董福祥，即照办。至各军所领洋枪利器，遣撤时应一律收缴。"

又谕："电寄饶应祺，野马泉之战毙贼甚多，而刘四伏仍复窜逸，著饬牛允诚等实力搜剿，如能将此股速歼，该将士定加赏赉。"

又谕："电寄董福祥，邓增尚称勇往，何以冶逆一股窜匿深山，久未弋获，著董福祥严饬搜剿。永定六营系在甘召募，可撤即撤，如须暂留，此后陕库不能供支，应归该提督拨给。"

（卷393　123页）

光绪二十二年（1896年）七月乙巳

谕军机大臣等："电寄陶模等，饶应祺等电悉，关外剿抚粗定，刘四伏残匪谅易剪除。该将士等触暑穷追，良深轸念，然总以擒获首逆为要，毋得迟留。至冶逆能否就抚，王黑娃逃往何处，著陶模饬邓增妥速办理，勿贻后患。"

（卷393　124页）

光绪二十二年（1896年）七月戊申

又谕："电寄陶模，前因该署督有请令董福祥亲赴海城之奏，是以饬令驰往办理，仍谕以勿徇浮言，转致激变。今该署督复有此奏，殊属前后矛盾，所请著毋庸议。"

（卷393　126页）

光绪二十二年（1896年）七月辛亥

谕军机大臣等："电寄董福祥等，前谕董福祥驰赴海城，原因该处有逸匪稽诛，是以令其妥慎查办。今据该提督电奏，恐启回众之疑，又请令邓增到任办理，未免依违两可。海城戕官要犯至今未获，若任其窜逸，难保不余烬复燃。著责成该提督派员严密查拿，以靖遗孽。该提督即毋庸亲身前往。至青头山一股并未办结，仍著邓增赶紧搜捕，不准迁延。青海兵队已撤，著奎顺饬该蒙古王公等一体严防毋懈。"

（卷393　128页）

光绪二十二年（1896年）七月癸丑

又谕："电寄陶模，刘逆已擒，南山零匪分别剿抚，甘肃军务将次告藏，该署督当筹安抚之法，其海城逸匪已饬董福祥派员查办，毋庸带队前往矣。"

又谕："电寄饶应祺，刘四伏就擒，办理甚好。罗布淖尔安插事宜著饬局妥为布置。"

以力战捐躯，予青海蒙古贝子纳木希哩郡王衔，照郡王例赐恤。

（卷393　129页）

光绪二十二年（1896年）七月己未

谕军机大臣等："电寄奎顺等，冶逆投诚，余匪将靖，仍著督饬邓增妥速办理。招降与乞抚不同，此股贼匪究系由何人招抚，并著查明电奏。至人数若干，安插何处，并著饶应祺斟酌办理。"

署陕甘总督陶模奏："甘肃各属间有被水、被雹之区，复勘赈济。"得旨："即著饬属查明灾情轻重，妥为抚恤，毋任失所。"

（卷393　130页）

光绪二十二年（1896年）八月乙丑

又谕："电寄陶模等，电悉，据报关内外肃清大局已定，惟安插降众，搜捕残匪，应责成派出各员妥慎经理。邓增著赴固原提督本任，所有海城逸贼即著该提督就近查办，毋使漏网。一俟办理完竣，地方平靖，即著速行驰奏，以慰廑怀。"

（卷394　133页）

光绪二十二年（1896年）八月辛未

谕军机大臣等："户部奏筹拨甘肃新饷开单呈览，并请饬新疆巡抚将实需饷数迅速奏报一折。甘肃关内外各军饷需关系紧要，经该部将光绪二十三年新饷查照上届所拨银数，于各省关指拨，请饬依限提前报解等语。著该将军督抚等严饬各该司道，按照单开数目于本年十二月底赶解三成，至来年四月底止再解三成，其余四成统限九月底止扫数解清。各该省如能依限完解，即由陕甘总督奏请奖叙，倘有延欠，即由户部照例奏参。原单均著抄给阅看。至二十三年份新疆饷项究竟实需若干，著新疆巡抚查照该部上年奏案，即行切实估计，飞速报部，以便另案酌定分摊，毋稍贻误，是为至要。将此由四百里各谕令知之。"

（卷394　136页）

光绪二十二年（1896年）八月辛巳

谕内阁："陶模奏特参庸劣不职文员一折。甘肃在任候补知县高台县毛月具承蔡世德性情乖张，修理衙署擅派民钱，创设差局任意科敛；试用通判李附枝工于牟利，前办河州厘金收报不实；候补知县柏以丽性情粗鄙，前署海城县任内详报命案，任意欺饰；候补县丞王荣德遇事侵欺，代行营领饷，借词干没，均著即行革职。准调海城县知县刘蓂光才具平庸，前在渭源县任内，值河州回乱毫无布置，惟文理尚优，著以教职归部铨选。"

（卷394　142页）

署陕甘总督陶模奏："续行裁减马步营旗，并分别改支饷数。"报闻。

（卷394　143页）

光绪二十二年（1896年）八月丁亥

甘肃提督董福祥奏："河州解围，后路转运委员可否酌保。"得旨："著准其择尤酌保，毋许冒滥。"

（卷394　146页）

光绪二十二年（1896年）八月庚寅

西宁办事大臣奎顺奏："回匪前窜青海各旗、蒙古王公等甫经被扰。现虽据报肃清，为时未久，防范难疏，未便传调。拟将本年青海祀典并蒙古王公等会盟仍请暂缓，俟下届再行照例举办。"允之。

（卷394　149页）

光绪二十二年（1896年）八月辛卯

又谕电寄陶模："甘回一律肃清后，董福祥等即当联衔先行电奏，以慰廑系。至应撤各军队，除董福祥所部暂留十二营旗外，余著陶模悉心斟酌妥办。"

（卷394　149页）

光绪二十二年（1896年）九月乙未

又谕："电寄董福祥等，前谕将甘境肃清情形联衔电奏，何以数日来尚未奏到。今关外已报肃清，关内甘州南山零星残匪何难克日歼除，著董福祥、陶模、奎顺等速即会奏，并先电闻，毋再濡滞。"

（卷395　151页）

光绪二十二年（1896年）九月己亥

以藉乱渔利、纵贼殃民，革甘肃候补知州程敏达、候补知县闵同文、陕西提标右营游击颜咸吉职，并讯办。

（卷395　153页）

光绪二十二年（1896年）九月丁未

又谕："电寄陶模等，前据董福祥等电奏，全甘肃清折。于初四日拜发，乃本日奏到，仅系西宁一隅，并未将甘肃全境肃清。详细叙入，殊属疏略。现在出力将士尚未给奖，著遵前旨，速即连衔驰报，毋再迟延。"

（卷395　157页）

光绪二十二年（1896年）九月戊申

又谕："有人奏西陲善后吃紧，急宜预为布置一折。此次湟回变乱，各路收纳降匪甚多，自应先事预防，以为建威销萌之计。折内所称目前情形尚有可危者四端，请于现时裁撤营旗中酌留数十营，分布要隘。著陶模、董福祥体察情形，斟酌办理。原折均著抄给阅看。将此各谕令知之。"

（卷395　159页）

光绪二十二年（1896年）九月丙辰

以捐助书院膏火，予陕西西和县职员杜正泽建坊。

（卷395　164页）

光绪二十二年（1896年）九月己未

谕军机大臣等："电寄董福祥等，关内外肃清折知已驰奏在途，其大略情形仍著董福祥等先行电奏，以慰殷盼。邓增已到任否，并电闻。"

（卷395　164页）

光绪二十二年（1896年）十月癸亥

谕军机大臣等："电寄董福祥等，董福祥朴实勇敢，所部各营亦多骁健，著于议留十二营外再留八营以资镇慑，并著认真操练，毋稍疏懈。甘省前募多营，不免冗滥，著陶模再加删汰，腾出饷糈以供董福祥全军之用。河州冬赈著及时举办。至汉民仇视回民尤应持平开导，勿再生衅为要。"

（卷396　167页）

光绪二十二年（1896年）十月甲子

谕军机大臣等："本年顺天、直隶雨水过多，田禾被淹，降旨饬催湖南漕折银两，各省应解备荒经费银两接济赈需，并截留江苏河运漕米五万石、江北河运漕米五万石，谕令王文韶会同孙家鼐、胡燏棻饬属核实散放。奉天安东、盖平等处被水，先后准如依克唐阿所请，截留运通小米，又提拨湘军未领小米，并各城存留省仓小米，共一千二百八十石，东边木税项下拨银二三万两，赈恤灾区。吉林三姓、珲春等处被水，先后准令延茂等动拨伯都讷额存仓谷三千石，截留洋药捐输税银二万三百余两，酌拨赈济。甘肃循化、河、狄等处被兵，准令陶模于库存十九、二十两年待支兵饷各提银五万两、制钱五万串，截留新海防捐银一年，俾作赈务之需。湖北各属被水，先后准令张之洞等筹拨应山县银一千两，罗田县银二千两、米五千石，麻城县银五千两，黄冈县银二千两，蕲水县银一千两，江陵、监利二县共银二千两，分别赈恤，另拨麻城、江陵二县米各三千石，黄冈县米二千石，蕲水县米一千石，减价平粜。湖南湘乡县被水，准令陈宝箴筹拨制钱五千串赈济。浙江德清县被风，准令廖寿丰动拨洋银三千元酌量抚恤。广东高州府属被风，准令谭钟麟等拨银九千两办理急赈。河南太康县麦苗因旱生虫，准令刘树堂筹拨银三千两核实散放，以示体恤。其安徽潜山等县，湖南醴陵县，山东章邱县，山西阳曲等厅、州、县，河南信阳等州、县，均被水；陕西榆林等州、县被水、被雹；甘肃秦州等属被雹；新疆迪化、疏勒二属被蝗、被雹，广东广州、肇庆各属州、县被风，均经该督抚等查勘抚恤，小民谅可不至失所。惟念来春青黄不接之时，民力未免拮据。著传谕该将军督抚等体察情形，如有应行接济之处，即查明据实复奏，务于封印以前奏到，俟朕于新正降旨加恩。再黑龙江呼兰等处及湖南巴陵、湖北荆门等州、县，江西进贤县，均被水，陕西安定县被雹，长安县被水，经该将军督抚等委员查勘，即著迅速办理，并将来春应否接济之处一并查明，于封印前奏到。此外，各省有无被灾地方，应行调剂抚恤之处，著该将军督抚等一并查奏，候旨施恩。将此各谕令知之。"

（卷396　168页）

光绪二十二年（1896年）十月丙寅

谕内阁："甘肃一省汉、回错处，同隶岍嶂，皆我赤子。朝廷抚育兆民断无歧视，只因地方官不善拊（抚）循，于汉、回交涉事件未能持平办理。其汉民、回民之奸黠者又遇事生风，借端互煽，猜疑既久，嫌怨愈深，遂致燎原之祸一发而不可遏。朝廷安良除暴，不得已而用兵，迨至一律肃清，而地方之蹂躏、民户之凋残，已不知凡几矣。兴言及此，良用恻然。著陶模选择廉正明练之地方官，抚绥开导，勤求民隐遇有汉、回争执之事，专论是非，不分汉、回，务当酌理准情，持平办理。所有被兵地方并著分别查勘，筹款抚恤，务使汉、回各得其所、永远相安，用示一视同仁、安抚黎庶至意。"

又谕："陶模、董福祥、奎顺等奏，甘肃关内外及青海回匪一律肃清，由五百里驰奏一折。上年三月间，甘肃循化撒回滋事，河州逆回马永琳等乘机煽乱，海城逆首复有聚众戕官之事。由是碾伯、巴燕戎格各属回匪闻风响应，全湟骚动。特派董福祥、魏光焘督师入甘，认真剿办。董福祥所统各营极为得力，九月间驰抵狄道，六战皆捷，遂解河州之围，诛逆回马永琳等，旋由循化、米拉沟一带进援西宁。彼时魏光焘已提师抵湟，与奎顺会商先剿西宁东三关踞逆，遂诛逆首韩文秀等，荡平北川，进攻多巴，连解大通县及喇课汛城围。董福祥复派队渡大通河，出达坂山，会同陶模所派副将焦大聚等军先后进攻北大通之贼。本年二月克上、下五庄，复北大通城。多巴之贼斩其酋马大头，三三诣湘军乞降。维时巴燕戎格之撒回马成林等勾串米拉沟逆目冶诸麻，纠合回众扰及南川，逆目刘四伏等从水峡窜出，由青海柴达木蔓延关外。董福祥等各派马队跟追，并由奎顺饬青海蒙、番各兵合力堵击，先后攻下诸贼巢，捕诛马成林、冶诸麻等。朝廷谕令将邓增一军移扎肃州，复电饬饶应祺派道员潘效苏各军严堵安西、敦煌、玉门、南山各隘口，分头截击，擒刘四伏于罗布淖尔东南之和儿昂地方。于是关内外及青海全境一律肃清。此次逆回构乱，啸聚数十万人，蹂躏地方数千里，在事将帅督饬诸军擒渠扫穴，次第削平，实属异常出力。董福祥运筹决策，调度有方，迅奏肤功，勋劳懋著，著赏加太子少保衔，并赏给骑都尉世职。奎顺防守西宁，并会剿青海等处窜匪，办理迅速，著赏穿黄马褂，并交部从优议叙。陶模征兵筹饷，不遗余力，著补授陕甘总督。饶应祺剿办关外逸匪，不致蔓延，著补授新疆巡抚。魏光焘攻克苏家堡、多巴等处贼巢，叠挫凶锋，亦属著有勤劳，著交部从优议叙。用示朝廷论功行赏之至意。"

（卷396　169页）

又谕："电寄陶模等，昨据陶模、董福祥、奎顺驰奏关内外肃清折，已有旨分别加恩，并将叠次保案照准宣示矣。此次善后事宜，最要者曰戎政、曰吏治。甘营习气已深，董福祥现留二十营得胜之兵，务当随时训练，于无事时常作有事之想。至全标兵丁尤须汰弱留强，分扎要隘，以壮声势。甘省吏治颓靡已极，此次回乱由地方官审断不公而起，著陶模慎择廉明忠信之吏，持平劝导。戢回民顽犷之气，化汉民仇视之心，毋信谣言，毋持偏见，以期长久相安。该督等受恩深重，其和衷协力慎勉为之。"

以西宁前敌各军叠著战绩，关内外一律肃清，予道员张成基、总兵何美玉等军机处记名简放，赏副将何得彪等黄马褂、总兵孔高明等巴图鲁名号、游击马伏保等花翎、从九品王维翰等蓝翎，余升叙加衔有差。

以湘军荡平逆回，关内外一律肃清，予提督汤秀斋等军机处记名简放，赏提督董义禄等一品封典、副将吴元恺等巴图鲁名号、知府严金清等花翎、把总刘长清等蓝翎，余升叙加衔有差。

以首逆就擒、关外肃清，赏提督牛允诚等巴图鲁名号、守备王广山等花翎，余升叙加衔有差。

以西宁各军荡平逆回、关内外一律肃清，予总兵陈孟魁等记名简放、千总杨占元巴图鲁名号、同知曾传节等花翎、军功刘绍勤等蓝翎，余升叙加衔有差。

以深入回巢、力摧踞逆，予总兵赵有正等军机处记名简放，赏提督陈国明等头品顶戴，提督朱廷喜、道员潘效苏等巴图鲁名号，游击罗正清等花翎，千总杨振林等蓝翎，余升叙加衔开复有差。

予阵亡守备龙其中、罗其荣、黄锦胜、范樾、郭兰镇，千总周吉生，把总刘铭璋、王福龙、刘用楼、罗梅溪、毕成功、陶鸿勋、徐永春，外委罗琦、杨国栋、何蓝田，伤亡千总杜长荣，把总李朝先等恤荫如例。

（卷396　171页）

光绪二十二年（1896年）十月丙子

以河州城解围出力，赏总兵郎永清等巴图鲁名号，余升叙加衔有差。

（卷396　176页）

光绪二十二年（1896年）十月戊寅

又谕："电寄董福祥，据奏已悉，前谕留兵二十营原为镇压地方起见，著陶模等通盘筹计，裁一营冗勇，即补一营精兵，务期迅速添足二十营，不可各分畛域。"

（卷396　177页）

光绪二十二年（1896年）十一月辛亥

蠲免甘肃河、狄道、沙泥、西宁、大通、碾伯、巴燕戎格、循化、洮九厅、州、县被雹地方新旧额赋，并杂课有差。

（卷397　194页）

光绪二十二年（1896年）十一月甲寅

陕甘总督陶模奏："历陈感悚下忱并实在不能胜任，吁恳收回成命。另简贤能以重疆寄。"得旨："甘肃甫就肃清，该督当力任其难，毋许固辞。所请陛见之处著再候谕旨。"

（卷397　196页）

光绪二十二年（1896年）十一月庚申

以西宁攻克逆堡出力，赏守备胡锦荣、游击张锡光巴图鲁名号，余升叙有差。

（卷397　199页）

光绪二十二年（1896年）十二月辛酉

以侵冒饷项，革甘肃北川营都司周大馥职，并讯办。

以欠发饷银，革甘肃补用守备许春廷职。

（卷398　200页）

光绪二十二年（1896年）十二月甲子

以助解甘饷防剿出力，予陕西布政使张汝梅优叙、甘肃布政使曾鉌头品顶戴，余升赏有差。

以总理甘肃营务出力，予翰林院编修白遇道以道员交军机处存记，加布政使衔。

（卷398　202页）

光绪二十二年（1896年）十二月戊辰

陕甘总督陶模奏："甘肃被兵、被水各属，难民众多，筹拨赈款接济。"下部知之。

（卷398　205页）

光绪二十二年（1896年）十二月丁丑

陕甘总督陶模奏："赈抚难民，请款接济。"下部议。

（卷399　213页）

光绪二十二年（1896年）十二月戊寅

谕内阁："前据陶模等奏，遵保西宁出力文武员弁，恳恩奖励，开单呈览各折片。当经降旨令该部议奏。兹据给事中吴光奎奏，西宁肃清保案，文武一千余人俱列异常劳绩，恐涉冒滥，并将已革通判张心泰等十余名率请开复。又另片奏，已革知县耿士伟尚有未结之案，似此任意开列，难保无请托等弊。请饬部分别查核撤销各等语。朝廷论功行赏，所以激励人才，岂容稍涉冒滥。著该部将陶模等此次保案内所开已革人员查明被参原案，核其情节轻重，分别准驳。不得以该革员等投效军营，概邀优奖。其余请奖各员弁并著该部从严核议，以重名器。又片奏，嗣后降革人员投效各路军营及边防、海防、河工各处，请饬先将被参各案咨部核准立案，方准留差等语。并著该部议奏。"寻吏部奏："此次西宁保案漫无限制，拟请先将全案驳回，饬令该督等切实删减，不得概以异常劳绩为词，笼统列保。又查此案保请开复各员除耿士伟、何其坦二员获谴较重，照例不准留营。当经本部先后咨驳，其保案应请即行撤销。至张心泰等五员是否确有劳绩，抑或应在删减之列，应与全案一并查明，俟复奏后再行办理。"又兵部奏："查该给事中奏称，嗣后降革人员投效当差，应先咨部核准立案等语。系为预杜冒滥起见，请饬下各省督抚及军营统兵各大臣，凡有留营效力人员，俱先将被参原案咨部核准立案。倘未经部核准，至保（褒）奖时即当奏驳，以重名器。"均从之。

（卷399　214页）

光绪二十二年（1896年）十二月庚辰

谕军机大臣等："依楞额奏凉州地方紧要，筹练洋操，请饬拨快枪一折。览奏已悉，该副都统拟于凉、庄两处马甲、步甲、养育兵间散内挑练洋操，自系为整顿营务、镇慑地方起见。即著照所议办理，所请由北洋拨运快枪，著王文韶酌量拨给，派员运解，俾资应用。原折著抄给王文韶阅看。将此各谕令知之。"

（卷399　215页）

光绪二十二年（1896年）十二月丁亥

予平番阵亡弁勇杜国雄等二十三名暨立功病故把总邹启桂等七名优恤。

（卷399　221页）

光绪二十二年（1896年）十二月戊子

赏青海固山贝子吹木丕勒诺尔布紫缰、科尔沁多罗宾图郡王敏噜布札布黄缰、札鲁特郡王衔多罗贝勒桑巴三眼花翎。

（卷399　222页）

光绪二十三年（1897年）正月丁巳

以剿办回、捻战功卓著，予故前广东水师提督曹克忠照军营立功后积劳病故例优恤，事迹宣付史馆立传，并准其在天津原籍及立功省份建立专祠，从直隶总督王文韶请也。

（卷400　231页）

光绪二十三年（1897年）二月壬戌

陕甘总督陶模奏：“遵旨酌核甘省情形，酌裁营旗，腾饷无多，不敷尚巨，请另行指拨，并拟于所留营旗内再加裁遣，即以董军分拨填补，以节饷需。”下部议。

蠲缓甘肃环、礼二县被灾地方银粮有差。

（卷401　235页）

光绪二十三年（1897年）二月乙丑

谕军机大臣等：“理藩院奏，青海年班来京之王、贝子等呈称回匪虏掠，复被旱灾，请赏给赈银，据情代奏一折。青海地广人稀，究竟情形如何，能否酌给赈款，著奎顺派员查明速奏。原折著抄给阅看。将此谕令知之。”

（卷401　235页）

光绪二十三年（1897年）二月庚午

以甘肃边境肃清，予办理粮台陕西布政使张汝梅、襄办营务翰林院编修陈嘉言议叙。

（卷401　239页）

光绪二十三年（1897年）二月辛未

陕甘总督陶模等奏：“派员查办河州逸匪，仍饬认真搜捕，务绝根株。”报闻。

（卷401　239页）

光绪二十三年（1897年）二月丁丑

以青海一律肃清，赏左翼盟长固山贝子恭布车布坦、多罗贝勒车琳端多布、辅国公济克什札布紫缰，札萨克头等台吉丹巴台吉齐莫特林增、索南木端多布花翎，予道员严金清遇缺请旨简放，并赏二品顶戴，余升叙加衔有差。

（卷401　243页）

光绪二十三年（1897年）二月己卯

谕军机大臣等：“恭寿、鹿传霖奏甘肃拉布浪寺番僧滋扰川边番寨，查办完结，并将退还各寨及赔偿银两开单呈览一折。甘省循化厅属拉布浪寺番僧恃其人强地远，部落又与川境毗连，川属各番寨被其勾诱并吞为时已久。

现经夏毓秀前往查办，该寺番僧将所占番寨一律退还并赔偿银物，办理尚为妥协。即著恭寿、鹿传霖督饬夏毓秀转饬该土千百户各安住牧，不得再听勾结，并将札盖二十一户积案速为清理。其棒周一犯仍饬严缉，务获惩办，以绝根株。将此谕令知之。"

（卷401　243页）

以捐助书院经费，予甘肃提督董福祥议叙。

（卷401　244页）

光绪二十三年（1897年）三月甲午

陕甘总督陶模奏："各属民种罂粟，前督杨昌濬因筹海防，奏准每亩川原征银一钱，山坡征银六分，年来征税甚少，于饷需仍属无济。现经酌定新章，自今年起，水地征银三钱，川原征银二钱，山坡征银一钱二分，以裕饷需。"下部知之。

（卷402　253页）

光绪二十三年（1897年）三月甲辰

又谕："陶模奏办事大臣丁忧恳请开缺，据情代奏一折。奎顺著赏假百日，回旗穿孝，西宁办事大臣著联魁署理。"

（卷402　258页）

光绪二十三年（1897年）三月乙巳

以青海辅国公罗普桑端多布为札萨克图汗部落副将军。

（卷403　259页）

光绪二十三年（1897年）三月戊申

陕甘总督陶模奏："陕甘武职补缺，请照新疆现行章程，不论何项班次，只论衔缺相当、人地相宜，变通奏补。"下部议。

又奏："堪肃河湟，遭乱蹂躏，请免扣文武养廉，以示体恤。"允之。

以冒饷滋事，革甘肃候补守备陈香庆职，并讯办。

（卷403　261页）

光绪二十三年（1897年）四月壬戌

陕甘总督陶模奏："续裁马步营旗土勇，并分别改支坐饷、练饷共六十二起。"下部知之。

（卷404　272页）

光绪二十三年（1897年）四月辛未

又谕："山西蒲州府知府清朴、甘肃平凉府知府庞玺、湖南衡州府知府文焕，均著开缺送部引见。"

谕军机大臣等："甘肃兰州镇总兵田在田著陶模悉心察看，如竟不能胜任，即行据实参奏，毋稍迁就。将此谕令知之。"

（卷404　275页）

光绪二十三年（1897年）四月癸酉

陕甘总督陶模奏："提督董福祥所部二十营应供行饷，极力裁汰腾挪，不敷仍巨，拟改供坐饷，以便匀支。"下部议。

（卷404　276页）

光绪二十三年（1897年）四月癸未

谕内阁："陶模奏提督捐款济赈，请旨嘉奖等语。甘肃海城、平远一带兵燹后难民流离失所，提督董福祥捐银一万两赈济乡间，洵属好义急公，深堪嘉尚。董福祥著交部从优议叙。"

陕甘总督陶模等奏："甘省书籍缺乏，请咨取各省官书，免其缴价，以惠士林。"得旨："即著该督等分别咨取。"

（卷404　279页）

光绪二十三年（1897年）五月丙申

谕内阁："长庚等奏呼图克图功德久著，恳准转世一折。棍噶札拉参呼图克图嘉穆巴图多普道根凤具，勇略过人，同治年间在塔尔巴哈台等处带队剿贼，救护蒙众，实属功绩懋昭。圆寂后旧土尔扈特东部落暨塔城额鲁特官兵等追念功德，怀思不忘加恩，著准其转世为八音沟承化寺呼图克图，并准其在塔尔巴哈台捐建祠宇，以维黄教而顺众情。"

（卷405　286页）

光绪二十三年（1897年）五月戊申

谕军机大臣等："有人奏，癸巳年甘肃副考官谢佩贤贪暴著称，沿驿肆虐，在山西境内有鞭责锁带办差家人情事，路经徐沟县被窃行箧零星物件，捏称失去多银，勒令地方官赔偿。嗣经调停，资赆始去。该副考官驰驿归时，纡道太原，曾向胡聘之声称失银等语，著胡聘之按照所参各节确切查明，据实具奏，不准徇隐。原片著抄给阅看。将此谕令知之。"

（卷405 291页）

光绪二十三年（1897年）五月庚戌

以鸿胪寺卿张仁黼为四川乡试正考官，詹事府左春坊左赞善杨捷三为副考官；翰林院侍讲朱益藩为湖南乡试正考官，编修陈同礼为副考官；编修连甲为甘肃乡试正考官，王廷铽为副考官。

（卷405 292页）

光绪二十三年（1897年）五月丁巳

陕甘总督陶模等奏："续办河、狄逸匪并拆毁回民拱拜，禁革掌教名目，以靖地方。"得旨："叛回固应歼除，良回尤应安辑，著该督等妥筹善后办法，以靖地方。"

（卷405 295页）

光绪二十三年（1897年）六月己巳

恭亲王等奏："刷印校勘《平定陕甘新疆回匪方略》《云南回匪方略》《贵州苗匪纪略》三编完竣，谨将陈设本进呈，臣等及提调等官不敢仰邀议叙。其总校等官及供事等拟遵旨另行奏恳恩施。"得旨："书留览，该提调仍著一并请奖。"

（卷406 301页）

光绪二十三年（1897年）六月癸酉

以凌沁旺札勒袭青海札萨克贝勒。

（卷406 304页）

光绪二十三年（1897年）六月甲戌

陕甘总督陶模奏："提督董福祥所部二十营前请将行饷改支坐粮，经部议驳，令将甘省究能腾饷及另筹各若干切实奏明。现查前后共能腾银二十万两，不敷仍巨，请饬部筹拨，俾应急需。"下部议。

又奏："甘肃马步营旗第五次裁撤归并共二十四处。"下部知之。

（卷406 305页）

甘肃肃州镇总兵田在田开缺修墓，调陕西河州镇总兵何建威为甘肃肃州镇总兵官，以记名总兵刘璞为陕西河州镇总兵官。

（卷 406　306 页）

光绪二十三年（1897 年）六月辛巳

谕内阁："依楞额奏特参贪劣不职各员等语。凉州左翼协领得敦管理粮饷十有余年，不实不尽，经依楞额查出历年平余公费，拟作为练兵津贴，该员竟敢串同骁骑校裕桢等捏词诬控，以图挟制，实属贪狡性成，肆行无忌。花翎记名副都统凉州左翼协领得敦著拔去花翎，革职永不叙用，发往军台效力赎罪。骁骑校裕桢、百连、荣秀朋比误公，著一并革职。文举人恩光行为倾险，遇事生风，著革去举人，以示惩儆。"

（卷 406　307 页）

凉州副都统依楞额奏："遵例巡阅旗营，庄浪地险兵单，当参酌情形，如何添拨再请旨办理。"报闻。

（卷 406　308 页）

光绪二十三年（1897 年）七月庚子

以西宁肃清，予僧目安阐真勤勇巴图鲁名号。

（卷 407　319 页）

光绪二十三年（1897 年）七月辛丑

开复故陕西固原提督雷正绾革职留任处分，议恤如例。

（卷 407　320 页）

光绪二十三年（1897 年）七月壬寅

又谕："户部奏筹拨甘肃新饷，并分摊关内外各军饷数一折。甘肃关内外各军饷需关系紧要，经该部将光绪二十四年新饷查照上届所拨银数于各省关指拨。请饬依限提前报解等语。著该将军督抚等严饬各该司道按照单开数目于本年十二月底赶解三成，至来年四月底止再解三成，其余四成统限于九月底止扫数解清。各该省如能依限完解，即由陕甘总督奏请奖叙，倘有延欠，即由户部照例奏参。原单均著抄给阅看。至甘肃关内外各军饷数，业经该部核实分摊，即著陶模、饶应祺按照单开数目，知照办理。其光绪二十五年应需饷项并著陕甘督抚于明年春间先行详估奏报，以凭核办。另单一件著抄给阅看。将此由四百里各谕令知之。”

（卷 407　321 页）

光绪二十三年（1897 年）七月甲辰

陕甘总督陶模奏："恳准甘省免采骡头，并免岷州卫二十四寺改进骡头，仍恳展缓贡马，以恤番情而纾民力。"下所司知之。

（卷 407　322 页）

光绪二十三年（1897 年）七月己酉

以解清甘饷，予两广总督谭钟麟等奖叙有差。

（卷 407　324 页）

光绪二十三年（1897 年）七月壬子

以包揽私货，革甘肃知州李瀛职，驱逐回籍。

（卷 407　325 页）

光绪二十三年（1897 年）八月丙寅

陕甘总督陶模奏："夏秋禾苗被雹、被水大概情形。"得旨："各属被灾情形即著查明分别核办。"

（卷 408　331 页）

光绪二十三年（1897 年）八月甲戌

甘肃提督董福祥奏："旧疾举发，续请赏假并恳陛见。"得旨："著赏假一个月，俟假满后即行来京陛见。"

（卷 409　336 页）

光绪二十三年（1897 年）九月辛亥

谕内阁："凉州副都统依楞额奏革员畏罪潜逃，请饬严拿一折。凉州左翼协领得敦前因管理粮饷不实不尽，并串通骁骑校裕桢等捏词诬控，经依楞额奏参革职，永不叙用，发往军台效力赎罪。该革员胆敢与已革举人恩光等闻风潜逃，隐匿省垣，抗不到案，实属藐法。即著迅速拿获解回凉州，听候究办。已革骁骑校百连逃匿无踪，著陕甘总督饬属严拿务获，递解凉州归案审办。"

（卷 410　356 页）

光绪二十三年（1897年）十月丙寅

陕甘总督陶模奏："查明提督董福祥一军二十四年实需饷数共八十二万两，不敷之款拟由甘库抵兑。"下部议。

以防剿西宁窜匪有功，予甘肃新疆阿克苏镇总兵张宗本等优叙，赏古城城守尉克蒙额副都统衔。

（卷411　364页）

光绪二十三年（1897年）十月丁卯

陕甘总督陶模奏："查明甘省办理土药情形，拟请于旧章外酌量加抽。"下部知之。

（卷411　364页）

光绪二十三年（1897年）十月甲申

陕甘总督陶模奏："河湟军需运脚例价不敷，请照加增价值立案。"允之。

（卷411　373页）

光绪二十三年（1897年）十一月庚子

以肃清西宁出力，赏记名副都统奇克绅布等巴图鲁名号。

（卷412　381页）

光绪二十三年（1897年）十一月乙巳

谕内阁："陶模奏参劾属员等语。甘肃花翎候补直隶州知州王运元遇事钻营、不顾行止，试用典史惠熙行同市侩、营私渔利，候补按司狱郭炽昌承办厘务任听书巡需索，均著即行革职。王运元并著拔去翎枝，与惠熙一并驱逐回籍。"

又谕："陶模奏副将贪庸不职等语。甘肃尽先副将李锦恒营务废弛，所部马勇类多老弱充数，并有悬缺不补、希图侵冒情事，著即行革职，并不准投效各路军营，以示惩儆。嗣后各营如查有空额，即行从严惩办，毋稍宽纵。"

（卷412　383页）

光绪二十三年（1897年）十二月丁巳

命甘肃提督董福祥在紫禁城内骑马。

（卷413　391页）

光绪二十三年（1897年）十二月丙寅

谕军机大臣等："督办军务王大臣奏请移扎甘军以资捍卫一折。据称自甘肃回匪平定之后，董福祥一军散扎各处，不特训练不能精熟，设有征调亦难一呼立应。拟令该提督就现有之十六营再募四营，于潼关之东大庆关地方分扎数营，其余均扎山西平阳府一带。该提督于扎营处所往来督练，饷项军械请饬分别划拨指拨等语。山、陕地方东近畿疆，西控关陇，形势最为扼要。董福祥声望夙著，即著迅速添足二十营之数分扎大庆关、平阳府一带，认真督练，务成劲旅。所需行饷每年八十余万两，著户部划拨的款迳解该军粮台。应添军械由督办军务处指拨，并刊发督练甘军关防，以专责成。该军移扎以后，甘省防务著陶模实力整顿。刻下关内外一律肃清，果能就现有之营扼要驻扎，足资镇慑。不得借口兵力单薄，稍涉疏虞。将此各谕令知之。"

（卷413　396页）

光绪二十三年（1897年）十二月戊辰

赏甘肃补用道邓维钰勤勇巴图鲁名号。

（卷413　397页）

光绪二十三年（1897年）十二月壬申

甘肃提督董福祥奏："添募四营并筹调各营情形。"下部知之。

（卷413　398页）

光绪二十三年（1897年）十二月癸酉

谕内阁："给事中丁之杖奏，西宁肃清案内保举已革山西平阳府通判张心泰，前因任意虐民革职，陕西拣选知县举人杨懋源并未到营等语。著吏部查明具奏。"

（卷413　399页）

光绪二十三年（1897年）十二月戊寅

蠲免甘肃狄道、巴燕戎格、河、循化、碾伯、大通、西宁、平番、贵德、平远、庄浪十一厅、州、县正赋杂税。

（卷413　404页）

光绪二十三年（1897年）十二月庚辰

又谕："本日兵部尚书荣禄奏请广练兵团，以资防守一折。著军机大臣会同督办军务王大臣、户部议奏。"寻恭亲王等会奏："拟请准袁世凯所统新建陆军添募三千人，与聂士成一军扼守北洋门户；董福祥所统甘军再添募五营，神机营练兵处马步炮队内挑选官兵若干，另为先锋营，应需饷项请饬王文韶暨户部设法腾挪，毋任缺乏。并饬各省督抚体察地方情形，妥慎筹办团练。"从之。

（卷413　405页）

光绪二十三年（1897年）十二月癸未

谕军机大臣等："电寄陶模等，董福祥现在移扎山、陕督练兵勇，甘肃提督著张俊调署。喀什噶尔提督著张宗本署理。其阿克苏总兵著饶应祺派员接署。甘肃回乱初平，张俊到任后著妥为弹压，择要驻扎，毋得专顾一隅。"

（卷413　407页）

光绪二十四年（1898年）正月丁酉

陕甘总督陶模奏："复陈关内外地方善后情形，现尚安静，迁徙回民以实关外。揆之情势万不可行，应严查保甲、认真整顿。"报闻。

以捕获谋逆匪犯，予甘肃庆阳府知府徐庆璋等奖叙。

以忠义可嘉，予甘肃六品军功马万德暨其子五美恤荫如例。

（卷414　416页）

光绪二十四年（1898年）二月乙卯

以甘肃青海等处军务出力，赏提督余忠泰换清字巴图鲁名号、副将陈得胜等巴图鲁名号、提督贺昌佐三代正一品封典、参将易庆安等花翎、千总夏有才等蓝翎，余升叙加衔有差。

（卷415　427页）

光绪二十四年（1898年）二月丙寅

豁免青海玉树、阿里克番族马贡银。

（卷415　433页）

光绪二十四年（1898年）二月己巳

予故甘肃凉州镇总兵蒋东才亳州专祠列入祀典，从安徽巡抚邓华熙请也。

（卷415　434页）

光绪二十四年（1898年）二月辛未

陕甘总督陶模奏："遵旨筹办甘省矿务情形，请饬下北洋大臣，由黑龙江漠河或天津学堂选派三员，带领工匠，酌带器具，来甘寻觅佳矿。"得旨："著总理各国事务衙门咨行王文韶拣员派往。"

又奏："甘肃提督董福祥所统甘军开拨东往并添募各营，所需饷项请饬由山西在划拨甘军二十四年行饷项下先行照数提解甘省，以清挪借而重饷需。"得旨："著户部咨行山西巡抚照数提解。"

（卷415　436页）

光绪二十四年（1898年）二月壬申

谕军机大臣等："电寄董福祥据驰奏请再募十营等语。董福祥一军昨经军机督办军务处王大臣奏准于二十营外又添五营，已足敷用，毋庸再添。马安良著准其调赴平阳，仍著陶模将河州一带妥为布置，慎重弹压。其车驮等项著准其照例开销。"

（卷415　436页）

光绪二十四年（1898年）二月丙子

陕甘总督陶模奏："河湟文武各官办公支绌，恳将应支养廉免其核扣三成，以示体恤。"如所请行。

又奏："提督董福祥所统甘军十六营次第开拨，赴东移营填扎。省城大路一带酌添马步勇分扎，以重巡防。"又奏："都司刘和顺等四员请留陕、甘差遣。"并允之。

以记名总兵陈元蕚为甘肃肃州镇总兵官。

（卷415　438页）

光绪二十四年（1898年）三月己丑

谕军机大臣等："电寄王文韶等，董福祥所部马步各队著移扎直隶正定府，勤加训练，听候调遣。经过地方及驻扎处所著王文韶、胡聘之饬属知悉。"

（卷416　445页）

光绪二十四年（1898 年）三月丙申

又谕："甘肃西宁地方回乱初平，安抚事宜关系紧要。调补西宁府知府燕起烈著陶模悉心察看，如不能胜任，或人地不宜，即行据实复奏，毋稍迁就。将此谕令知之。"

（卷 416　447 页）

光绪二十四年（1898 年）三月丁未

礼部以会试中额请。得旨："满洲取中九名，蒙古取中四名，汉军取中七名，直隶取中二十五名，奉天取中三名，山东取中二十三名，山西取中十一名，河南取中十七名，陕西取中十四名，甘肃取中九名，江苏取中二十六名，安徽取中十七名，浙江取中二十六名，江西取中二十三名，湖北取中十五名，湖南取中十五名，四川取中十五名，福建取中二十一名，至字号取中二名，广东取中十七名，广西取中十三名，云南取中十三名，贵州取中十二名。"

（卷 416　454 页）

光绪二十四年（1898 年）三月辛亥

又谕："电寄陶模，据奏留马安良驻扎河州等语。陇西回患甫平，马安良素为汉回所信服，著准其留扎，以资钤束。并谕董福祥遵照办理矣。洮州番族蠢动，著马安良驰往妥办，总以持平解散为要。"

又谕："电寄董福祥，马安良现经陶模奏留，已允所请矣。马安良一军在该提督部下不过偏裨，在河州则为重镇。朝廷权衡轻重，是以准其留驻甘肃。该提督与陶模函商妥协，想不致胶于成见。所募营旗，即著另派营官管带赴直。"

陕甘总督陶模奏："绿兵裁减仅剩十之二三。各营员缺亦应量裁，请嗣后武职出缺暂缓请补。将来即以所裁之官按缺抵补，庶不致弃置闲散，寒将士之心。"又奏："裁撤新疆粮台，于藩署改设新饷所，并归并裁撤各局，稍资节省。"并下部知之。

（卷 416　456 页）

光绪二十四年（1898 年）闰三月庚午

以拿获合水等县谋逆首盗出力，予甘肃五品军功陈富贵等四员升叙。

以侵冒饷粮，已革甘肃北川营都司周大馥，发新疆效力赎罪。

（卷417 465页）

光绪二十四年（1898年）闰三月丙子

以身经百战、伤病物故，予甘肃肃州镇总兵何建威照军营立功后病故例议恤。

（卷417 467页）

光绪二十四年（1898年）五月乙卯

陕甘总督陶模奏："变通武科，宜设学堂，分门专习，并于沿江、沿海各省兼设水师学堂。所用枪炮由教习委员经理，不得私蓄。旧日武生、武举准投营效力。旧例武科应一律停止，以归划一。"下所司速议。

（卷419 490页）

光绪二十四年（1898年）五月己巳

甘肃提督董福祥奏："新募回军五营调赴近畿，以资训练。"得旨："俟秋凉后再行酌夺情形，奏明办理。"

（卷420 500页）

光绪二十四年（1898年）六月丁亥

又谕："电寄各将军、督抚、学政，前据黄槐森奏变通武场，当经饬令各将军、督抚、学政等各抒所见，报部采择。现除谭继洵、陶模、胡聘之、张之洞先后奏报及北洋、南洋各大臣，盛京、西安各将军咨报到部，其余各省著即迅速议复。"

（卷421 516页）

光绪二十四年（1898年）七月丁巳

陕甘总督陶模奏："甘肃前办河湟军务需用车辆，按照旧章加价雇觅。现在军事虽平，车价迄未减落，若照旧章给价，鲜有应者。拟请一应杂差所需车骡按照前次加价，酌量减少。俟数年后再请规复旧例，以免赔累。"如所请行。

以行为邪僻，革甘肃知县冯椿荫职。

（卷423 544页）

光绪二十四年（1898年）七月乙丑

谕内阁："国家设官分职，各有专司。京外大小各官旧制相沿，不无冗滥。近日臣工条奏，多以裁汰冗员为言，虽未必尽可准行，而参酌情形实亦有亟当改革者。朕维授事命官，不外综核名实。现当开创百度，事务繁多，度支岁入有常，岂能徒供无用之冗费，致碍当务之急需。如詹事府本属闲曹，无事可办，其通政司、光禄寺、鸿胪寺、太仆寺、大理寺等衙门事务甚简，半属有名无实，均著即行裁撤，归并内阁及礼、兵、刑等部办理。又外省如直隶、甘肃、四川等省皆系以总督兼管巡抚事，惟湖北、广东、云南三省督、抚同城，原未划一。现在东河在山东境内者已隶山东巡抚管理，祇河南河工由河督专办。今昔情形确有不同。所有督、抚同城之湖北、广东、云南三省巡抚并东河总督著一并裁撤。其湖北、广东、云南三省均著以总督兼管巡抚事，东河总督应办事宜即归并河南巡抚兼办。至各省漕运多由海道，河运已属无多，应征漕粮亦多改折。淮盐所行省份亦各分设督销，其各省不办运务之粮道向无盐场，仅管疏销之盐道，亦均著裁缺，归各藩司巡守道兼理。此外，如各省同通佐贰等官，有但兼水利盐捕并无地方之责者，均属闲冗，即著查明裁汰。除应裁之京外各官，本日已降谕旨，暨裁缺之巡抚、河督、京卿等员听候另行录用外，其余京外尚有应裁文武各缺及一切裁减归并各事宜，著大学士、六部及各直省督、抚分别详议筹办，仍将筹议情形迅速具奏。内外诸臣即行遵照切实办理，不准借口体制攸关，多方阻格，并不得以无可再裁，敷衍了事。至各省设立办公局所名目繁多，无非为位置闲员地步，薪水杂支，虚糜不可胜计。叠经谕令裁并，乃竟置若罔闻，或竟听委员劣幕舞文，一奏塞责，殊堪痛恨。著各督、抚懔遵前旨，将现有各局所中冗员一律裁撤净尽，并将候补分发捐纳劳绩等项人员一律严加甄别沙汰。限一月办竣复奏。似此实力剔除，庶几库款渐裕，得以宏拓新规。惟不准瞻徇情面，阳奉阴违，致干咎戾。当此国计艰难，朕宵旰焦劳，孜孜求治，诏书敦勉，动以至诚。尔在廷诸臣暨封疆大吏若具有天良，其尚仰体朕怀，力矫疲玩积习，一心一德，共济时艰，庶几无负委任。若竟各挟私意，非自便身图，即见好僚属，推诿因循，空言搪塞，定当予以重惩，决不宽贷。"

（卷424　556页）

又谕："电寄陶模，学堂造就人才，实为急务。著陶模切实劝导以开风气，章程已由总署咨行，务即勉筹经费迅速开办。"

（卷 424　559 页）

光绪二十四年（1898 年）八月乙未

调直隶布政使裕长为甘肃布政使，甘肃布政使曾鉌为直隶布政使。

（卷 427　608 页）

光绪二十四年（1898 年）八月丁酉

又谕："昨日有旨将曾鉌调补直隶布政使，现在裕禄补授直隶总督，与曾鉌系属同宗，例应回避。甘肃布政使曾鉌毋庸调往，直隶布政使著袁昶调补，裕长著调补江宁布政使。"

陕甘总督陶模奏："拟裁督标、陕甘两提标各后营弁兵丁，每岁节省银粮草束数目，饬司造册报存。各镇协所属分防营汛察酌情形，次第办理，俾昭妥慎。"得旨："裁兵事总宜查酌地方情形，可裁则裁，不可勉强从事，致贻后患。此案著再通盘筹划，据实奏明办理。"

又奏："甘肃阶州等属旱雹成灾，委员查勘，分别抚恤。"得旨："被灾处所著遴派妥员查勘抚恤，毋任失所。"

以洋务繙译、供差勤慎，予甘肃知县茂连等升叙加衔有差。

（卷 427　609 页）

光绪二十四年（1898 年）八月己酉

以罔恤民艰，革甘肃直隶州知州李钟辰职。

（卷 428　625 页）

光绪二十四年（1898 年）九月戊午

陕甘总督陶模奏："甘肃凉州府庄浪茶马同知久成空名，所管番贡粮石各项事亦无多；宁夏盐捕通判向无地方之责，经理盐务仅属一隅，均拟请裁撤，分别归并办理。"下部议驳。

又奏："代递甘肃平凉县知县唐受桐条陈。"得旨："前已有旨不应奏事人员不准擅递封章，嗣后毋庸再为呈递。"

（卷 429　634 页）

光绪二十四年（1898年）九月壬戌

以青海札萨克头等台吉诺尔布子旺丹多尔吉袭职。

（卷429　637页）

光绪二十四年（1898年）九月己巳

以甘肃按察使丁体常为甘肃布政使、陕西按察使赵尔巽为甘肃新疆布政使、候补按察使端方为陕西按察使、山东督粮道桂春为甘肃按察使。

（卷430　643页）

光绪二十四年（1898年）九月甲戌

陕甘总督陶模奏："省城递送宁夏一带文报往往迟误，请将裁缺庄浪茶马厅属之平城驿移设水埠河、松山驿移设六墩子，归皋兰县经管。红水县丞属之白墩子驿移设小黄崖、三眼井驿移设一条山，归红水县丞经管，并将皋兰县属兰泉驿、红水县丞属宽沟驿夫、马量为增减。"下部议。

又奏："甘省当税加征过重，仍请减半，以纾商力。"允之。

（卷430　647页）

光绪二十四年（1898年）十月癸未

谕军机大臣等："本年山东黄河漫溢，沿河各州、县被灾甚重，钦奉懿旨，特颁内帑二十万两，前由户部奏准划拨昭信股票银二十万两，复将该省运通漕米悉数截留，交张汝梅办理赈务，并准开办赈捐，俾资接济。江苏淮安、徐州、海州等属被水成灾，准刘坤一等奏请拨给本年漕米八万石，尽数改折，并令先行借拨司库银二三十万两，嗣由户部奏准拨解广东等省昭信股票银三十万两，并准其接办赈捐，宽筹赈济，复令办理冬赈。安徽凤阳、颍州、泗州等属被灾，准邓华熙垫拨司库银十一万两，并准开办赈捐，俾作赈抚之需。其江西德兴、清江等县被旱，泰和、新淦等县被水，湖北汉口镇被火，陕西宁羌州属被火，长安、洵阳等县被水，三水县属被雹，商州、略阳等州、县被水、被雹，河南南阳等州、县被水，山西霍州等属被水、被雹，代州地震，甘肃碾伯、宁州、大通各州、县被旱、被水、被雹，新疆疏附等县地震，广东高州府属被风，广西全州被水，云南永善等州、县被水、被雹，建水县被水，均经该督抚等查勘抚恤，小民谅可不至失所。惟念来春青黄不接之时，民力未免拮据，著传谕该督抚等体察情形，如有应行接济之处，即查明据实复奏，务于封印以前奏到，俟朕于新正降旨加恩。再直隶深州、玉田、宝坻、丰润等州、县被水成灾，四川简州、资州等属水灾甚重，业经谕令该督等派员认真查勘，妥筹抚恤，即著迅速办理，并将来春应否接济之处一并查明，于封印前奏到。此外，各该省有无被灾地方，应行调剂抚恤之处，著该将军督抚等一并查奏，候旨施恩。将此各谕令知之。"

（卷431　659页）

光绪二十四年（1898年）十月丙申

又谕："现在张俊署理甘肃提督，著陶模每年筹拨银十万两解交该提督召募五营，拣派营哨各员就地认真训练。遇有征调，再行按照行饷发给。将此各谕令知之。"

（卷432　668页）

光绪二十四年（1898年）十月丁酉

又谕："电寄陶模，闻甘肃各种矿产甚富，自来未经开采，著陶模拣派妥员认真踏勘，毋令货弃于地，转为外人垂涎。仍将办理情形随时具奏。"

（卷432　669页）

光绪二十四年（1898年）十月己亥

以督办漕务认真整顿，予甘肃按察使前山东督粮道桂春优叙。

（卷432　673页）

光绪二十四年（1898年）十月乙巳

陕甘总督陶模奏："前拟裁陕甘两省督标、提标各营，遵旨通盘筹划，请仍留现额，以收尺寸之用。"允之。

（卷432　680页）

光绪二十四年（1898年）十月戊申

命西宁办事大臣奎顺来京当差，赏礼部左侍郎阔普通武副都统衔为西宁办事大臣。

（卷432　682页）

光绪二十四年（1898年）十一月癸丑

命甘肃按察使桂春以三品京堂候补，在总理各国事务衙门行走。

（卷433　686页）

以安徽安庐和滁道联魁为安徽按察使，甘肃安肃道何福堃为甘肃按察使。

（卷433　688页）

光绪二十四年（1898年）十一月丙辰

调广东布政使岑春煊为甘肃布政使，甘肃布政使丁体常为广东布政使。

（卷433　689页）

光绪二十四年（1898年）十一月丁卯

予故陕甘总督杨昌濬在浙江省城建立专祠，从浙江巡抚廖寿丰请也。

（卷434　700页）

光绪二十四年（1898年）十二月癸巳

以前四川川北镇总兵覃修纲为甘肃西宁镇总兵官。

（卷435　728页）

光绪二十四年（1898年）十二月甲午

陕甘总督陶模奏："署甘肃提督张俊遵旨召募五营，训练备用。饬筹银十万两暂于本年各省关解到未分新饷项下借拨，恳饬部指拨解还，并以后每年应需饷项请另行改拨，以免贻误。"下户部速议。

（卷435　728页）

光绪二十四年（1898年）十二月壬寅

赏青海多罗郡王巴拉朱尔拉布坦三眼花翎。

（卷436　738页）

光绪二十五年（1899年）二月己卯

谕内阁："兵部奏本年轮应查阅直隶等省营伍一折。直隶即派裕禄，山西即派胡聘之，陕西即派魏光焘，四川即派奎俊，甘肃即派陶模，认真查阅。各省营伍关系紧要，前经叠谕各将军督抚汰弱留强，加意训练，原期一兵得一兵之用。该督等务当切实简校，如有技艺生疏，军实不齐等弊，即将该管将弁据实严参，不得稍涉瞻徇，以副朝廷整饬戎行至意。"

（卷439　769页）

光绪二十五年（1899年）二月己丑

又谕："甘肃提督董福祥自调扎近畿以来，训练队伍具有条理。因念该提督从前在甘肃关内外征剿回匪，无役不从，战功威望，允为诸将之冠。朝廷眷念成劳，深资倚畀，著赏穿带嗉貂褂，以示优异。"

（卷439　777页）

光绪二十五年（1899年）三月辛亥

陕甘总督陶模奏："甘省叠经灾乱，劝办积谷，请暂展缓。团练一事则汉、回杂处，分办合办均属窒碍，惟有寓团练于保甲，申诫各属，实力奉行，以收靖盗安民之效。"得旨："仍著督同司道，尽心考校，毋得始勤终怠。"

又奏："办理清讼，遵补道府功过章程。"得旨："著即责成道府认真稽察，以恤民依。"

以营务懈弛，革甘肃宣威中旗步队管带官补用副将喻东高职，拔去花翎。失察之宁夏总兵王钺下部议处。

（卷440　793页）

光绪二十五年（1899年）三月壬戌

陕甘总督陶模奏："甘省防练马步四十余营分扎险要，拟择防务较松之处酌调十数营来省训练，俟技艺娴习，即换调别营，更番训练，以期力挽积习。"得旨："即著更番调操，认真训练，毋得稍涉怠弛。"

又奏："甘省鼓铸制钱，工本太巨，仍请缓办。"报闻。

（卷440　802页）

光绪二十五年（1899年）三月癸亥

调甘肃西宁镇总兵覃修纲为云南临元镇总兵官，云南临元镇总兵刘万胜为甘肃西宁镇总兵官。

（卷441　804页）

光绪二十五年（1899年）四月丙戌

陕甘总督陶模奏："甘省盗案，请暂缓规复旧制。"允之。

（卷442　822页）

光绪二十五年（1899年）四月己丑

又谕："甘肃署西宁镇总兵罗平安、署河州镇总兵焦大聚、肃州游击张绍先、署敦煌县张元溁，著该督分别给咨送部引见。"

（卷442　824页）

光绪二十五年（1899年）四月甲午

陕甘总督陶模奏："督标及宁夏镇所带营旗酌量裁撤改并。另于西宁所属各厅添募炮、马队、土勇，以重地方而资节省。"得旨："仍著督饬所属随时训练，实力巡防，毋稍懈弛。"

（卷443　830页）

光绪二十五年（1899年）四月丙午

又谕："电寄陶模，电悉，罗平安、焦大聚准其暂缓来京。"

云贵总督崧蕃奏："西宁镇总兵刘万胜请留滇办理界务。"如所请行。

（卷443　844页）

光绪二十五年（1899年）五月丙寅

陕甘总督陶模奏："甘肃远年官员未完借廉银两，无从著追，请饬豁免，以清积案。"允之。

（卷445　864页）

予甘肃历年回乱军营阵亡、伤故员弁兵丁六十六员名议恤。

（卷445　865页）

光绪二十五年（1899年）五月壬申

又谕："四川、甘肃、陕西、山西等省俱可由陆路直达京师，运饷较便。各该省藩库除本省开支暨额解京协各饷外，库储是否尚有赢余，著该督抚查明实在数目具奏。将此谕令知之。"

（卷445　868页）

光绪二十五年（1899年）五月丙子

谕内阁："崧藩奏遵旨分别举劾属员一折。云南临元镇调任甘肃西宁镇总兵刘万胜……以上各员，据该督胪陈实迹成效，尚属尽心民事，通达时务之员，均著交军机处存记，以示鼓励。"

（卷445　871页）

光绪二十五年（1899年）六月丁亥

陕甘总督陶模奏："赈济河湟难民用款，奉部行查者二十七万九百余两，请饬照原案核销。"从之。

又奏："皋兰等县军流各犯拨充营勇，戴罪图功，共百八十二名，请分别奖恤。"下部议。

（卷446　885页）

光绪二十五年（1899年）八月戊寅

又谕："前据甘肃布政使岑春煊奏，度支奇绌，请饬清厘库款，核实造报外销收支数目。又奏，广东厘金积弊，特参侵蚀巨款之局员，请旨查办，并督臣谭钟麟，信任潘灿、王存善，诸事废弛。前署藩司魁元以厘差位置私人各折片。据称广东历年挪用库款积至八百三十余万，未经报部者五百八十余万。如查系实用，应准作正开销。嗣后外销款项一律报部。又胪列广东补用道候补知府王存善前办补抽厘金，侵蚀饷项十款。案卷一切，该藩司前在广东分别存案发还，仍可调核各等语。广东地大物博，出入各项为数甚繁。嗣后外销之款应如何核实报部，著刚毅悉心查核，妥筹办理。岑春煊禀揭王存善一案，前据谭钟麟派委司道按款查讯，奏称王存善并无浮冒侵渔之据。兹又据岑春煊将前参王存善原案自行具奏，并及谭钟麟、魁元祖庇瞻徇等情。王存善前办广东补抽厘金局务究竟有无侵吞确据，谭钟麟、魁元有无徇庇情事，著即一并秉公彻查，据实具奏。原折二件、片一件均著抄给阅看。将此谕令知之。"寻奏："遵查广东藩库历年挪用各款并筹核实办法。"如所请行。

（卷449　921页）

光绪二十五年（1899年）八月甲申

西宁办事大臣阔普通武奏："出口致祭海神并与外藩蒙古会盟。"报闻。

（卷449　924页）

光绪二十五年（1899年）八月丁亥

（陕甘总督陶模）又奏："兰州府等属被雹、被水，饬令该管道府确切查勘，酌发社粮，借给籽种，以资补救。"得旨："所有被灾地方即著饬属妥为抚恤，应否蠲缓钱粮，汇案奏明办理。"

（卷449　926页）

光绪二十五年（1899年）九月庚戌

谕军机大臣等："有人奏甘陇客回太众，请饬设法钤束并严檄防军于北路扼要防堵各折片。甘肃回匪上年经官军剿定后，余孽尚多。本年五、六月间，新疆绥来及甘肃海城地方复有谋逆之事，虽经随时扑灭，惟回众良莠不齐，思患预防，不可不善为制驭。著陶模等严饬各营加意防范，并责成地方牧令实力抚循，务使怀德畏威，潜消异志。新疆密迩俄境尤恐逆回余党出界窜扰，并著饶应祺派拨防军扼要堵截，以靖边圉。原折片均著抄给阅看。将此各谕令知之。"

（卷450　940页）

光绪二十五年（1899年）九月丁卯

陕甘总督陶模奏："甘省金县等属被灾赈抚。"得旨："即著饬属确切查勘，分别抚恤，毋使灾黎失所。"

以协筹甘肃新饷扫数解清，予前四川总督鹿传霖优叙。

以才具中平，降甘肃补用道承绪为同知。

（卷451　953页）

光绪二十五年（1899年）十月丁丑

谕军机大臣等："上年江南、安徽、河南、山东各省被灾，值本年青黄不接之际，办理春赈。准刘坤一奏陆续筹拨银十六万两，并添放银十万两。德寿奏请由藩库筹银二万两。邓华熙奏请由征存藩库漕折项内借拨银十五万两，提解丁漕钱价平余银三万余两，并准展办赈捐。裕长等奏请由盐斤加价存储款内续拨银六万两，并缓征上忙钱粮。张汝梅奏准由户部奏拨东海关六成洋税，并动用各省协助之款，共银二十余万两，俾资接济。江西庐陵等县被水成灾，准松寿奏筹拨银二万两，并准开办赈捐，宽筹赈济。浙江上虞、开化等县被灾，准刘树堂奏筹拨洋银二万余圆，用资赈抚之需。近因直隶各属秋收歉薄，谕令缓捐积谷，以纾民力。其广东河源与宁等县被水，陕西鄜州、榆林等属被雹，神木、略阳等县被旱，新疆吐鲁番、迪化镇、西拜城等处被水、被蝗、被雹，云南新兴、昆阳、邱北等州、县被水，均经该督抚等查勘抚恤，小民谅可不至失所。惟念来春青黄不接之时，民力未免拮据。著传谕该督抚等体察情形，如有应行接济之处，即查明据实复奏，务于封印以前奏到，候朕于新正降旨加恩。再湖南衡山、耒阳、邵阳、沅陵等县被水，陕西绥德等州、县被旱、被雹、被霜，甘肃兰州、固原各府州属被雹，甘州府属被水，灾情较重，业经谕令各该督抚等派员认真查勘，妥筹抚恤，即著迅速办理，并将来春应否接济之处一并查明，于封印前奏到。此外，各该省有无被灾地方，应行调剂抚恤之处，著该将军督抚等一体查奏，候旨施恩。将此各谕令知之。"

（卷452 964页）

光绪二十五年（1899年）十月丁酉

命陕甘总督陶模来京陛见。

以获匪出力，甘肃记名总兵马安良传旨嘉奖。

（卷453 980页）

光绪二十五年（1899年）十月甲辰

谕内阁："前据陶模陈请陛见，已有旨准其来京，著魏光焘赴甘肃署理陕甘总督，陶模著俟魏光焘接署后再行来京。"

（卷453 984页）

光绪二十五年（1899年）十一月己巳

召见陕西河州镇总兵何乘鳌。得旨："著发往北洋差遣委用。"

（卷455 1004页）

光绪二十五年（1899年）十一月壬申

陕甘总督陶模奏："甘肃合水、阶、平凉、安化、文五州县暨西固州同所属秋禾叠被霜雹，筹抚情形。"得旨："即著饬属确切查勘，分别停征蠲缓，一面筹款抚恤，毋令失所。"

（卷455 1006页）

光绪二十五年（1899年）十二月甲午

陕甘总督陶模奏："请将记名提督柴典汉等四员留于陕甘差遣。"允之。

（卷457 1024页）

光绪二十五年（1899年）十二月辛丑

谕军机大臣等："甘肃提督董福祥现在丁忧，著赏给百日穿孝，毋庸回籍。其提督一缺著改为署任。"

（卷457 1029页）

《清光绪实录（七）》

光绪二十六年（1900年）正月乙卯

谕内阁："陶模奏甄别营员一折。甘肃安西协副将治和情性乖张，措施不当，著开缺送部引见。宁夏镇标右营游击黄兆熊久病未愈，难期振作，著原品休致。镇羌营游击管带武毅左旗马队崔金魁办事刻薄，所部士卒多有怨言，著撤去管带，开缺以都司留甘降补。西乡营都司谢荣升人地不宜，并有讼案牵涉，著开缺以守备降补。"

（卷458　7页）

蠲缓甘肃固原、华亭、洮、巴燕戎格、西宁、大通、皋兰、河、贵德、碾伯、中卫、安西十二厅、州、县被灾地方额赋余粮草束。

（卷458　8页）

光绪二十六年（1900年）正月庚申

陕甘总督陶模奏："交卸督篆，俟病痊即行来京。"得旨："著即上紧医痊，迅速来京，毋稍延缓。"

（卷458　10页）

光绪二十六年（1900年）正月戊辰

谕内阁："荣禄奏提督丁忧，恳请回籍终制，据情代奏一折。总统武卫后军甘肃提督董福祥前报丁忧，业经降旨赏假百日穿孝，毋庸回籍。提督一缺改为署任。兹复据荣禄代奏，该署提督恳请回籍终制，情词恳挚，具见至性过人。惟时事多艰，董福祥久历戎行，威望夙著，尚其勉抑哀情，移孝作忠，用副朝廷倚畀至意。所请回籍终制之处著毋庸议。"

（卷458　15页）

光绪二十六年（1900年）二月乙酉

谕军机大臣等："有人奏，兵部书吏张晴浦恣意招摇，曾不畏法，于武职来京引见人员包揽承办，撞骗银两。又因甘军保案有勒索花费情事，请饬查明等语。著兵部按照所参各节逐一查明，按例惩办。原片著抄给阅看。将此谕令知之。"

（卷459　26页）

光绪二十六年（1900年）二月戊子

以亏短丁粮，革甘肃已故署正宁县知县王开甲职，提属勒追。

（卷460　29页）

光绪二十六年（1900年）三月辛亥

予甘肃阵亡廪生熊克敉等议恤。

（卷461　40页）

光绪二十六年（1900年）四月庚子

以获匪出力，复已革陕甘督标补用游击黄金仓原官。

（卷462　62页）

光绪二十六年（1900年）五月辛丑

署陕甘总督魏光焘奏："蠲缓上年甘肃被灾各州、县银粮数目。"下部知之。

（卷463　63页）

光绪二十六年（1900年）五月辛酉

陕甘总督陶模奏："因病乞解职。"得旨："著赏假一个月，毋庸开缺。"

（卷464　77页）

光绪二十六年（1900年）五月壬戌

以翰林院编修冯恩昆为湖南乡试正考官，刘嘉琛为副考官。通政使司通政使李荫銮为四川乡试正考官，编修夏孙桐为副考官。编修沈卫为甘肃乡试正考官，林开謩为副考官。

（卷464　78页）

光绪二十六年（1900年）六月丁丑

谕内阁："魏光焘奏考察属员，分别举劾一折。甘肃凉州府知府调署兰州府知府庆恕、渭源县知县署河州知州杨增新、候补知州署狄道州知州王秉章、皋兰县知县杨宸谟、山丹县知县刘至顺、正宁县知县张心镜、西和县知县姚钧、候补知县署碾伯县知县赵铉，既据该抚胪陈该员等心术政迹均属志趣向上，即著传旨嘉奖，仍饬该员等益加感奋，勉为循良，毋得始勤终怠。

候补知府袁春江习染嗜好，难资表率，著以通判降补。岷州知州奎绂才具平常，办事竭蹶，著开缺以州同降补。平远县知县葛垚钦性情迂缓，难膺民社，著开缺以教职归部铨选。直隶州用前署大通县知县王宝镛贪狡油滑，办事谬妄，降选布经历张季绦罔利营私，卑鄙荒谬，试用府经历刘崧祥性情乖张，行同无赖，试用州吏目前署大靖巡检张继芳纵容家丁，骚扰乡民，试用典史李宝庆声名甚劣，均著即行革职，以肃官方。"

（卷465　86页）

光绪二十六年（1900年）六月丁亥

谕军机大臣等："冯子材奏，查明西防分统甘肃西宁镇总兵刘万胜与迤南道陈灿会同英员勘界，有草菅人命、蒙蔽长官情事，办理界务诸多乖谬，应从严参办。并管带腾永、前营副将邓秋高移营助剿，未经禀明，亦应置议等语。调补顺云协副将邓秋高著交部议处，其所参刘万胜、陈灿各节如果属实，情殊荒谬。著丁振铎会同冯子材再行确查实在情形，秉公复核具奏。另片奏，所部随巡员弁始终勤奋，请准保（褒）奖等语。著冯子材择尤酌保，以示鼓励，毋许冒滥。片一件著抄给丁振铎阅看。将此各谕令知之。"

（卷465　92页）

光绪二十六年（1900年）七月庚子

谕军机大臣等："毓贤奏新疆、甘肃仓存粮石甚多，请饬运京。端方奏拨款派员前往宁夏购米，并请先由宁夏仓廒提借备用各折片。用兵以足食为先，果能迅速运京，接济军食，自属目前至要之务。惟道途遥远，全恃人力周转，总须不至贻累民间，方为妥善。将此谕令永德、连顺、芬车、魏光焘、饶应祺、瑞洵、李廷箫、端方知之。"

（卷466　100页）

光绪二十六年（1900年）七月辛丑

又谕："前有旨令董福祥添募营勇。据称业经派弁回甘召募步队三营、马队两旗，并饬都司何建忠、郑永祥各募一营来京候调。魏光焘即饬何建忠等迅速召募成军克期北上，所需召费于应拨协饷内如数拨给。将此由六百里谕令知之。"

（卷466　101页）

光绪二十六年（1900年）七月己酉

谕军机大臣等："察哈尔地方空虚，甘肃布政使岑春煊著即前往会同芬车等筹商防守事宜，俟该藩司所带马步各旗到齐，即驻扎该处。"

（卷466　111页）

光绪二十六年（1900年）七月癸丑

又谕："前因军情紧急，饬令董福祥添募营勇，迅速来京，听候调遣。惟该队北来，军械亟应筹备。查从前陕、甘二省所存枪炮军械极多，著魏光焘、端方将所存军械等项备齐，即交所募之队携带来京，以资应用。其马安良一军亦著饬催迅速北来，勿任勾留。将此由六百里加紧谕令知之。"

（卷466　114页）

光绪二十六年（1900年）七月丁巳

谕内阁："钦奉慈禧端佑康颐昭豫庄诚寿恭钦献崇熙皇太后懿旨，传谕荣禄、董福祥激励统带营官兵丁等奋勇立功，从优破格奖赏。即刻传知各处，张贴告示。"

（卷467　120页）

命甘肃提督董福祥在紫禁城内乘坐二人肩舆。

（卷467　121页）

光绪二十六年（1900年）七月乙丑

谕军机大臣等："朕恭奉慈舆巡幸太原，深恐随扈兵勇于所经州、县乡镇或有滋扰。已饬带兵各员严加约束。乃近闻颇有逃兵散勇百十为群，托名扈从，沿途肆行抢掠，以致民多逃匿，市肆一空，尚复成何事体。且似此瞀不畏法，尤恐流而为匪。著何乘鳌将原带之正定练军四营即由保定调回，带同驰往宣化至大同一带。查明此项散勇严行截止，其有营可归者派弁押回原营；若无营可归即择其年力强壮、技艺优娴者编立两营，认真训练，以备调遣；凡老弱疲惰不愿从军者，概将军械收回，资遣归籍。所需经费由行营前路粮台给发。倘仍敢结党行强，不受约束，即照军法从事，以肃军政而靖闾阎。该总兵务当振刷精神，实力办理，勿稍延误。"

又谕："昨派岑春煊督办前路粮台，原为接济兵食起见，如有兵勇不听号令、计口授食、沿途强取粮米者，无论何营兵勇，准该藩司即照军法从事。仍先行恭录谕旨，出示晓谕，俾众咸知。"

（卷 467　127 页）

光绪二十六年（1900年）七月丙寅

赏甘肃布政使岑春煊头品顶戴。

（卷 467　130 页）

光绪二十六年（1900年）七月丁卯

擢甘肃补用千总林太清以守备仍留原省补用。

（卷 467　131 页）

光绪二十六年（1900年）八月壬申

大学士荣禄等奏："扈驾军单，商令董福祥率所部马队克期驰赴，现与崇绮会商军务，俟有头绪即迅赴行在。"报闻。

（卷 468　137 页）

光绪二十六年（1900年）八月癸酉

兼署陕甘总督陕西巡抚魏光焘奏："遵筹召募回队，饬提督马安良克期带领入卫。"得旨："仍著饬催马安良赶紧成军，开赴行在，如马匹不敷，俟抵行在后再行筹补。"

（卷 468　137 页）

光绪二十六年（1900年）八月甲戌

又谕："董福祥现已驰抵行在，所带马队尚属整齐。此后每日启銮著以一半队伍在前行走，以清跸路，仍以一半队伍在后行走，以肃舆从。将此谕令知之。"

谕军机大臣等："此次西巡，随扈满、汉官兵人数众多，现由前路粮台按营给饷，体恤不为不至。乃闻沿途仍不免有滋扰情事，殊属不成事体。著派董福祥一路严行查禁，如有恃众强抢车骡食物及无故擅入民家者，一经查实或被指控，无论旗绿兵丁各营勇队一概以军法从事。仍将该管官弁照例革职治罪，以肃军律而靖闾阎。该提督不得瞻徇宽纵。将此各谕令知之。"

以因公亏饷如数缴清，复已革甘肃补用直隶州知州德征原官。

（卷 468　138 页）

光绪二十六年（1900年）八月乙亥

兼署陕甘总督陕西巡抚魏光焘奏："董军添募各营饷需甘省力难供支，请饬另筹的款拨济。"又奏："豫省欠解协饷无著，请饬改拨的款，以济急需。"均下部议。

（卷 468　139 页）

光绪二十六年（1900年）八月丁丑

又谕："固原提督邓增著督带队伍迅赴行在，并著魏光焘、端方催令克日启程，毋稍迟延。将此由六百里各谕令知之。"

又谕："前有旨命马安良率兵入卫。昨据魏光焘奏业已召募回队将次成军，惟购马甚难，当谕以迅即启程，如马匹不敷，俟抵行在后再行筹补。著魏光焘饬催马安良懔遵前旨，克日就道兼程迎赴行在，毋稍迟逾。将此由六百里谕令知之。"

（卷 468　141 页）

光绪二十六年（1900年）八月壬午

西宁办事大臣阔普通武奏："循例出口致祭海神，并与外藩、蒙古会盟。"报闻。

（卷 468　146 页）

光绪二十六年（1900年）八月丙戌

兼署陕甘总督陕西巡抚魏光焘奏："前折劾狄道州知州奎绂请以州同降补，其狄道州字误作岷州，请饬更正。"得旨："魏光焘著交部议处。"

（卷 469　153 页）

光绪二十六年（1900年）八月戊子

又谕："保定以西甘军驻扎甚多，仍著归董福祥节制调遣。在于获鹿、井陉、固关一路扼要驻扎。该提督务须整饬营规，严加约束，如有滋扰地方情事，惟该提督是问。荣禄著毋庸接统。将此各谕令知之。"

督办前路粮台甘肃布政使岑春煊奏："开支日广，请派员驰赴江、浙、两湖坐催的饷，以免贻误要需。"依议行。

（卷 469　154 页）

光绪二十六年（1900年）八月庚寅

又谕："董福祥奏请将所部调集近郊以资整顿一折。所陈甘军多有散失军装，器械亦复不全，自应逐一清厘，重振军威。惟所请全行调集近郊整顿，则该军分扎处所顿形空虚，殊未妥洽。所有获鹿、井陉、固关各要隘著责成该提督认真扼扎，毋稍疏虞。其应行整顿队伍，只可更番抽调，分别淘汰募补，未便全行调集。该提督声望素著，当此时势艰难，务须殚竭血诚、实力振作，用备缓急。将此谕令荣禄、董福祥知之。"

（卷 469　157 页）

光绪二十六年（1900 年）八月癸巳

谕军机大臣等："朕钦奉慈禧端佑康颐昭豫庄诚寿恭钦献崇熙皇太后懿旨，此次随扈来晋各军备极劳苦。马玉昆一军加恩著赏给银一万两，董福祥所带马队加恩著赏给银三千两，岑春煊一军加恩著赏给银二千两，以示体恤。"

督办前路粮台甘肃布政使岑春煊奏："所带马步各队拟易名威远军，并请改刊木质关防，以一号令。"报闻。

（卷 469　159 页）

光绪二十六年（1900 年）八月乙未

以约束兵丁不严，革甘肃营官吕登科职。

（卷 469　162 页）

光绪二十六年（1900 年）八月丙申

以挪用赋税延不清缴，革前署甘肃岷州知州奎绂职，并勒追。

（卷 469　163 页）

光绪二十六年（1900 年）八月丁酉

又谕："马安良前已有旨叠催统带所部各营迅速前来，现尚未到，实属延缓；邓增亦有旨令该提督督带队伍迅赴行在，是否启程，著魏光焘一并速催，趱程前进，毋稍逗留。将此由六百里谕令知之。"

（卷 469　163 页）

光绪二十六年（1900 年）八月戊戌

谕军机大臣等："武卫中军各营溃逃不少。董福祥在甘添募七营旗，据魏光焘电称，饷项难筹，著该大学士即将武卫中军溃逃缺额之饷腾出，拨给董福祥应用。将此由六百里谕知荣禄、魏光焘并谕令董福祥知之。"

又谕："电寄魏光焘，电悉，董福祥添募马步七营旗现已另筹的款，俟筹定后再行饬遵。至邓增、马安良该署督仍遵前旨，即饬统带所部速赴行在为要。"

（卷469 165页）

光绪二十六年（1900年）闰八月壬寅

又谕："电寄魏光焘，电悉，邓增、马安良著仍遵前旨，统率各营迅赴行在，毋再迟延。河、狄地方紧要，著魏光焘另调甘省得力营伍扼要驻扎，镇静防守。"

（卷470 171页）

调陕甘总督陶模为两广总督，以陕西巡抚魏光焘为陕甘总督、甘肃布政使岑春煊为陕西巡抚、山西按察使升允为甘肃布政使、直隶通永道沈家本为山西按察使。

（卷470 172页）

光绪二十六年（1900年）闰八月甲辰

调山西布政使李廷箫为甘肃布政使、甘肃布政使升允为山西布政使。

（卷470 173页）

光绪二十六年（1900年）闰八月乙巳

又谕："现定闰八月初八日启銮，西幸长安。董福祥所统马队著于初八日先行开拔，御前大臣、军机大臣及随扈各员之有差使者著于初八日随驾启行，马玉昆所统随扈各军及各衙门随扈人员沿途并无差使者著于初十日启行。"

（卷470 175页）

光绪二十六年（1900年）闰八月丁巳

署陕甘总督魏光焘奏："镇迪道潘效苏、署乌什协副将汤咏山熟悉甘肃情形，请调入关差委。"允之。

（卷471 187页）

光绪二十六年（1900年）闰八月戊午

署陕甘总督魏光焘奏："甘肃东南各属水旱冰雹，叠报偏灾，分别赈抚。"得旨："即著饬属查明被灾轻重，分别妥筹赈抚，勿令一夫失所。"

（卷471 187页）

光绪二十六年（1900年）九月戊寅

命吴纬炳提督甘肃学政……赵惟熙提督贵州学政。

（卷472　207页）

光绪二十六年（1900年）九月庚辰

谕内阁："顺天学政陆宝忠、广东学政溥良、湖南学政载昌、四川学政吴郁生、甘肃学政吴纬炳均著即行赴任，毋庸前来请训。"

（卷472　208页）

光绪二十六年（1900年）九月甲午

谕军机大臣等："马安良著即来行在，预备召见，所统各营著驻扎泾州一带，饬令营哨各官妥为约束。"

（卷473　226页）

光绪二十六年（1900年）九月丙申

又谕："董福祥奏遵旨裁并营勇一折。该提督所部新、旧各营业经切实裁并，惟甘勇素称得力，著仍归足二十五营之数，以资调遣。此外，尚有前调武卫中军马队两营，并著该提督统领。应需饷项由荣禄拨给，并于河南截留京饷采买粮食项下拨给米一万石，由该提督自行派员领运，仍著于荫霖核明粮价咨部，于月饷内扣算。甘军分统马福寿著赏加二品顶戴。将此各谕令知之。"

（卷473　229页）

光绪二十六年（1900年）十月己亥

谕内阁："马安良所部各营现有三营业经来陕，加恩著赏给米一百五十石，由前路粮台发给。该军仍遵前旨折回，驻扎泾州一带。马安良著即来行在，预备召见。"

谕军机大臣等："前谕令董福祥裁并各营仍归二十五营之数。兹据该提督复称，际此饷项艰难之时，现已并成二十营，请免添足五营，以省周折而节糜饷。具征实心办事，能顾大局，应即照准。另饬邓增召募三营，并将武卫中军石光贤等所带二营由直撤回，一并交邓增统带。"

（卷474　231页）

光绪二十六年（1900年）十月庚戌

谕内阁："甘肃提督董福祥从前在本省办理回务，历著战功；自调来京后不谙中外情形，于朝廷讲信修睦之道未能仰体，遇事致多卤莽。本应予以严惩，姑念甘肃地方紧要，该提督人地尚属相宜，著从宽革职留任。其所部各军现已裁撤五千五百人，仍著带领亲军数营，克日驰回甘肃，扼要设防，以观后效。"

（卷474 237页）

光绪二十六年（1900年）十月壬子

调陕甘总督魏光焘为云贵总督、云贵总督崧蕃为陕甘总督。

（卷474 239页）

光绪二十六年（1900年）十月癸丑

命陕甘总督崧蕃驰赴新任，云贵总督魏光焘即赴行在，以甘肃布政使李廷箫护理陕甘总督，未到任前以甘肃按察使何福堃暂行护理。

（卷474 239页）

光绪二十六年（1900年）十月己未

陕甘总督魏光焘奏："请饬部催各省关协济甘、新兵饷，并蜀、闽、两淮旧饷。"得旨："著户部严催各省关迅筹拨济，倘再任催罔应，即著该部指名奏参。"

（卷474 243页）

光绪二十六年（1900年）十月辛酉

以甘肃副将马安良为新疆伊犁镇总兵官。

（卷474 243页）

光绪二十六年（1900年）十一月壬申

以品学兼优，予甘肃古浪县训导王汝贤、安化县训导刘兆庚奖叙。

以遗爱在民，予故陕甘总督杨昌濬于甘肃省城建立专祠，事迹宣付史馆立传，从陕甘总督魏光焘请也。

（卷475 252页）

光绪二十六年（1900年）十一月戊寅

谕军机大臣等："岑春煊奏陕西赈务方殷，款项已罄，拟暂借拨甘肃、新疆协饷，以应急需一折。本年陕西灾区甚广，饥民众多，赈务为日方长。所筹各款缓不济急，自系实在情形。惟甘肃、新疆两省常年例有专饷，是否能移缓就急，暂行挪借一百万两，俟筹有的款再行扫数归还之处。著岑春煊咨商陕甘总督通筹兼顾，方无窒碍。另片奏严搜囤户、劝捐富户等语。奸商囤积居奇，情原可恶，但操之过蹙，亦多流弊。该抚务当严饬地方官稳慎妥办。至富户谊应周恤桑梓，但必须善为劝导，毋任吏胥绅董等有捐勒之弊，方为允协。将此谕令知之。"

（卷 475　254 页）

光绪二十六年（1900 年）十一月壬午

会办陕西赈务署刑部左侍郎薛允升等奏："甘饷截拨为难，请饬借拨巨款办赈。"得旨："著户部暂行借拨银五十万两。"

（卷 475　256 页）

光绪二十六年（1900 年）十一月乙酉

又谕："电寄奕劻等，盐电悉。董福祥受恩深重，即使加以重处，该提督当亦无词，惟素为陕、甘两省汉、回所倾服，设办理稍涉操切，深恐激而生变，后患无穷。所难在此，实非有人庇护，应仍遵前旨，不惮烦言，开诚婉告，以后仍随时相机办理，此时万难遽定。各国既重修前好，当亦愿中国之平安无事也。至各国使馆留兵合之不过数百名，是否业经商定，确有把握。至津沽沿路之兵分扎几处，共计若干。各使有无回信，应即查明电奏。又遵奉内廷谕旨一语，据奏各使但借空文泄愤，当面并未挑过等语，既登诸笔牍，较面挑为尤要。已降旨引咎自责，并有实非朝廷本意之谕，自以删去为妥。如各公使果祇空文泄愤，该亲王等确知此语必无后患，原不必求之字句间也。"

（卷 475　259 页）

光绪二十六年（1900 年）十一月庚寅

谕军机大臣等："马安良所部八营，业已随带四营来陕，其余四营仍驻泾州。现在陕省粮价昂贵，兵丁就食惟艰，著该总兵统率全营于秦陇一带秋收较丰地方妥为驻扎，认真训练。"

（卷 475　261 页）

光绪二十六年（1900年）十一月壬辰

又谕："俞廉三电奏，预提明年头批甘饷银四万八千两以赈陕灾等语。陕赈借用甘饷，已毋庸议。甘肃需饷孔殷，著岑春煊于前项银两收到后即行转解甘肃，以资应用。"

（卷475 263页）

光绪二十六年（1900年）十一月癸巳

（陕西巡抚岑春煊）又奏："请仍借甘饷二十万两，暂留充赈。"得旨："著俟陕捐集有成数，先尽解还。"

（卷475 264页）

光绪二十六年（1900年）十二月庚子

谕军机大臣等："户部奏预拨甘肃新饷一折。甘肃、新疆关内外应需饷项关系紧要，该部指拨光绪二十七年各省关协济银四百八十万两，统限于来年四月底解足六成，其余四成限于九月底扫数解清，不准稍有蒂欠。各省筹饷之藩运司道如能依限解清，即由陕甘总督奏请奖叙，倘任意延欠，即著该部照例奏参，以重饷需。原单均著抄给阅看。将此由五百里谕令福州将军，两江、湖广、四川各总督，江苏、安徽、江西、湖北、湖南、山西、河南、陕西各巡抚知之。"

（卷476 268页）

光绪二十六年（1900年）十二月乙巳

又谕："电寄奕劻等，董福祥带兵无状，获咎甚重，朝廷不即加以重罪者，特因其久绾兵符，为陕、甘两省汉、回兵民所向，若办理稍涉操切，董福祥一人不足虑，而两省愚民悍卒罔顾大局，深恐一时哄动，骤成巨祸。尔时平民既遭惨劫，而两省教堂必首受其害，不可收拾，所以不能不踌躇审顾者以此，否则朕于亲郡王之在案者尚不肯稍有回护，何独袒庇董福祥一人。此情当可共谅也。前已撤去该部勇队五千余人，原期渐撤兵权，抚定人心，徐图办法。现拟明发谕旨，只含而不露，至革职而止。此后如何严惩，断自朕衷。总之，此人断无轻纵之理，惟事须相机办理，不能克期预定耳。著奕劻、李鸿章将此密旨转告各使，以释其疑，是为至要。"

（卷476 270页）

光绪二十六年（1900年）十二月己酉

护理陕甘总督李廷箫奏："陕省灾重且久，酌拟暂留甘肃、新疆协饷，并另筹协济陕赈。"下部议。

（卷476　277页）

光绪二十六年（1900年）十二月庚申

谕军机大臣等："电寄奕劻等，昨三电，阅之实深骇异，惩办祸首，分别轻重，原约载明，业经画押。该亲王等叠次来电，与各使屡经商诘，均以朝廷所拟轻重不患悬殊。今忽改议一概从重，并追咎已死之员，又添指两人，明系与朝廷为难。是否别有意见，著奕劻、李鸿章仍照会各使，切实剖辩。如载漪、载澜前电信比拟已系格外加重，尚可照加恩远戍办理。英年不过随同附和，载勋既以为首重惩，英年为从例应减等。赵舒翘查办拳匪，两日即回，复奏并无纵庇之词。即使各国初议，亦只谓其查办不实，岂能概置重典。刚毅、徐桐业经身故，李秉衡只为勤王北来，并未加功围攻使馆，旋即殉难。况出使大臣前次联衔电奏，各国既指惩办祸首诸臣，皆有除已死不计外之说。今又加罪于死后诸人，不惟中国无此刑章，即泰西各国亦无此法律。至启秀、徐承煜并无扰衅证据，前言日后指出之员必须确有实据，方可加罪。现各国联军竟将大员凭空拘禁，未免太不留中国主权，务令释回自行查明。如有证据自当惩办，至欲派员监视行刑，尤属窒碍难行，必至骇人听闻，激生事变。此说务须坚阻。当围攻使馆之时，拳匪十数万异常扰乱，虽竭力保护，仍恐或有疏虞，因劝各使离京赴津，并派宋庆军护送，实为保全起见，绝无诱骗中途加害之意，何以不谅苦衷，反疑诱害所有各情，务须与各使竭力剖明。总之惩办祸首，必须分别轻重，情真罪当方昭公允。董福祥前有密旨，已言明渐撤兵权，尚须抚定民心乃可徐图。至请将徐用仪等五人开复原官一节，该员等系因屡被参劾，执法惩办，并非因痛恨违悖公法加罪，亦无递折辩驳之事。此节亦属误会。今忽请朝廷加恩，悉予开复，只期祸首拟办妥协，自亦不难曲从。诸大臣既真心议和，自当诸事持平商办也，务即详切商办，以期早日就范，勿致停议各款，宕延和局，又生枝节为要。"

（卷477　287页）

光绪二十六年（1900年）十二月壬戌

又谕："京师自五月以来拳匪倡乱开衅，友邦现经奕劻、李鸿章与各国使臣在京议和，大纲草约，业已画押。追思肇祸之始，实由诸王大臣等昏谬无知，嚣张跋扈，深信邪术，挟制朝廷，于剿办拳匪之谕抗不遵行，反纵信拳匪，妄行攻战，以致邪焰大张，聚数万匪徒于肘腋之下，势不可遏。复主令卤莽将卒围攻使馆，竟至数月之间酿成奇祸，社稷阽危，陵庙震惊，地方蹂躏，民生涂炭。朕与皇太后危险情形不堪言状，至今痛心疾首、悲愤交深。是诸王大臣等信邪纵匪，上危宗社，下祸黎元，自问当得何罪。前者两降谕旨，觉法轻情重，不足蔽辜，应再分别等差加以惩处。已革庄亲王载勋纵容拳匪围攻堂馆，擅出违约告示，又轻信匪言，枉杀多命，实属愚暴冥顽，著赐令自尽，派署左都御史葛宝华前往监视。已革端郡王载漪倡率诸王贝勒轻信拳匪，妄言主战，致肇衅端，罪实难辞。降调辅国公载澜随同载勋妄出违约告示，咎亦应得，著革去爵职。惟念俱属懿亲，特予加恩，均著发往新疆，永远监禁，先行派员看管。已革巡抚毓贤前在山东巡抚任内妄信拳匪邪术，至京为之揄扬，以致诸王大臣受其煽惑，及在山西巡抚任复戕害教士、教民多命，尤属昏谬凶残，罪魁祸首，前已遣发新疆，计行抵甘肃，著传旨即行正法，并派按察使何福堃监视行刑。前协办大学士、吏部尚书刚毅袒庇拳匪，酿成巨祸，并会出违约告示，本应置之重典，惟现已病故，著追夺原官，即行革职。革职留任甘肃提督董福祥统兵入卫，纪律不严，又不谙交涉，率意卤莽，围攻使馆，虽系由该革王等指使，究难辞咎，本应重惩，姑念在甘肃素著劳绩，回、汉悦服，格外从宽，著即行革职。降调都察院左都御史英年于载勋擅出违约告示，曾经阻止，情尚可原，惟不能力争，究难辞咎，著加恩革职，定为斩监候罪名。革职留任刑部尚书赵舒翘平日尚无疾视外交之意，其查办拳匪亦无庇纵之词，惟究属草率贻误，著加恩革职，定为斩监候罪名。英年、赵舒翘均著先在陕西省监监候。大学士徐桐、降调前四川总督李秉衡均已殉难身故，惟贻人口实，均著革职，并将恤典撤销。经此次降旨之后，凡我友邦当共谅拳匪肇祸实由祸首激迫而成，决非朝廷本意。朕惩办祸首诸人并无轻纵，即天下臣民亦晓然于此案之关系重大也。"

（卷477　289页）

光绪二十六年（1900年）十二月癸亥

护理陕甘总督李廷箫奏："访察甘省民风、营务、饷事、边防实在情形。"得旨："著即认真妥筹办理，毋稍疏懈。"

又奏："各省筹拨光绪二十五年甘肃、新疆协饷，依限扫数完解，请将出力各员分别奖叙。"得旨："魏光焘等均著交部议叙，于荫霖著赏给头品顶戴，单开之、锡良等均著该部议奏，李廷箫著一并核给奖叙。"

（卷477　295页）

光绪二十六年（1900年）十二月甲子

以四川重庆镇总兵姜桂题为甘肃提督，以前山东登州镇总兵章高元为四川重庆镇总兵官。

（卷477　296页）

光绪二十七年（1901年）正月庚午

护理陕甘总督李廷箫奏："革职遣戍新疆前山西巡抚毓贤行抵皋兰县抱病。"得旨："著遵照十二月二十五日谕旨，办理复奏。"

以甘肃按察使何福堃为甘肃布政使，暂护陕甘总督，甘肃巴里坤道潘效苏为甘肃按察使。

（卷478　303页）

光绪二十七年（1901年）正月癸酉

又谕："电寄何福堃，上年十二月二十五日有旨，已革巡抚毓贤行抵甘肃，传旨即行正法，并派何福堃监视行刑。著迅即遵办，刻日电奏。"

（卷478　307页）

光绪二十七年（1901年）正月癸巳

谕军机大臣等："聂士成所统之武威前军各营前归马玉昆兼统，著拨交马金叙统带，归岑春煊节制。将此由五百里谕知锡良、宋庆、马玉昆，并谕令岑春煊知之。"

（卷479　322页）

光绪二十七年（1901年）二月壬寅

以肃清关内外暨青海等处出力，予都司马兴旺等升叙衔翎有差。

（卷480　328页）

光绪二十七年（1901年）二月乙卯

蠲缓甘肃安化、董志、合水、灵台、镇原、崇信、泾、宁、正宁、洮、狄道、沙泥、华亭、会宁、岷、河、金、皋兰、靖远、花马池、武威、中卫二十二州、县乡镇被灾地方本年钱粮草束有差。

（卷 480　337 页）

光绪二十七年（1901年）三月丁卯

护理陕甘总督何福堃奏："现饬查已革端郡王载漪果否在蒙古地方患病，应俟病痊，另派员护解。"得旨："载漪是否实在蒙地，著崧蕃查明，迅速派员催令即赴新疆，勿再推延。"

（卷 481　345 页）

光绪二十七年（1901年）五月辛巳

以督捕不力，革甘肃守备杨振清职，降知县翟鍠为教职。

（卷 483　382 页）

光绪二十七年（1901年）五月壬午

谕内阁："户部奏遵议解清甘饷各员应给奖叙，请旨办理一折。著吏部议奏。"

又谕："总兵何德彪、姚旺所带各营现在驻扎潼关，著兵部传知该总兵等即行拔队回甘，由崧蕃饬令择要分扎。"

（卷 483　382 页）

光绪二十七年（1901年）六月辛丑

陕西巡抚升允奏："陕省灾重款绌，奉拨协甘新饷恳仍展缓。"下部议。

（卷 484　390 页）

光绪二十七年（1901年）六月壬寅

陕甘总督崧蕃奏："补报甘肃上年另募填防各军，请饬部立案。"下部知之。

（卷 484　391 页）

光绪二十七年（1901年）七月甲子

以翰林院编修饶士端为甘肃乡试正考官、郑沅为副考官。

（卷 485　403 页）

光绪二十七年（1901年）七月壬午

以办赈捐躯，予甘肃绅士刘启绅议恤。

（卷485　413页）

光绪二十七年（1901年）七月癸未

凉州副都统明惠因病解职，以前江西吉南赣宁道恒寿为凉州副都统。

（卷485　413页）

光绪二十七年（1901年）七月甲申

谕军机大臣等："电寄崧蕃等，电悉，本科、武、乡试著仍遵前旨停止。"

（卷485　413页）

光绪二十七年（1901年）七月丙戌

又谕："电寄崧蕃，电悉，所请具见悃忱，惟地方紧要并现办科场应即妥慎经理，著毋庸前来。"

（卷485　414页）

光绪二十七年（1901年）七月壬辰

以捐赈万两，予江西候补知府张煜南以道员分发广西尽先补用，浙江试用知县罗文槐以知县遇缺即补，已革甘肃举人陈宝璇、陈森均赏还举人，咨回广东原籍。

（卷485　417页）

光绪二十七年（1901年）九月壬申

谕军机大臣等："现在库款支绌，所有甘军二十二营旗应即裁并，统留八营，著崧蕃督同统兵将领将驻甘十四营酌留五营，其驻陕八营俟戡乱事竣，即著该镇张行志酌留步队两营、马队一营，仍驻扎陕西，以节饷糈。各营裁汰军械均著就近分缴两省军装局收储。前发全军饷项除留八营饷项外，其驻甘裁撤九营月饷，应截至九月底止，驻陕裁撤五营月饷，应截至十月底止。余款即作为裁汰各营恩饷分别匀发。"

调江西九江镇总兵张行志为甘肃西宁镇总兵官、甘肃西宁镇总兵刘万胜为江西九江镇总兵官。

（卷487　438页）

光绪二十七年（1901年）九月壬午

云贵总督魏光焘奏："滇军洋操，风气未开，请将调滇陕甘补用参将魏荣斌留省补用，借资得力。"允之。

（卷487　442页）

光绪二十七年（1901年）十月辛亥

陕甘总督崧蕃奏："甘肃各属夏秋被雹、被水成灾，现筹抚恤情形。"得旨："著即督属妥为赈抚，分别蠲缓，毋任失所。"

（卷488　457页）

光绪二十七年（1901年）十月丙辰

谕内阁："政务处奏遵旨妥议变通乡、会试事宜等语。上年刘坤一等奏请将辛丑、壬寅乡试恩正并行，会试归并壬寅年举行，业经允准。惟本年举行乡试，仅广东、广西、甘肃、云南、贵州五省，若于明年举行会试，其未经乡试各省士子未免向隅，且经济特科前经谕令定于本届会试前考试，亦属办理不及。所有明年会试著展至癸卯年举行，余著照礼部所议各条办理。至借闱考试一节，河南地居适中，毗连直隶，所有顺天乡试著于明年八月间暂借河南贡院举行。河南本省乡试著于十月间举行，次年会试仍暂就河南贡院办理。其乡、会试内外场各事宜著礼部一并妥议具奏。"

（卷488　459页）

又谕："电寄崧蕃，已革端郡王载漪现在行抵何处，著崧蕃查明电奏。"

（卷488　460页）

光绪二十七年（1901年）十月己未

以解清协甘新饷，予前署四川布政使候补道赖鹤年、总办官运局候补道华国英优叙。

（卷488　461页）

光绪二十七年（1901年）十一月己巳

以记名提督柴洪山为甘肃肃州镇总兵官。

（卷489　468页）

光绪二十七年（1901年）十一月己卯

又谕："邓增、马安良著俟到正定后即将所带军队督率回防，其马福祥、林太清等亦著带队回防。邓增、夏毓秀、马安良即在正定行宫请训。"

（卷490　473页）

光绪二十七年（1901年）十一月壬午

　　谕军机大臣等："本月十七日有旨，邓增、马安良著俟到正定后督率军队回防，其马福祥、林太清等亦著带队回防。惟邓增等所统安定、诚信、志胜马步各营旗均由直回防。该军等所带军装子药必须一并运回。需用车辆不少，所有经过直隶、河南、陕西地方仍应照原用车辆数目拨给，以利遄行。著袁世凯分咨河南、陕西巡抚，札饬沿途各州、县一体遵照办理。"

（卷490　476页）

光绪二十七年（1901年）十一月甲申

　　赏陕西固原提督邓增、广西提督夏毓秀头品顶戴，新疆伊犁镇总兵马安良等加衔存记有差。

（卷490　480页）

光绪二十七年（1901年）十一月乙酉

　　谕军机大臣等："寄谕岑春煊，据奏晋省民穷财尽，恳准酌留董饷，抵拨赔款一折。董福祥军饷本系由甘肃新饷内划拨，现在董军虽分别裁撤，腾出新饷仍应归部拨用。值此时艰款绌，各省皆然，岂得率请截留。第念山西教案赔款较巨，加以公约赔款，筹措维艰，尚系实情，其应解甘肃新饷内姑准暂行截留一年银三十万两，下余山西藩库及河东盐库应解新饷均应照数解足，勿再短欠。该抚仍须设法另筹常年进款以作赔款应用，勿徒请截留协饷，牵动大局，致多窒碍。"

（卷490　480页）

　　又谕："电寄崧蕃，留陕甘之尽先补用副将崔正午、尽先补用副将肃州镇标右营游击金造、尽先补用副将固原马营监营游击马福祥、尽先补用游击林太清、都司衔尽先千总姚忠诚现饬回防。该副将等随扈年余，尚为得力，均著加恩留于原省，遇缺尽先奏补，如一时无缺可补，即先行委署，以示奖励。将此谕令知之。"

（卷490　481页）

光绪二十七年（1901年）十二月乙未

陕甘总督崧蕃奏："库款支绌，裁并甘军，酌留八营，以节饷糈。仍饬择要驻扎，按时训练。"得旨："著即妥为裁并，汰弱留强，以纾饷力，并遴员统带驻甘五营认真训练，期成劲旅。"

（卷491 488页）

甘肃新疆布政使文光因病解职，以甘肃按察使潘效苏为甘肃新疆布政使、山东盐运使丰伸泰为甘肃按察使。

命甘肃提督姜桂题在紫禁城内骑马。

（卷491 489页）

光绪二十七年（1901年）十二月己亥

陕甘总督崧蕃奏："甘省裁并防练营旗，汰弱留强，以资整顿，借节饷需。"得旨："著即随时整顿，认真训练，以期饷不虚糜。"

又奏："西宁府大通县属毛家寨山水涨发，近河地亩概被淹没，工力难施，请将应纳额征粮草暂免，以纾民困。"下部知之。

（卷491 492页）

光绪二十七年（1901年）十二月己未

又谕："电寄崧蕃，电悉，邓增、马安良原有各营著照旧驻防，支食甘饷，其新募调陕各营著即遣散。"

（卷492 510页）

光绪二十八年（1902年）正月癸酉

谕内阁："朕钦奉慈禧端佑康颐昭豫庄诚寿恭钦献崇熙皇太后懿旨，四川提督宋庆忠勇笃诚，治军严整。咸丰年间创立毅军，转战河南、直隶、山东、江南、湖北、陕西、甘肃各省。统率所部削平捻、回巨寇，与中兴诸将同建殊勋，洊膺专阃。嗣在北洋一带驻扎操防，前后垂二十年威惠著闻，军民悦服，中外推为宿将。朝廷倚若长城，叠予恩施，特晋太子少保、尚书衔，赏给二等轻车都尉世职。该提督年逾八旬，此次随扈回京，中途召对，见其精神矍铄，志虑周详，方冀永享遐龄，长资倚畀。兹闻溘逝，轸悼殊深。宋庆著晋封三等男爵，照尚书例赐恤，加恩予谥，并入祀贤良祠。其原籍地方及立功省份建立专祠，生平战功事迹宣付国史馆立传。灵柩回籍时沿途地方官妥为照料。伊子试用道宋天杰著以五品京堂候补，伊孙直隶试用直隶州知州宋裕继著以知府补用。任内一切处分悉予开复，应得恤典，该衙门查例具奏，用示笃念荩臣，有加无已之至意，寻谥忠勤。"

（卷493　519页）

光绪二十八年（1902年）正月己卯

蠲缓甘肃宁、华亭、河、金、狄道、皋兰、岷、陇西、西宁、大通、灵、洮十二厅、州、县被灾地方粮赋有差。

（卷494　525页）

光绪二十八年（1902年）正月己丑

命翰林院编修叶昌炽提督甘肃学政。

（卷494　531页）

光绪二十八年（1902年）二月癸卯

调甘肃河州镇总兵孙万林为河南南阳镇总兵官、河南南阳镇总兵姚旺为甘肃河州镇总兵官。

（卷495　545页）

光绪二十八年（1902年）二月庚戌

以解清甘肃新饷，予陕西巡抚升允等优叙、前江西巡抚松寿等一品封典。

（卷496　551页）

光绪二十八年（1902年）三月乙丑

陕甘总督崧蕃奏："甘省摊派偿款数巨期迫，拟将文武养廉世俸减成凑解，以顾要需。"下部知之。

（卷497　563页）

光绪二十八年（1902年）三月甲申

陕甘总督崧蕃奏："筹办大学堂情形。"得旨："著即逐渐筹办，切实考核，期收实效。"

（卷497　570页）

光绪二十八年（1902年）三月己丑

以捐置赡祭公产，予甘肃知县刘立诚建坊。

（卷497 574页）

光绪二十八年（1902年）四月己酉

陕甘总督崧蕃奏："举办农工商务，筹修宁夏渠工，疏通水利，并推广于各属。"得旨："兴修水利实有益于国计民生，著即认真经理。"

（卷498 584页）

光绪二十八年（1902年）五月庚午

西宁办事大臣阔普通武奏："派员前赴玉树番旗会盟，办竣各旗积案，远番靖谧，边备可期久安。"得旨："著将该番旗随时加意抚绥，以安边圉。"

（卷499 597页）

光绪二十八年（1902年）七月壬午

命御前大臣肃亲王善耆、直隶提督马玉昆、甘肃提督姜桂题在西苑门内骑马。

（卷503 645页）

光绪二十八年（1902年）八月丙午

以捐资助学，予一品封职已革甘肃道员张庆焕建坊。

（卷504 660页）

光绪二十八年（1902年）八月己酉

谕内阁："崧蕃奏举劾文武各员一折。甘肃渭源县知县杨增新、中卫县知县王树楠、署阶州直隶州知州正宁县知县张心镜、署伏羌县知县吴宝琛、署清水县知县史文光均著送部引见。东乐县丞蒋人杰、署张掖县典史王炳、汉中镇中营游击章志杰、署秦州营游击蒋松林均著传旨嘉奖。捐升知府静宁州知州朱铣居心猥鄙，难资表率，著以同知通判降补，不准再回原省。阶州直隶州知州隆泰办事苛刻，人地未宜；清水县知县邓朝卿才具庸懦，难膺民社，均著开缺另补。花马池州同周启越冗阘无能，安定县典史周象乾精力衰颓，庆阳府训导安印堂、巩昌府训导王森年力已衰，均著勒令休致。补用副将李传经勇额不足，营务废弛；宁夏镇标前营守备章应炯支放钱粮，营私舞弊；肃州镇红崖堡守备张琳屡被禀揭，罔顾行止，均著即行革职。"

（卷504 660页）

光绪二十八年（1902年）九月甲子

陕甘总督崧蕃奏："甘肃巩昌等处夏禾被雹、被水，已由地方官履勘，并借给口粮籽种，以冀晚收，俟勘验明确再请分别蠲缓。"报闻。

（卷505　667页）

光绪二十八年（1902年）九月戊辰

四川总督奎俊奏："故甘肃武威县知县苏文炳、山西长子县知县唐大钧请附祀乡贤祠。四川按察使前彰明县知县牛树梅请附祀名宦祀。"下礼部议。

（卷505　670页）

光绪二十八年（1902年）十月甲午

谕军机大臣等："电寄岑春煊等，前据岑春煊奏调崔正午募勇赴川一节，现在川省军务已定，召募回队诸多窒碍。崔正午著仍留甘肃，如须添营勇，即著该署督于云南邻省另行召募。"

（卷506　686页）

光绪二十八年（1902年）十一月壬戌

谕军机大臣等："有人奏，甘肃藩司何福堃年老嗜利，营私败法，纵令伊子何继良接交属员，广纳贿赂等语。著崧蕃按照所指各节确切查明，据实具奏，毋稍徇隐。原片著抄给阅看。将此谕令知之。"

（卷507　697页）

光绪二十八年（1902年）十一月丁卯

陕甘总督崧蕃奏："筹建甘肃武备学堂情形。"得旨："著即次第认真举办，并将详细章程具奏。"

（卷507　700页）

光绪二十八年（1902年）十一月己巳

以甘肃凉州副都统恒寿为绥远城将军，未到任前，以归化城副都统文瑞署理。以记名副都统玉昆为凉州副都统。

（卷507　702页）

光绪二十八年（1902年）十二月癸巳

凉州副都统恒寿奏："遵照常备营制改练洋操步队一营，并自行筹款，加给津贴。"得旨："著移交玉昆督饬认真训练，务成劲旅。"

又奏："阅看庄浪秋操，并请拨给枪炮子药，俾资操练。"得旨："著即咨明崧蕃照拨。"

（卷509　717页）

光绪二十八年（1902年）十二月己亥

（署四川总督岑春煊）又奏："川省时会极艰，缺额过巨，请缓解甘肃协饷。"下户部议。

（卷509　720页）

光绪二十八年（1902年）十二月乙巳

（护理山西巡抚赵尔巽）又奏："截留甘肃董军饷项，垫补赔款。"下户部议。

蠲缓甘肃金县等县灾歉地亩银粮杂课有差。

（卷510　726页）

光绪二十八年（1902年）十二月辛亥

以山西按察使吴廷斌为山西布政使，调甘肃按察使丰伸泰为山西按察使，以甘肃兰州道黄云为甘肃按察使。

（卷510　731页）

光绪二十九年（1903年）正月乙亥

谕内阁："前据御史王乃征奏参甘肃藩司何福堃嗜利营私等款，当经谕令崧蕃确查，兹据查明复奏。何福堃被参各节或传闻误会，或事出有因，著加恩免其置议。伊子捐纳四川试用同知何厚彭即何继良办理捐务，年少喜事，不顾嫌疑。何厚彭著交部议处。"

（卷511　745页）

陕甘总督崧蕃奏："川、楚、陕三省会哨事竣，边界安谧。"报闻。

调陕西延绥镇总兵罗平安为甘肃河州镇总兵官、甘肃宁夏镇总兵田玉广为陕西延绥镇总兵官、甘肃凉州镇总兵张永清为宁夏镇总兵官、河州镇总兵姚旺为凉州镇总兵官。

以勤于训课，赏甘肃金县训导谢邦彦、山丹县教谕苟萃珍国子监学正衔，新疆迪化府教授巨国桂内阁中书衔。革因案婪索之庄浪乡学训导张宸枢、行止卑鄙之秦安县训导谢敬熙职。

（卷511　747页）

光绪二十九年（1903年）二月乙巳

以清解甘肃新饷，予前四川总督理藩院尚书奎俊等优叙，赏前署陕西布政使樊增祥二品顶戴。

（卷512　764页）

光绪二十九年（1903年）三月戊寅

知贡举以会试中额请。得旨："各省驻防满洲取中六名，蒙古取中三名，汉军取中二名，直隶取中二十四名，奉天取中三名，山东取中二十一名，山西取中十名，河南取中十七名，陕西取中十三名，甘肃取中九名，江苏取中二十四名，安徽取中十六名，浙江取中二十三名，江西取中二十二名，湖北取中十四名，湖南取中十三名，四川取中十四名，福建取中二十名，广东取中十六名，广西取中十三名，云南取中十二名，贵州取中十一名。"

（卷513　783页）

光绪二十九年（1903年）四月庚戌

赏前泰宁镇总兵准良副都统衔，为西宁办事大臣。

（卷514　796页）

光绪二十九年（1903年）五月戊午

引见候选道前甘肃中卫县知县王树楠。得旨："著发往甘肃以道员即补，并交军机处存记。"

（卷515　800页）

光绪二十九年（1903年）五月丙子

以功德在民，予故陕甘总督陶模在甘肃省城建立专祠，从陕甘总督崧蕃请也。

（卷516　811页）

光绪二十九年（1903年）闰五月甲午

蠲免甘肃凉州府镇番县东中渠被水地亩额赋。

（卷517　826页）

光绪二十九年（1903年）闰五月甲辰

陕甘总督崧蕃奏："伊犁运销晋茶，侵占甘商引地，有碍课厘，仍请严禁私销，以畅官引而保利源。"得旨："仍著咨明马亮等妥商筹办。"

豁免甘肃平番县被雹地方银粮草束。

（卷517　831页）

光绪二十九年（1903年）闰五月乙巳

以翰林院侍讲学士支恒荣为湖南乡试正考官，编修吕佩芬为副考官；侍讲王荣商为四川乡试正考官，编修张世培为副考官；编修马吉樟为甘肃乡试正考官，湖广道监察御史朱锡恩为副考官。

（卷517　832页）

光绪二十九年（1903年）六月乙卯

伊犁将军马亮奏："请设局试办官茶，严禁私茶，以济民食而顾国课。"得旨："仍著会商崧蕃、潘效苏妥筹办理。"

（卷518　838页）

光绪二十九年（1903年）六月庚申

陕甘总督崧蕃奏："铁布番匪四出抢掠，恃险抗拒，请甘川会剿。"下部知之。

（卷518　840页）

光绪二十九年（1903年）六月甲戌

谕军机大臣等："甘肃提督姜桂题所统留京毅军著加恩每年由户部拨给银一万五千两以备军衣犒赏之需。"

召见分省补用道彭英甲。得旨："著仍以道员发往山东补用，并交军机处存记。"

（卷518　846页）

光绪二十九年（1903年）八月戊辰

予故甘肃新疆巡抚刘锦棠兰州专祠，列入祀典，从陕甘总督崧蕃请也。

（卷520　870页）

光绪二十九年（1903年）九月壬午

凉州副都统玉昆奏："凉州、庄浪两防，改练靖远步队成军。"报闻。

（卷521　881页）

光绪二十九年（1903年）十月壬子

以功德在民，予故甘肃新疆巡抚饶应祺于甘肃省城建立专祠，从陕甘总督崧蕃请也。

抚恤甘肃皋兰、金、渭源、洮、平番、宁夏、宁朔、中卫、平罗、西宁、碾伯、河、狄道、武威、敦煌、泰（秦）十六厅、州、县暨沙泥州判所属被雹、被水灾民。

（卷522　896页）

光绪二十九年（1903年）十月癸丑

谕军机大臣等："本年直隶、吉林、山东、广东、广西、甘肃、新疆、江苏、陕西、湖北、浙江、云南、江西曾报偏灾，朝廷轸恤为怀，议赈议蠲。已饬各该将军督抚等妥筹抚恤，小民谅可不至失所。惟念来春青黄不接之时，民力未免拮据，著传谕该将军督抚等体察情形，如有应行接济之处，即著查明据实复奏，封印以前奏到，候朕于新正降旨加恩。此外，各该省有无被灾地方，应行调剂之处，著该将军督抚等一体查明具奏。"

（卷522　897页）

光绪二十九年（1903年）十一月乙酉

署四川总督锡良奏："川饷缺额过巨，请将甘肃协饷暂缓筹解。"下部议驳。

（卷523　915页）

光绪二十九年（1903年）十一月丙戌

谕军机大臣等："现在国步艰虞，百废待举，而库储一空如洗，无米何能为炊。如不设法经营，将大局日危，上下交困，后患何堪设想。查近年来银价低落，各省不甚悬殊。其向以制钱折征丁漕，各州县浮收甚多，而应征之房田契税报解者什不及一。各州县身拥厚资，坐视国家独为其难，稍具天良当必有怵然不安者。在各督抚每以保全优缺优差，留为调剂地步不肯实力清厘，而不知国势阽危，大小臣工奚能常享安乐。该督抚等受恩深重，又何忍因见好属吏致负朝廷。著自光绪三十年始，责成各督抚将所属优缺优差浮收款目彻底确查，酌提归公；并将房田税契切实整顿，岁增之款各按省份派定额数，源源报解。除新疆、甘肃、贵州及东三省地方瘠苦免其筹解外，江苏、广东两省每年应各派三十五万两。直隶、四川两省每年各三十万两。山东省每年二十五万两。河南、江西、浙江、湖北、湖南各省每年各二十万两。安徽省每年十五万两。山西、陕西、广西、云南、福建各省每年各十万两。以上计十六省通共每年派定三百二十万两。如该省地方情形实有为难，准其在本省各项原有中饱陋规内酌量筹补，必须筹足定额为度，不得稍有短欠。至各州、县无名之费不肖者相率逢迎馈送，贤者亦不免酬应办差，斗靡夸奢，泰侈无度，不但虚耗物力，抑且败坏官箴，当此创巨痛深之时，宜励尝胆卧薪之志。该督抚等务当整躬率属，痛予禁除。其所节省当亦不少，如此认真厘剔，何患巨款难筹。倘仍玩愒因循，习常蹈故，致指定额款解不足数，定惟该督抚等是问。将此通谕知之。"

又谕："百度之兴，端资经费。现值帑藏大绌，理财筹款尤为救时急务。前经户部通行各省整顿烟酒税，以济要需。乃报解之无多，实由稽征之不力。据直隶总督袁世凯奏称，直隶抽收烟酒两税计岁入银八十余万两。以直隶凋敝之区犹能集此巨款，足见该督公忠体国、实心任事，殊堪嘉尚。即著抄录直隶现办章程咨送各省，责成该将军督抚等一体仿行，并量其省份之繁简，派定税额之多寡。直隶一省应仍照现收之数每年仍派八十万两。奉天省每年应派八十万两。江苏、广东、四川各省每年应派五十万两。山西省每年应派四十万两。山东、江西、湖北、浙江、福建各省每年应各派三十万两。河南、安徽、湖南、陕西、吉林各省每年应各派二十万两。甘肃、新疆、广西、云南各省每年应各派十万两。贵州省每年应派六万两。通计以上二十一行省每年派定税额共六百四十六万两。殊于国计有裨，仍于民生无损，良以烟酒两项徒供嗜好之用，并非生计所必需，虽多取之而不为虐，且可以寓禁于征。东西洋各国于此两项皆榷税特重，意亦为此。经此次派定税额之后，各该将军督抚务即遴选妥实明干委员实力奉行，认真稽征，并明定赏罚，如有收数及额或逾额者，准其将尤为出力人员量予优奖，以资激劝。倘收不足额亦分别究惩。督征出力之员即著该督择尤请奖，以示朝廷有劳必录之至意。各该将军督抚等毋得视为具文也。除奉天、吉林、广西暂行缓办外，将此通谕知之。"

(卷523　915页)

光绪二十九年（1903年）十一月辛丑

西宁办事大臣准良奏："西宁道霍勤燡狃于积习，玩视宪章，请饬部照例议处。"得旨："霍勤燡著交部察议。"

予故湖南记名提督龙恩思照军营立功后病故例优恤，并附祀巡抚蒋益澧浙江专祠、大学士左宗棠甘肃专祠，从两江总督魏光焘等请也。

（卷523　924页）

《清光绪实录（八）》

光绪三十年（1904年）三月壬寅

礼部以会试中额请。得旨："满洲取中五名，蒙古取中二名，汉军取中一名，直隶取中二十二名，奉天取中二名，山东取中二十名，山西取中九名，河南取中十六名，陕西取中十一名，甘肃取中八名，江苏取中二十二名，安徽取中十五名，浙江取中二十一名，江西取中二十名，湖北取中十三名，湖南取中十二名，四川取中十三名，福建取中十八名，广东取中十五名，广西取中十一名，云南取中十名，贵州取中十名。"

（卷528　37页）

光绪三十年（1904年）五月甲申

陕甘总督崧蕃奏："会同川兵查办铁布番匪在洮、岷劫掠，拒毙事主各案，一律清结，出力文武请奖。"得旨："准其酌保数员，毋许冒滥。"

（卷530　57页）

光绪三十年（1904年）六月乙亥

西宁办事大臣准良奏："剔除积弊，以苏番困，请嗣后番民贩运牲畜货物准令自行出售，易换粮茶，统由地方经理以专责成。仍由奴才衙门缮颁印票，饬该厅、县等具领转发，酌收票费，以便稽查而杜冒滥。"得旨："著照所请，发给印票，严禁需索。"

（卷532　90页）

光绪三十年（1904年）七月甲午

谕内阁："崧蕃奏黄河泛涨，被灾情形一折。甘肃皋兰县属自六月初间连日阴雨，黄河上游逐渐泛涨至二丈有零。河滩村庄二十余处概被冲没，省城东南隅地势极低，适值泉水暴发，横遏黄流，关厢内外悉成泽国。统计救出灾民二万余丁口，业经崧蕃委员散放急赈，惟甘省向受黄河水利，该处河滩地亩已成村落，一旦遭此巨浸，小民荡析离居，深堪悯恻。仍著该督赶紧妥筹赈抚，所有库存正杂各款准其移缓就急，以资拯济。该督务当遴委妥员核实散放，尽心经理，毋使失所，以副朝廷轸恤灾黎至意。"

（卷533 103页）

光绪三十年（1904年）七月甲辰

西宁办事大臣准良奏："西宁县属水峡地方昔为蒙、番、汉、回贸易之地，嗣以回乱封闭，现据回民呈请规复旧业，拟恳开通水峡商务。"得旨："著会商崧蕃奏明办理。"

（卷533 107页）

光绪三十年（1904年）七月乙巳

凉州副都统玉昆奏："庄浪驻防前练洋操，拟请改练炮队，以资捍卫。"下练兵处知之。

以操防得力，予凉州驻防佐领斌昌等升叙加衔有差。

（卷533 108页）

光绪三十年（1904年）八月辛亥

陕甘总督崧蕃奏："黄河下游被灾各属现已酌筹赈抚。"得旨："览奏殊深悯恻，著即妥为抚恤，毋任失所。"

（卷534 111页）

光绪三十年（1904年）八月壬戌

命西宁办事大臣准良来京，赏马兰镇总兵延祉副都统衔，为西宁办事大臣。

（卷534 113页）

光绪三十年（1904年）八月乙丑

谕军机大臣等："准良奏西宁矿务委员不务化导，但示兵威，番众阻挠等语。著崧蕃酌派熟悉番情之员体察情形，妥筹办理。原折著抄给阅看。将此谕令知之。"寻奏："已另委熟悉番情各员前往晓谕，详细查勘。"报闻。

（卷 534　114 页）

西宁办事大臣准良奏："职官戕毙佛僧，激变番俗。"得旨："著交崧蕃秉公查办。"寻奏："署贵德厅同知余鼎铭激怒番众，几酿巨案。请予撤任停委五年，以示薄惩。另行委员接署，议结销案。"如所请行。

（卷 534　115 页）

光绪三十年（1904年）八月丙寅

豁免甘肃武威县被水地亩银粮。

（卷 534　115 页）

光绪三十年（1904年）八月庚午

谕军机大臣等："西藏为我朝二百余年藩属，该处地大物博，久为外人垂涎。近日英兵入藏，迫胁番众立约，情形叵测，亟应思患预防，补救筹维。端在开垦实边，练兵讲武，期挽利权而资抵御，方足以自固藩篱。前有旨令凤全移驻察木多，西宁办事大臣昨已简放延祉，所有西藏各边东南至四川云南界一带著凤全认真经理，北至青海界一带著延祉认真经理。各将所属蒙、番设法安抚，并将有利可兴之地切实查勘，举办屯垦畜牧，寓兵于农，勤加训练，酌量招工开矿，以裕饷源。目前所需经费著会商崧蕃、锡良妥筹具奏。该大臣等均经朝廷特简，才足有为，务即尽心筹划，不避艰难，竭力经营，慎重边圉，用裨大局，庶副委任，功多厚赏，其共勉之。"

（卷 534　117 页）

光绪三十年（1904年）九月庚子

陕甘总督崧蕃奏："甘肃各属灾情。"得旨："著即切实查勘，分别蠲缓，妥为抚恤，毋任失所。"

（卷 535　127 页）

光绪三十年（1904年）九月甲辰

谕军机大臣等："本年直隶、四川、广东、甘肃、福建、江西、云南曾报偏灾，朝廷轸恤为怀，议赈议蠲。已饬各该督抚等妥筹抚恤，小民谅可不至失所。惟念来春青黄不接之时，民力未免拮据，著传谕该督抚等体察情形，如有应行接济之处，即著认真查明据实复奏，封印以前奏到，候朕于新正降旨加恩。此外，各该省有无被灾地方，应行调剂之处，著该将军督抚等一体查明具奏。前经降旨谕令该将军督抚等痛除积习，饬属确查，毋任豪强胥吏盘剥欺侵。该将军督抚等务当恪遵前旨，实力奉行，不得稍有捏饰，以副朝廷实惠及民之至意。将此通谕知之。"

（卷535 128页）

光绪三十年（1904年）十一月甲申

以宁宁办事大臣延祉暂署库伦办事大臣。

（卷537 150页）

光绪三十年（1904年）十一月己丑

谕军机大臣等："有人奏甘肃靖远县刘文海横征暴敛，委员余重基分赃蒙禀，通判陈元骧、劣募余寿生等串同舞弊各折片。著崧蕃按照所参各节确查具奏。原折片著抄给阅看。将此谕令知之。"寻奏："刘文海查办赈抚假公营私，贪劣不职，已于前案奏请革职，永不叙用。除饬将匿欠各款严行追缴外，请免其再行置议。余重基等查无受贿实据，应请免议。"得旨："刘文海著免其再议，余依议。"

（卷537 154页）

光绪三十年（1904年）十二月庚戌

陕甘总督崧蕃奏："委办青海贵德抢杀蒙、番巨案，次第清结，文武出力人员请奖。"得旨："著崧蕃查核办理。"

（卷539 169页）

光绪三十年（1904年）十二月辛亥

谕内阁："崧蕃奏举劾文武各员一折。卸署甘肃兰州府知府候补知府张大铺、平番县知县调署皋兰县知县李瑞征、灵州知州廖保泰、调补宁夏县知县高光斗、清水县知县袁范、大挑知县李景沅、候补县丞李润藩、记名总兵庄浪协副将傅殿魁、陕西潼关协副将岳登龙、肃州镇标中营游击朱应龙、署永昌协副将候补副将金造，以上各员均著传旨嘉奖。撤署平番县知县过班知府裕端气质骄盈，难资表率，著以同知通判选用。宁州知州姚长龄才具平庸，听断草率，著以通判降补。平罗县知县荣春办事竭蹶，人地不宜；两当

县知县胡鹏年办事操切，人地不宜，均著开缺另补。靖远县知县刘文海查办
赈务借公营私，候补府经历徐泽中胆大妄为、贪婪有据，均著革职永不叙
用。补用参将杨友成营务不振，勇有缺额；撤署灵州营参将补用总兵张凤鸣
办事糊涂，营规废弛；撤任灵州营守备曹俊遇事欺饰，巧诈营私，均著即行
革职，以示惩儆。"

（卷 539　170 页）

光绪三十年（1904 年）十二月丁卯

赏青海多罗贝勒林沁旺济勒、喀尔喀多罗贝勒鲁勒木色楞双眼花翎，察
哈尔辅国公罗布桑索特巴、喀尔喀头等台吉达木党札布、克什克腾头等台吉
那木济勒花翎。

（卷 540　180 页）

光绪三十一年（1905 年）正月癸巳

举行本届大计，甘肃卓异官八员，不谨官二员，不及官一员，年老官二
员，有疾官一员，浮躁官一员，下部分别议叙处分如例。

（卷 541　192 页）

光绪三十一年（1905 年）三月丁丑

调闽浙总督升允为陕甘总督、陕甘总督崧蕃为闽浙总督。

（卷 543　210 页）

光绪三十一年（1905 年）三月壬午

谕军机大臣等："电寄朴寿等，电悉，该达赖喇嘛已报四月十四日启程
回藏，即著延祉偕行，先至西宁。应否由内地行走，究以何路为便，著朴
寿、延祉会商妥定，奏明办理。"

（卷 543　212 页）

光绪三十一年（1905 年）三月乙酉

又谕："电寄延祉，电悉，达赖喇嘛已有行期，该大臣此时何得辄请开缺，
致使借口。著即恪遵前旨，勉为其难，务当如期催令启程，偕至西宁。如或推
诿贻误，惟该大臣是问。至何路行走为便，仍著与朴寿会商妥定电奏。"

（卷 543　213 页）

光绪三十一年（1905年）三月己丑

直隶总督袁世凯奏："北洋新改陆军各镇暨淮练各防营，拟派甘肃提督姜桂题充北洋左翼翼长，云南提督夏辛酉充北洋右翼翼长，以重军政。"报闻。

（卷543　214页）

光绪三十一年（1905年）三月戊戌

西宁办事大臣延祉奏："假满病仍未痊，恳准开缺，回旗调理。"得旨："延祉著赶紧调理，仍遵前旨，届时前往。"

（卷543　220页）

光绪三十一年（1905年）四月乙巳

以贪婪营私、被控属实，革甘肃庄浪城守尉托云泰职，遣戍军台。控讦不合之佐领海英下部议处。

（卷544　224页）

光绪三十一年（1905年）四月癸丑

陕甘总督升允奏："请调前陕西延榆绥道严金清等差遣，并请开复原参处分。"得旨："除郭人漳业经李经羲奏调外，严金清等均著准其调往差遣，所请开复处分著毋庸议。"

（卷544　228页）

光绪三十一年（1905年）四月戊午

以查办青海蒙番斗案出力，予甘肃西宁府知府庆霖等升叙加衔有差。

（卷544　230页）

光绪三十一年（1905年）五月甲戌

伊犁将军马亮等奏："甘肃茶商来伊复引酌拟办法。"得旨："著升允查酌办理。"

（卷545　237页）

光绪三十一年（1905年）五月癸未

谕内阁："准良奏因亲病请先行交卸回旗等语，准良著准其交卸回旗，西宁办事大臣延祉未到任以前，著胡孚骏暂行护理。"

（卷545　238页）

光绪三十一年（1905年）六月戊申

蠲缓甘肃靖远、平罗两县暨西固州同上年被水灾地应征钱粮。

（卷546　249页）

光绪三十一年（1905年）六月丙辰

陕甘总督崧蕃奏："甘省防军就饷练兵，骤难遵照新章编改，拟就常备军徐图扩充。"下练兵处兵部议。寻奏："所拟分别换防，调省训练，办法尚合。惟称勉求相似，意涉迁就，请饬遵照新章筹办。"依议行。

（卷546　252页）

光绪三十一年（1905年）六月辛酉

解甘肃布政使何福堃职，以浙江按察使丰伸泰为甘肃布政使、直隶天津兵备道王仁宝为浙江按察使。

（卷546　254页）

光绪三十一年（1905年）六月壬戌

陕甘总督崧蕃奏："委古浪县绅士苏潮等试办蒙古黑尔岑地方铅矿，以储军需。"下所司知之。

（卷546　255页）

光绪三十一年（1905年）六月戊辰

以历任交代无亏，予甘肃皋兰县知县潘龄皋等九员奖叙。

（卷546　257页）

光绪三十一年（1905年）六月己巳

陕甘总督崧蕃奏："甘肃皋兰等县被水冲刷，坛祠、庙宇、城垣、角楼各项工程修理竣事，共用过工料银十五万七千余两。"下部知之。

（卷546　258页）

光绪三十一年（1905年）六月辛未

以青州副都统英慈为正蓝旗满洲副都统，归化城副都统文瑞为青州副都统，库伦办事大臣朴寿为归化城副都统，西宁办事大臣延祉为库伦办事大臣。赏甘肃巩秦阶道庆恕副都统衔，为西宁办事大臣。

（卷546　258页）

光绪三十一年（1905年）八月庚申

凉州副都统玉昆奏："驻防满营改练常备靖远步军，已届三年，具有规模，请派员校阅。"得旨："著升允认真校阅。"

（卷548　281页）

光绪三十一年（1905年）九月丁亥

陕甘总督升允奏："甘肃镇番县暨巴燕戎格厅各属猝被风雹，禾苗受伤，分别查勘抚恤。"得旨："著即妥为抚恤，毋任失所。"

勾到奉天、陕甘、湖广情实罪犯，停决奉天绞犯一人、陕西绞犯四人、湖广绞犯三人，余四十九人予勾。

（卷549　292页）

光绪三十一年（1905年）十月壬寅

谕军机大臣等："本年江苏、河南、四川、甘肃、云南、贵州曾报偏灾，朝廷轸恤为怀，议赈议蠲。已饬各该督抚等妥筹抚恤，小民谅可不至失所。惟念来春青黄不接之时，民力未免拮据，著传谕该督抚等体察情形，如有应行接济之处，即著认真查明据实复奏，封印以前奏到，候朕于新正元旦降旨加恩。此外，各该省有无被灾地方，应行调剂之处，著该将军督抚等一体查明具奏。前经降旨谕令该将军督抚等痛除积习，饬属确查，毋任豪强胥吏盘剥欺侵。该将军督抚等务当确遵前旨，实力奉行，不得稍有捏饰，以副朝廷实惠及民之至意。将此通谕知之。"

以延欠公款，革甘肃宁州知州姚长龄职。

以殴毙人命，革甘肃候补参将魏长林职，并讯办。

（卷550　300页）

光绪三十一年（1905年）十月丁巳

又谕："电寄延祉，电悉，现在天气已寒，达赖喇嘛著准其在喀尔喀暂住过冬，一俟春融，仍著前往西宁，并著该将军大臣等妥为羁縻，毋令他往。"

（卷550　309页）

光绪三十一年（1905年）十二月甲辰

以性情懦弱，降凉州右翼四旗蒙古佐领增顺为防御。

（卷552　323页）

光绪三十一年（1905年）十二月丙辰

以甘肃西宁镇总兵张行志为陕甘固原提督。

（卷553　333页）

光绪三十一年（1905年）十二月丁巳

调四川川北镇总兵马进祥为甘肃西宁镇总兵官，以前广西右江镇总兵李永芳为四川川北镇总兵官。

（卷553　334页）

光绪三十一年（1905年）十二月辛酉

陕甘总督升允等奏："贵德厅番案反复，聚众杀掠，派员擒获首要，讯办肃清，请准择尤保（褒）奖。"得旨："准其酌保数员，毋许冒滥。"

以擅杀酿乱，革署甘肃贵德厅同知候补通判余鼎铭职，遣戍军台。

（卷553　337页）

光绪三十一年（1905年）十二月壬戌

以捐款兴学，予甘肃永昌县监生张登峰之妻章氏建坊。

（卷553　338页）

光绪三十二年（1906年）正月己丑

陕甘总督升允奏："遵设督练处，就甘省现有各营改编新军一协。"下练兵处知之。

以贪劣不职，革浙江知县施荣鼎、甘肃知县张雯职。

蠲缓甘肃平罗、巴燕戎格、镇番、平远四厅、州、县被水、被雹成灾地方钱粮。

（卷554　351页）

光绪三十二年（1906年）二月壬寅

翰林院侍讲学士恽毓鼎奏："西北边防重大，军府事权不一，请斟酌旧制，特设新陕总督驻扎新疆，节制新疆、甘肃、陕西三省。裁撤陕甘总督，另置甘巡抚。"下政务处议。寻奏："请饬伊犁将军将新疆各要政规划布置，俟经理已有成效，应否改设行省，届时由该将军妥筹请旨办理。"从之。

（卷555　361页）

光绪三十二年（1906年）二月己酉

谕军机大臣等："商部奏陕甘绅士筹筑陕甘两省铁路一折。著升允、曹鸿勋督同该省各绅详晰妥筹，奏明办理。"

（卷555 365页）

光绪三十二年（1906年）三月辛未

谕军机大臣等："有人奏西北边防紧要，新疆宜及时经营，请改设移驻总督、巡抚、提督各官缺等语。著长庚、升允、联魁体察情形，悉心详商，妥筹办法，拟议具奏。原片著抄给阅看。将此各谕令知之。"

（卷557 378页）

光绪三十二年（1906年）三月乙未

擢甘肃平庆泾固化道王树楠为甘肃新疆布政使。

（卷557 386页）

光绪三十二年（1906年）五月甲寅

蠲免甘肃海城、武威二县被灾村庄民欠钱粮。

（卷560 420页）

光绪三十二年（1906年）六月癸未

予阵亡殉难甘肃官弁兵丁妇女刘福升等五员名口旌恤如例。

（卷561 429页）

光绪三十二年（1906年）七月庚申

陕甘总督升允奏："开办甘肃警务，先于省城设立专局，徐图推广。"下所司知之。

（卷562 443页）

光绪三十二年（1906年）七月辛酉

谕内阁："升允奏举劾属员一折。甘肃甘州府知府刘振铺、前宁夏府知府高熙喆、渭源县知县梅树楠、截取直隶州知州侯葆文、教习知县杨金庚均著传旨嘉奖。成县知县吴茂书罔上残下，以酷济贪；丁忧候补知县王汝昌市侩出身，衣冠败类；西大通县丞詹恒春纵子虐民，行同无赖；补用县丞刘明发性情狡狯，动挟上司，著革职永不叙用。刘明发并著驱逐回籍，不准逗留。碾伯县知县吴宝琛内行不修，声名甚劣；候补知县闵同文挟制干求，肆无忌惮；候补县丞陈清灏营私舞弊，有玷官箴；试用县丞孔繁溶借势招摇，贪污卑鄙；程庆增攀援无耻，敢于招摇，均著即行革职。安西直隶州知州何庆衍才力竭蹶，委靡不振；平番县知县李端征患得患失，每人而悦，均著开缺另补。记名提督戴富德劣迹昭著，驱逐复回。保安营都司刘贵和贪诈妄为，年复衰老；佛平营守备吉步升避案回籍，久旷职守，著一并革职。另片奏，前甘肃布政使何福堃擅将绅民缴存藩库昭信股票银两分送院幕谢宗海、门丁王恩国请奖等语。绅民报效巨款岂容劣幕斯养冒窃显荣，分省试用道谢宗海、直隶州知州王恩国均著即行革职。前甘肃布政使何福堃并著交部议处。"寻议："以降三级调用。"从之。

（卷562　444页）

光绪三十二年（1906年）八月己丑

以肃清夷匪出力，予西宁镇总兵升任固原提督张行志、伊犁镇总兵马安良优叙，补用游击马骐以参将用并加副将衔。

（卷563　455页）

光绪三十二年（1906年）八月庚寅

以开场聚赌，革甘肃候补守备贾春华职。

（卷563　456页）

光绪三十二年（1906年）九月丙午

予故前任西宁办事大臣署乌鲁木齐都统豫师恤典如例。

（卷564　464页）

光绪三十二年（1906年）九月丁未

御史赵炳麟奏："陕、甘、新疆伊犁亟宜修筑铁路。"又奏："陕甘西潼铁路二线应否划分。"下商部知之。

（卷564　464页）

光绪三十二年（1906年）十月甲子

管理八省土膏统捐事宜户部右侍郎柯逢时奏："奉旨督办各省土药统税事宜，经在武昌设立总局，叠据湖北、江苏、安徽、江西、湖南、直隶、山东、河南、山西、陕西、甘肃、浙江、福建、广东、广西、云南等省禀报开局，四川、贵州正议开办，惟东三省、新疆咨查未复，已派员前往考察。"

下度支部知之。

（卷565 478页）

光绪三十二年（1906年）十月丙寅

谕军机大臣等："本年江苏、安徽、浙江、湖南叠遭水患，广东屡被风灾，当经分别颁发帑银，并由各该督抚等议赈议捐，妥筹抚恤。其余如直隶、河南、四川、广西、甘肃、江西、云南等省曾报偏灾，亦经先后饬各该督抚等量为赈济，小民谅可不至失所。惟念来春青黄不接之时，民力未免拮据，著传谕该督抚等体察情形，如有应行接济之处，即著认真查明，据实复奏，务于封印以前奏到，候朕于新正降旨加恩。此外，各省有无被灾地方，应行调剂之处，著该将军督抚等一体查明具奏。前经降旨谕令该将军督抚等痛除积习，饬属确查，毋任豪强胥吏盘剥欺侵。该将军督抚等务当恪遵前旨，实力奉行，不得稍有捏饰，以副朝廷实惠及民之至意。将此通谕知之。"

（卷565 479页）

光绪三十二年（1906年）十月戊辰

谕内阁："朕钦奉慈禧端佑康颐昭豫庄诚寿恭钦献崇熙皇太后懿旨，甘肃提督姜桂题等统领各军，宿卫宫禁，弹压地面，数年以来尚属得力，自应量加恩施，以昭激劝。姜桂题著赏加尚书衔，四川建昌镇总兵张勋著赏给头品顶戴，广东潮州镇总兵赵国贤、直隶正定镇总兵徐邦杰、浙江处州镇总兵邱开浩均著以提督记名。其余在事各员著庆亲王奕劻分行各该营开单酌核请奖，候旨施恩。"

（卷565 480页）

光绪三十二年（1906年）十月丁亥

谕军机大臣等："所有在京宿卫官兵仍著甘肃提督姜桂题照料。"

（卷565 484页）

光绪三十二年（1906年）十一月丙申

调甘肃按察使黄云为山东按察使，以安徽徽宁池太广道冯汝骙为甘肃按察使。

（卷566 490页）

光绪三十二年（1906年）十一月丁巳

陕西巡抚曹鸿勋奏："陕省兴办铁路，宜联豫、甘两省通力合作，请简大员督办，以专责成。"得旨："著邮传部会同度支部议奏。"

（卷567　505页）

光绪三十二年（1906年）十一月庚申

谕军机大臣等："有人奏甘肃地瘠民贫，亟宜振兴实业一折。著升允体察情形，于农工商矿各事认真整顿，以兴实业。"又片奏："已革陕西试用直隶州知州李显诚赞成改造兰州黄河铁桥等语，著升允确切查明，据实具奏，毋稍徇隐。原折片均著抄给阅看。"寻奏："甘省农工商矿均于省城设局研究，现拟添筹资本，运机购船，以为扩充之计。至建筑黄河铁桥曾与德商订立合同，报部有案，与李显诚无涉。"报闻。

（卷567　507页）

光绪三十二年（1906年）十二月己卯

苏呢特多罗郡王玛克苏尔札布等二人，青海札萨克多罗郡王巴勒珠尔拉布坦等二人，翁牛特辅国公达尔玛巴拉一人，乌珠穆沁辅国公喇什一人，察哈尔二等台吉札那西哩等四人，于神武门外瞻觐。

（卷568　518页）

光绪三十二年（1906年）十二月辛巳

蠲缓甘肃河、狄道、永昌等州、县被雹成灾地方钱粮。

（卷568　519页）

光绪三十二年（1906年）十二月乙酉

赏旧土尔扈特卓里克图汉布彦穆库、吐鲁番回子郡王业明和卓三眼花翎，苏呢特多罗贝勒国尔卓尔札布双眼花翎，青海辅国公索诺木尔达西花翎。

（卷568　522页）

光绪三十二年（1906年）十二月壬辰

又谕："电寄张荫棠，电悉，据代奏班禅额尔德尼吁请陛见等语，具见悃忱。著俟藏务大定后，听候谕旨，再行来京陛见。达赖喇嘛现在留住西宁，并著暂缓来京，究竟达赖、班禅等来京是否相宜，著张荫棠体察情形，再行详晰电奏。”

光绪三十三年（1907年）正月丙辰

陕甘总督升允奏：“甘省驿铺遽难裁并，现饬认真整顿，以免浮冒。”报闻。

光绪三十三年（1907年）二月戊辰

以甘肃按察使冯汝骙为陕西布政使、四川成绵龙茂道沈秉堃为甘肃按察使。

光绪三十三年（1907年）二月壬申

谕军机大臣等：“前据丁振铎年终密考，云南按察使陈灿才明心细，办理通省学务条理秩然。兹据锡良电奏，陈灿疲软因循，遇事敷衍，难胜边要重任等语。殊属两歧。陈灿已调甘肃按察使，著升允于该司到任后认真察看，据实具奏。”寻奏：“察看该臬司陈灿孜孜图治，绝不蹈敷衍因循之习，应请销去察看字样，以策后效。”报闻。

调甘肃按察使沈秉堃为云南按察使、云南按察使陈灿为甘肃按察使。

光绪三十三年（1907年）二月戊子

凉州副都统玉昆奏：“严禁凉、庄官兵嗜好，以祛痼习。”得旨：“著即认真办理。”

光绪三十三年（1907年）二月庚寅

凉州副都统玉昆奏：“凉、庄两防，协佐、防校等缺，向分左、右翼拣补，因缺就人食，非求实之意。拟请援照绥远城变通满蒙章程，嗣后协佐、防校遇有缺出，无分旗翼，一体拣补。”从之。

光绪三十三年（1907年）四月庚辰

陕甘总督升允奏：“达赖喇嘛久驻思归，惟性情贪啬，难资镇摄，应否准令回藏，请旨遵行。"得旨："达赖喇嘛著暂缓回藏，俟藏务大定，再候谕旨。"

（卷572　574页）

以历任交代无亏，予甘肃巴燕戎格通判张作霖等二员奖叙。

（卷572　575页）

光绪三十三年（1907年）四月戊子

谕军机大臣等："岑春煊奏统筹西北全局，酌拟变通办法，以兴本利而固边卫各折片。著徐世昌、袁世凯、升允、赵尔巽、锡良、唐绍仪、朱家宝、程德全、恩寿、曹鸿勋、联魁、贻谷、廷杰、诚勋、长庚、马亮、延祉、连魁、锡恒、穆特春、庆恕、联豫体察情形，各抒所见，妥议具奏。原折片均著抄给阅看。"

（卷572　578页）

光绪三十三年（1907年）五月丙午

礼部以考试各省举贡中额请。得旨："宗室取中三名，满洲取中十名，蒙古取中五名，汉军取中七名，直隶取中二十七名，奉天取中五名，山东取中二十五名，山西取中十三名，河南取中十八名，陕西取中十五名，甘肃取中十五名，江苏取中二十八名，安徽取中十八名，浙江取中二十八名，江西取中二十五名，湖南取中十六名，四川取中十七名，福建取中二十五名，广东取中十八名，广西取中十四名，云南取中十四名，贵州取中十四名。"

（卷574　593页）

光绪三十三年（1907年）五月丁未

陕甘总督升允奏："甘省赔款无著，请由土药税拨还。"下部议。

又奏："复陈民刑诉讼各法，甘省尚难通行，谨将窒碍各条缮单呈览。请俟人格完全、法律娴熟，再行举办。"下部议。

（卷574　593页）

以筹解甘饷出力，赏山西布政使张绍华本生三代正一品封典。

（卷574　594页）

光绪三十三年（1907年）六月丙子

西宁办事大臣庆恕奏："遵议青海边务情形。一设官，宜因时变通；一立学，宜设法劝办；一驻兵，宜择地防守，并俟改省后再将垦田开矿各事次第举办。"下考察政治馆知之。

（卷575　612页）

光绪三十三年（1907年）七月庚戌

（陆军部）又奏："拟定陆军三十六镇，按省分配，限年编练章程。除近畿四镇、直隶两镇业经编定，江苏、湖北各两镇，山东、山西、陕西、新疆各一镇，四川三镇，限三年；江北、安徽、江西、河南、湖南、热河各一镇，限四年；广东、云南、甘肃各两镇，广西、贵州各一镇，限五年；浙江、福建、奉天、吉林、黑龙江各一镇，限二年，一律编练足额。"均从之。

（卷576　633页）

光绪三十三年（1907年）七月甲寅

陕甘总督升允奏："塔尔寺主僧阿嘉呼图克图与达赖喇嘛同居一处，积不相能，请调令来京当差，以冀消患无形。"得旨："著理藩部调令阿嘉呼图克图来京当差。"

（卷576　634页）

光绪三十三年（1907年）八月辛巳

以考选优生、批行迟延，陕甘总督升允。下部察议。

以贪劣不职，革甘肃灵台县知县王尧儒、署大通县知县姜镇南职。

予甘肃新建已故伊犁将军金顺专祠列入祀典。

（卷578　652页）

光绪三十三年（1907年）八月丙戌

谕军机大臣等："有人奏，甘肃回民马化龙之孙到处抢掠，大为民害；董福祥坐拥厚资，颇储利器各等语。著升允按照所指各节查核情形，妥筹办理。原片著抄给阅看。"寻奏："遵查马化龙之孙实无抢掠案据，应毋庸议。董福祥储械无多，虽拥厚资，既不乐输，未便相强。至宁夏兵力虽单，尚敷分布，容俟饷项稍纾再行添练劲旅，以固边圉。"报闻。

（卷578　655页）

光绪三十三年（1907年）九月甲辰

以战功昭著、遗爱在民，予故甘肃兰州道张瑞珍入祀兰州府秦州名宦祠，从陕甘总督升允请也。

（卷580　672页）

光绪三十三年（1907年）九月乙巳

西宁办事大臣庆恕奏："察汉托落亥地方旧有海神祠，兵燹烧毁，择地捐建落成，由西宁镇派兵守护。请饬拨给粮石。"下部知之。

（卷580　672页）

光绪三十三年（1907年）十月己未

举行本年军政，凉州年老官一员处分如例。

（卷581　683页）

光绪三十三年（1907年）十月辛酉

谕军机大臣等："本年顺直各属猝遭水患，云南久旱成灾，当经分别颁发帑银，并由各该督等议赈议捐，妥筹抚恤。其余如湖南、甘肃、新疆、广东、陕西等省曾报偏灾，亦经先后饬各该督抚等量为赈济，小民谅可不至失所。惟念来春青黄不接之时，民力未免拮据，著传谕该督抚等体察情形，如有应行接济之处，即著认真查明，据实复奏，务于封印以前奏到，候朕于新正降旨加恩。此外，各该省有无被灾地方，应行调剂之处，著该督抚等一体查明具奏。前经降旨谕令该督抚等痛除积习，饬属确查，毋任豪强胥吏盘剥欺侵。该督抚等务当恪遵前旨，实力奉行，不得稍有捏饰，以副朝廷实惠及民之至意。将此通谕知之。"

（卷581　683页）

光绪三十三年（1907年）十月丙戌

谕军机大臣等："凉州副都统玉昆奏，前署武威县事两当县知县赵铉私枭社粮，贻害闾阎，请饬勒追，以重民食一折。著升允按照所参各节确切查明，据实具奏，毋稍回护。原折著抄给阅看。"寻奏："前署武威县知县赵铉因亏短交代及社粮等项已另案奏参，惟原奏谓其到处殃民，殊无实据。查该县于估拨兵粮外，每年有馈送副都统银一千三百两，往往致启猜嫌，应请全数捐入农业学堂，由司另筹该副都统津贴，以资办公。"报闻。

（卷581　694页）

光绪三十三年（1907年）十一月戊戌

陕甘总督升允奏："敦煌匪徒抗粮，拟派兵勒缉首要。"得旨："著体察情形，详慎办理。"

又奏："遵议青海拟缓建省，先行试垦。"下会议政务处议。寻奏："该处开通不易，筹款维艰，似不如准照该督所奏，先行试垦较为切实易行。"从之。

（卷582　702页）

光绪三十三年（1907年）十一月庚子

以甘肃贵德番案肃清出力，予知府同镇牲等升叙有差。

（卷582　703页）

光绪三十三年（1907年）十一月癸卯

（署宁夏将军志锐）又奏："化除满、汉畛域，宜筹善后以存种族，宜平积忿以固人心。"又奏："驻防归农，宜令旗丁应募入伍，然后以本旗底饷为之购地。"又奏："请设咨议员，京官三品以下悉可充选。"均下会议政务处议。寻奏："化除满、汉事应俟汇齐另议，其驻防归农及请设咨议员各节，所陈不为无见，应请饬下西北驻防各将军、督抚、资政院总裁分别参酌办理。"从之。

（卷583　705页）

光绪三十三年（1907年）十一月戊申

朝考录取黑龙江、甘肃、云南及补考优生。得旨："杨穆之等三名以七品小京官分部学习，杨楷等九名以知县分省补用，张树声等十二名以按察司经历、盐运司经历、散州州判府经历、县丞分省补用。"

（卷583　710页）

光绪三十三年（1907年）十二月己未

验看前甘肃平凉府知府瑞寿。得旨："著回原衙门行走。"

（卷584　718页）

光绪三十三年（1907年）十二月乙丑

上御乾清宫，科尔沁和硕达尔汗亲王那木济勒色楞等三人，喀喇沁多罗都楞郡王多罗额驸贡桑诺尔布等二人，巴林多罗郡王札噶尔等二人，阿巴噶多罗卓哩克图郡王布彦乌勒哲依等三人，喀尔喀亲王衔札萨克多罗郡王多尔济帕喇穆等六人，青海札萨克多罗郡王洞阔林沁一人，翁牛特多罗达尔汗岱青贝勒花连等二人，茂明安多罗贝勒棍布一人，鄂尔多斯固山贝子阿尔宾巴雅尔等四人，阿巴哈那尔贝勒衔固山贝子车凌多尔济一人，阿拉善镇国公普勒忠呢什尔一人，郭尔罗斯镇国公衔辅国公齐莫特散岨勒一人，乌珠穆沁镇国公达木林一人，苏呢特辅国公特穆尔一人，察哈尔札萨克头等台吉阿喇布齐等二人，瞻觐。

（卷584　721页）

光绪三十三年（1907年）十二月癸酉

陕甘总督升允奏："西宁番僧纠众抗拒开矿，现拟筹办情形。"得旨："督挸度机宜，妥筹办理。"

举行本届军政，陕甘卓异官一员、不谨官二员、有疾官二员、年老官五员，下部分别议叙处分如例。

（卷585　728页）

光绪三十三年（1907年）十二月庚辰

西宁办事大臣庆恕奏："达赖喇嘛前往五台山，由西宁启程日期。"报闻。

（卷585　731页）

光绪三十三年（1907年）十二月甲申

追予故浙江衢州镇总兵简敬临附祀前大学士左宗棠专祠，从陕甘总督升允请也。

蠲缓甘肃皋兰、平罗、河、靖远、高台、碾伯六州县被灾地亩钱粮。

（卷585　734页）

光绪三十四年（1908年）正月癸巳

谕军机大臣等："电寄吴廷斌，电悉，夏辛西原部各营，著甘肃提督姜桂题接统。未到差以前，著责成该军营务处妥为照料，并著姜桂题统率原带六营会合新接各营，汰弱留强，共成五千人开往长江一带，扼要屯扎，专作为游击之师。仍会商沿江各省督抚，筹办江防事宜。其前派会办江浙剿匪一差著即撤销。"

（卷586　740页）

光绪三十四年（1908年）正月戊戌

谕军机大臣等："电寄吴廷斌，电悉，夏辛酉所部步队八营、马队两营，照淮军巡防营制计不过两千数百人，何至有三千三百人之多。至新募营队，甫经入伍，尚未操练，又何至散为游勇，扰害地方。著姜桂题驰赴曹州查明实在情形，会商该署抚妥为办理。勿任营员借端把持，增糜巨饷。"

（卷586 743页）

光绪三十四年（1908年）正月癸卯

谕军机大臣等："前据志锐奏称，宁夏等属新、旧两教不甚相安，赖董福祥素有威望、暗中镇摄等语。现在董福祥业经病故，难保无匪徒生心煽惑。著升允悉心体察，密筹防范，勿稍大意。其董福祥旧部将弁如有才堪任使者，亦可详慎访查酌量委用，并严饬地方官随时宣布朝廷德意，无论汉民、回民，暨新、旧两教均属一视同仁，统归涵育。遇有控讼案件须持平判断，不得稍有偏倚，以息猜疑而靖地方。"寻奏："董福祥自屏退后，外事从不预闻，第以家拥厚资，存储利器，传闻失实，谣诼遂多。现该家属业将枪械缴出，并报效捐助银四十万两，谣言已息。该提督旧部将弁以记名总兵姚炳义、丁士炜尤有干才，现已择其部下精锐兵丁改编为巡防第二队，即派姚炳义管带，以期得力。现在汉、回一律相安，新、旧两教亦尚绥辑。"报闻。

（卷586 747页）

会办长江防守事宜。甘肃提督姜桂题奏："筹办江防，拟改编炮队二营，减去步队一营，名为沿江巡防队，请拨的款，俾资腾饱。"得旨："著度支部迅即筹办。"

（卷586 748页）

光绪三十四年（1908年）正月甲辰

陕甘总督升允奏："筹改甘省厘金，试办统捐，拨办农工商矿各要政，恳请饬部立案。"下部知之。

又奏："兰州城北滨临黄河，拟造铁桥以资利济。所有桥价运费等项概由统捐溢收项下拨用，作正开销。"又奏："甘省设立官医局，并将戒烟、种痘并为一处，局内附设医学馆，以造后进。拟暂由统捐溢收项下开支。"均下所司知之。

又奏："甘省设立农工商矿局并次第创办劝工厂、农事试验场、矿务学堂、农林学堂以及官报局、商品陈列所、官铁厂、织布栽绒丝绸、玻璃各厂。其商业总会、农业总会亦皆赓续成立。"下部知之。

又奏："碾伯县番境勘矿，各埠汉、番均已猜嫌尽释。该处矿产即可由官择要开采。"报闻。

（卷586　748页）

光绪三十四年（1908年）正月丙午

调伊犁镇总兵马安良为甘肃新疆巴里坤镇总兵官，以记名总兵周玉魁为伊犁镇总兵官。

（卷586　749页）

光绪三十四年（1908年）二月乙亥

陕甘总督升允奏："《甘肃省志》年久散佚，拟在省城设局编辑。"报闻。

又代奏："宁夏府知府赵惟熙化除满汉条陈，请裁撤旗兵，预给恩饷十年，由国家为之生利。其恩饷请募集公债，即以此项旗饷作抵。"下会议政务处知之。

又代奏："赵惟熙请建西北铁路，条陈六事，曰规路线；造人才；备物料；筹经费；定预算；派督办。"下部议。

以亏短巨款，革陕西两当县知县赵铉职并勒追。

以捐助学费，予前陕西靖边县知县丁锡奎、甘肃文县同知职衔刘长庆建坊。

（卷587　765页）

光绪三十四年（1908年）二月乙酉

谕军机大臣等："电寄台布等，电悉，所请赏拨董福祥报效银两、枪枝，著升允体察情形，酌量拨给。"

（卷587　772页）

光绪三十四年（1908年）三月丁亥

御史俾寿奏："请派知兵大员督练陕甘新军。"下部议。

（卷588　774页）

光绪三十四年（1908年）三月癸巳

谕内阁："湖北武昌盐法道童德璋、河南河陕汝道崇缮、甘肃凉州府知府联寿、安徽宁国府知府荣普、陕西同州府知府英琦，均著开缺送部引见。"

（卷588 778页）

光绪三十四年（1908年）三月丙午

陕甘总督升允奏："甘肃敦煌县办理土匪情形，并饬妥筹清丈，按亩升科。"下部知之。

（卷588 784页）

光绪三十四年（1908年）四月丙子

又谕："电寄升允，电悉，董福祥报效之款除留办该省新政外，所余二十万两另款存储，留备宁夏旗垦之用。"

（卷590 805页）

光绪三十四年（1908年）五月庚子

谕军机大臣等："升允奏山西藩司玩视协饷，请饬部严议一折。甘新协饷关系边防要需，何得任意推诿。著宝棻严饬藩司丁宝铨竭力筹解，以济边饷，倘意存推延，贻误军需，定行照例议处。升允指名请对调藩司亦属不合，应毋庸议。原折著抄给宝棻阅看。"

陕甘总督升允奏："酌加茶票三百六十张，以裕课厘。"下度支部知之。

以亏款延缴，已革署甘肃武威县知县赵铉籍产备抵。

（卷592 822页）

光绪三十四年（1908年）五月甲辰

以武科乡举重逢，赏前甘肃肃州镇总兵田在田太子少保衔。

（卷592 825页）

光绪三十四年（1908年）六月壬戌

调江宁布政使继昌为甘肃布政使，以开复前陕西布政使樊增祥为江宁布政使。

（卷593 835页）

光绪三十四年（1908年）六月己卯

陕甘总督升允等奏："青海牧地先行试垦，筹拟设局驻兵办法，恳饬理藩部转谕青海蒙古王、公、台吉、番民、千百户及各庙呼图克图僧纲、法台、香错等，令其将可垦地段报出，派官接收，招民开垦。"得旨："著妥慎筹办，务令蒙、番客民彼此相安。"

（卷593 843页）

光绪三十四年（1908年）七月丁亥

又谕："电寄升允，电悉，西宁地方重要，庆恕著毋庸来京。"

（卷594 847页）

光绪三十四年（1908年）七月乙未

谕军机大臣等："电寄台布等，电悉，留备旗垦之款著解交甘肃藩库另款存储，由该将军等随时撙节提用，核实造报。"

（卷594 852页）

光绪三十四年（1908年）八月甲寅

凉州副都统玉昆奏："遵筹凉、庄两防生计，拟变通办法，综计两防人数不及四千，现照召募新军准令旗丁应募之例，编入兵队，入伍即停支本旗底饷，储以购地，俟退伍按丁承领。余除入中、小学堂充堂巡警及各项杂差五百余名外，闲散老弱为数无多，应俟度支部筹有的款，购田安置。"下所司知之。

（卷595 862页）

光绪三十四年（1908年）八月丙辰

以江苏提学使毛庆蕃为甘肃布政使、记名提学使樊恭煦为江苏提学使。

（卷595 863页）

光绪三十四年（1908年）八月辛未

调甘肃提督姜桂题为直隶提督、云南提督张勋为甘肃提督，以前广东陆路提督李福兴为云南提督。

（卷595 867页）

光绪三十四年（1908年）九月丙申

陕甘总督升允奏："甘肃夏禾被灾，皋兰灾情较重，已饬赶办急赈。"得旨："著即妥为抚恤，毋任失所。"

（卷596　879页）

光绪三十四年（1908年）九月甲辰

勾到奉天、吉林、黑龙江、陕西、甘肃、湖北、湖南情实罪犯，停决奉天绞犯三人，吉林绞犯一人，陕西绞犯一人，甘肃绞犯一人，湖北绞犯一人，湖南绞犯一人，余四十一人予勾。

（卷596　880页）

光绪三十四年（1908年）九月丙午

谕内阁："第二期保荐人才，经派那桐等查验询问，兹已一律召见引见完竣。所有单开之内阁中书张国淦，著以内阁侍读候补；学部七品小京官平远，著俟升补主事后以本部员外郎补用；大理院总检察厅厅丞王世琪，著以应升之缺，交军机处存记；大理院推事董康，著以推丞在任候补；大理院推事记名御史王仪通，著以推丞在任候补；邮传部左丞李焜瀛，著以应升之缺，交军机处存记；陕西陕安道沈潜著以应升之缺，交军机处存记；甘肃新疆阿克苏道杨增新，著以应升之缺，交军机处存记。"

（卷596　881页）

光绪三十四年（1908年）十月乙卯

谕军机大臣等："本年广东、湖北、湖南猝遭水患，当经分别颁发帑银，并由该督抚等妥筹赈抚。其余福建、安徽、直隶、黑龙江、甘肃等省曾报偏灾，亦经先后谕令该督抚等筹办急赈，妥为抚恤，小民谅可不至失所。惟念来春青黄不接之时，民力未免拮据，著该督抚等体察情形，如有应行接济之处，即著认真查明，据实复奏，务于封印以前奏到，候朕于新正降旨加恩。此外，各该省有无被灾地方，应行调剂之处，并著一体查明具奏。前经降旨谕令该督抚等痛除积习，饬属确查，毋任豪强胥吏盘剥欺侵。该督抚等务当恪遵前旨实力奉行，不得稍有掩饰，以副朝廷实惠及民之至意。将此通谕知之。"

（卷597　887页）

光绪三十四年（1908年）十月丙辰

以贻误病民，革甘肃阶州白马关州判曹步云职。

（卷597　888页）

溥仪宣统政纪

光绪三十四年（1908年）十一月辛卯

　　陕甘总督升允奏："遵拟法政学堂办法，约有四端，曰展学期，分学科；招绅班，优奖励；因地制宜，不敢铺张其事；蹈有名无实之愆。"又奏："宁夏茶商不洽蒙情，另行招商变通办理。"均下部知之。

（卷2　29页）

光绪三十四年（1908年）十二月癸丑

　　又谕："内务府会奏，请将沿途照料达赖喇嘛之甘肃候补知府裕端饬回原省，可否酌给奖叙一折。裕端应饬回原省，著陕甘总督酌给奖叙。"

（卷4　62页）

光绪三十四年（1908年）十二月壬申

　　蠲缓甘肃皋兰、狄道、靖远、洮州、碾伯、平番、平罗七厅县被灾地亩粮租。

（卷5　90页）

宣统元年（1909年）正月癸卯

　　陕甘总督升允奏："甘肃添募巡防马、步各队，择要驻扎，以资镇摄。"下部知之。

　　旌表殉夫烈妇甘肃已故县丞职衔徐懋德妻李氏。

　　豁免甘肃大通县被水地方光绪三十四年份应征钱粮。

（卷7　124页）

宣统元年（1909年）正月戊申

　　邮传部会奏："光绪三十四年二月十九日，军机处片交陕甘总督升允代奏宁夏府知府赵惟熙请建西北铁路一折。原奏规路线一节，内称西北铁路拟请分筑干路两条，一由张家口至库伦为东干，一由张家口至绥远城，逾蒙古过凉州，出关至伊犁为西干。干路既定，拟由太原南经泽潞，接道清为一枝。由西安东出潼关，接汴洛为一枝。西道汉中达成都为一枝，由兰州北接凉州干路为一枝，由迪化经天山南路达疏勒府为一枝等语。邮传部查该知府所拟各项路线与臣部上年所奏筹划全国轨线大致相同，惟形势各有攸宜，即措置未容或泥，张家口至库伦一线最关重要。上年臣部议复库伦办事大臣延祉及肃亲王善耆筹办蒙古铁路各折，曾奏准俟。京张路成，展达库伦至恰克图，并于筹划全国轨线折内声明，俟干线抵张家口，即分枝西趋绥远城。该知府所拟张库一路，应即照臣部前奏办理。至西北路线关系地利国防，尤须力图建设。惟须造端腹地，渐及边陲，庶经武通商相资为用。该知府所请由张家口至绥远城，逾蒙古过凉州，出关至伊犁一节。该线中经荒漠，长途旷野，防护需兵，计不如由中原以达边要。现在拟仍定为由洛、潼、西安出兰州以至伊犁，借收脉络贯通之效。该知府所拟西安接汴洛一线及兰州至凉州一线，应即并入办理。其天山南路达疏勒一线应俟西北路线筑至迪化时再行酌量办理。至由太原南经泽潞接道清一枝，前据同蒲铁路公司呈称拟由太原至平遥，应俟奏派勘路查款委员禀复再行核办。汉中达成都一枝为臣部旧所规定，均俟西潼川汉告成时分别筹办。现在洛潼、西潼方始筹修，此外，由西安达兰、凉以出新疆，路线过长，需款太巨，兴工尚属有待，应由臣部随时会商各省另行奏明办理。原奏造人才一节内称拟在天津设一铁路学堂，选直隶、晋、豫、陕、甘五省聪颖子弟分肄各科，三年卒业，资遣游学后分布各路等语。邮传部查近年路政需才非止五省，而天津设学实为良图。现臣部所辖奏定上海实业学堂兼习四政外，其官立唐山路矿学堂，附近臣署之实业学堂及公立郑州铁路学堂，仍俟厘订妥章，再行分别奏明办理。原奏备物料一节内称铁轨枕木仰给外洋，漏卮殊甚。请在太原建一铁厂，专铸路轨，并饬近路州、县各种榆三万株等语。邮传部查近来各路需轨均尽汉阳铁厂购办，常患不敷。诚能建厂太原，广为铸造，实属路矿交益。榆木宜作枕木，上年曾饬官商各路夹道课种，以期推广。所议筹建铁厂、推广种榆各条，农工商部查晋省官绅筹办保晋矿务公司原拟章程，即有俟资本充裕，择地开设炼厂，以宏制造之条。现在矿产所出，计尚不敷供炼厂之需，各路应需铁轨仍应先向汉阳铁厂购办。一面饬令该公司迅即实力扩充开采，俟出矿日多，或即由该公司设厂铸造，或由公家建厂收炼，届时再酌量办理。至各路夹种榆树以备枕木之需，诚足挽利权而塞漏卮，原奏所称不为无见。应由农工商部咨行各督抚饬属课种，逐渐推广，以兴林业而裨路用。原奏筹经费一节内称各省驿站岁需帑金四百余万，自邮政畅行，驿站几成虚设，请将此项驿费分作四年次第裁减，至第五年全停支发，每年入银四百万两等语。度支部查各省驿站钱粮，有闰之年共额征银二百十七万数千两，无闰之年仅额征银二百零八万数千两。每年开支实止一百七十余万两左右，并无四百余万金之多。所拟分年裁驿之法，陆军部查驿站之设军报为重，钱粮马匹各管官均有责成。例章极为严备。原奏为西北边防起见，乃以各省驿费悉数抵充，剜肉补疮，殊属窒碍难行。近年举行新政，文报日繁，在京各衙门外行要件仍送由臣部驰递，其交邮局转寄者尚少。刻下邮局章程尚未全备，一有迟误，不过罚办，倘遇军事难以责成。且安设处所多在府、州各埠，驿站路分支干，站有冲、僻。原自曲折遍通，遇军事紧要并能随时添改，设法驰报。查江南等省裁撤提塘铺递，设文报局；奉天裁撤驿站，改设文报局所，均系派员经理。奉天仍于偏僻地方兼设马拨、步拨以补其缺，则邮局之难遽责成已可概见。忆庚子兵燹，日俄交战，其时文报能通者实由各站知有责成，递夫不避难险，设法变装绕越驰递，借免贻误。现当兴练陆军，一切军需报告尤赖有驿站之存较为可恃。惩前毖后，各省驿站委难遽议减裁，致误要公。所有裁停驿费之处应毋庸议。至原奏筹豫算、设督办二节，应俟各项章程筹定决行后再由邮传部酌量情形，分别办理。"从之。

（卷7　129页）

宣统元年（1909年）二月庚申

以遗爱在民，予故陕西河州镇总兵王得胜于江苏海州建立专祠，并列入祀典。

（卷8　144页）

宣统元年（1909年）二月辛酉

调巴里坤镇总兵马安良为甘肃宁夏镇总兵官，以记名总兵马福祥为巴里坤镇总兵官。

（卷8　145页）

宣统元年（1909年）二月丁卯

谕内阁："安徽皖南镇总兵吴继培、甘肃河州镇总兵罗平安，均著开缺。"

（卷8　150页）

宣统元年（1909年）二月戊辰

以记名总兵何宗莲为甘肃河州镇总兵官。

（卷8　151页）

宣统元年（1909年）二月丙子

陕甘总督升允奏："青海试垦，业于西宁设局，派员总办垦务。"下部知之。

（卷8　156页）

宣统元年（1909年）闰二月庚寅

又谕："电寄升允等，据军机处进呈联豫等电称，番官带兵二百名到西宁迎接达赖。如达赖未抵西宁，拟带兵前进。达赖聘练兵教习十余人，托名蒙古，实系俄人，军火多购自西宁等语。著升允、庆恕会商迅即查明禁阻。番兵到西宁后毋得再往前进。其在西宁所购军火系何人售卖，务须严查禁止。其聘用教习是否俄人影射蒙古，尤须探查明确，详细电奏。"

（卷9　175页）

宣统元年（1909年）闰二月壬辰

西宁办事大臣庆恕奏："接准达赖喇嘛文称，从前赏给各呼图克图名号原为各守清规、清净焚修起见。近察有塔尔寺阿嘉呼图克图不但不守清规，又背国恩，意将黄教泯灭，饮酒、吸烟、打围，即请代奏将呼图克图名号斥革，如将此事办清，即速回藏。否则回藏即无定期矣。"得旨："著交理藩部查核办理。"

（卷9　176页）

宣统元年（1909年）闰二月甲午

又谕："电寄升允，电奏达赖喇嘛受封礼成，回藏行期未定，请饬迅即起程等语。著理藩部电知庆恕，传谕达赖迅速起程，毋许借词迁延，任意逗留。"

以清理财政，派度支部右参议刘世珩充直隶正监理官，候补参议郎中管象颐充江苏正监理官，丁忧开缺直隶按察使王清穆充浙江正监理官，候补参议程利川充湖北正监理官，候补四品京堂方硕辅充四川正监理官，均赏加三品卿衔。分省补用道熊希龄充东三省正监理官，前四川重庆府知府鄂芳充安徽正监理官，度支部郎中王宗基充山东正监理官，前广东南韶连道乐平充山西正监理官，度支部员外郎唐瑞铜充河南正监理官，度支部员外郎谷如墉充陕西正监理官，度支部郎中刘次源充甘肃正监理官，丁忧甘肃候补知府傅秉鉴充新疆正监理官，分省补用道严璩充福建正监理官，江西九江府知府孙毓骏充江西正监理官，江苏候补道陈惟彦充湖南正监理官，度支部郎中宋寿徽充广东正监理官，山西试用知府汪德溥充广西正监理官，度支部郎中奎隆充云南正监理官，广西候补道彭谷孙充贵州正监理官，均赏加四品卿衔。

（卷9　178页）

宣统元年（1909年）闰二月戊戌

邮传部奏："遵将应办要政分则按年筹备，开单呈览。第一年，沪宁告成，门头沟枝路告成，广东粤汉筑成由黄沙至迎嘴一百二十八里，潮汕意溪枝路告成。启筑津浦，启筑福建漳厦，启筑湖南粤汉，启筑齐昂。接筑京张、汴洛、广九各官路，沪嘉、杭嘉、芜广、南浔各商路。查勘川汉、洛潼、西潼、同蒲、江苏、浙江、潮汕、新宁、惠潮、广西、福建、滇蜀、安徽、江西各商办铁路款项工程。勘估吉长路线，复勘四川、宜夔路线，勘估正德路线，勘估延长石油矿路线。清还京汉铁路借款，议销广澳成约，废止京奉南票运矿枝路合约，收赎商电改归部办。展设太湖县至安庆电线，展设贵阳至兴义电线，展设上海至川沙厅电线，展设浙江桐乡至双桥电线，展设江西饶州至景德线路，展设下关至浦口线路。大修江宁至汉口电线，大修京师至保定电线，改设保定至信阳州电线，展设湖南常德至益阳电线。筹划核减电报价目。派员赴葡萄牙万国电政公会听讲，为预备入会基础。整顿上海实业学堂，筹设臣部实业学堂。第二年，汴洛告成，京张告成，杭嘉告成，沪宁告成，新宁告成，齐昂告成。商定吉长借款，启筑吉长，启筑四川川汉，启筑洛潼，启筑清徐，启筑杭甬，启筑鄂境川汉。接筑广九，接筑漳厦，接筑芜广。勘明张绥路线，测勘张库北干路线，广西聘员测勘路线。商议改良安奉，并派员履勘路线，勘定海清开徐路线。实行核减电报价目二成。展设科布多至绥来无线电报，筹设归化至太原电线，展设河南信阳州至光州线路，展设河南至汝州线路。大修福广湘鄂电线，大修张家口至恰克图电线。筹设安徽颖亳电线。大修陕西全境线路。筹办电汽专门学堂。筹议改良京师电话机器。筹划京师各省电镫改良办法。设立臣部实业学堂。第三年，筹备清还正太路款。江西南浔告成。启筑西潼，接筑吉长，接筑四川川汉，接筑清徐，接筑杭甬，接筑洛潼，接筑芜广。测勘库伦至恰克图北干路线，测勘新民洮南齐齐哈尔抵瑷珲东干路线，筹设归化至包头镇电线，筹设江西吴城至广信电线，筹设安徽凤阳至江苏徐州电线，筹设四川至西藏电线。大修赣浙电线。试办镇江电话。展设福建汀漳电线，展设奉吉两省电线。扩充上海电话，扩充福建电话、电镫。第四年，清还正太铁路借款。清徐告成，广九告成，杭甬告成，漳厦告成。接筑西潼，接筑四川川汉，启筑同蒲，接筑洛潼，接筑芜广。测勘西安达兰州西干路线，测勘附属南干各枝线。创设电料制造厂。试造电报、电话各种电品材料机器。展设湖南洪江至永州电线，展设河南周家口至安徽亳州电线，展设黑龙江电线，展设广东高州至肇庆电线。筹划沿海、沿边一带设立无线电报。试办京城自动电话机器，扩充天津电话，扩充江苏电话，扩充浙江电话。第五年，筹备清还汴洛路款。洛潼告成，吉长告成，芜广告成。接筑四川川汉，接筑西潼，接筑同蒲。接勘兰州达伊犁西干路线，接勘附属南干各枝线，测勘附属北干各枝线。展设陕西省南北两路电线，展设山西省南北两路电线，展设广东自佛山至顺德香山电线。派员出洋，研究比较自制电品各种材料及制造方法。扩充湖北电话、电镫，试办湖南电话。第六年，清还汴洛铁路借款。西潼告成，接筑四川川汉，接筑同蒲。接勘附属北干各枝线，测勘附属东干各枝线，测勘附属西干各枝线。入万国电政公会。展设江西抚州至福建延平电线，展设江西吉安至湖南醴陵电线。扩充江西电话、电镫。试办广州、天津、上海自动电话机器，试办河南电话。第七年，筹备清还沪宁铁路借款。接筑同蒲，接筑四川川汉。接勘附属东干各枝线，接勘附属西干各枝线。展设贵州兴义至云南广南电线，展设四川成都至甘肃电线。扩充制造厂，试造关于电镫水线各种电品材料机器。试办云南电话，试办贵州电话，试办四川电话，试办广西电话。扩充山西电话。第八年，筹备清还道清路款，清还沪宁铁路借款。接筑同蒲，接筑四川川汉。接勘附属西干各枝路。展设云南普洱至顺宁电线，展设广西庆远至贵州贵阳电线。筹设库伦至科布多电线。扩充制造厂、关于无线电报各种电品机器材料。试办甘肃电话，试办新疆电话。展设前后藏电线。第九年，清还道清借款。接筑四川川汉，接筑同蒲。修订《全国铁路敷设法》，编定《全国铁路轨线图说》。展设内外蒙古电线。筹设包头镇至宁夏电线，筹设甘肃至青海至前藏电线，筹设伊犁至库车电线。大修西北各省电线。筹划扩充、改良各省电镫、电话。"下宪政编查馆知之。

（卷10　185页）

宣统元年（1909年）闰二月甲辰

理藩部奏："筹备藩属宪政。本年应办事宜分别缓急，择要推行。查内外盟及青海西北路、回部、西藏之王公世爵内，计汗五人，王四十三人，贝勒三十一人，贝子四十九人，公七十三人，札萨克、台吉、塔布囊七十八人，总共为二百七十九人。拟请设立专额议员，其员数由资政院核定，奏请派充，以练习其学问政事之才，为储备开通藩属之用。此项急办者一也。又凡已经设县之各蒙、旗，官民能通汉语，有一定之居处财产者，均得有选举、被选举之权。应否另定专额，抑或与汉民一律选举，应由宪政编查馆核定。其未经设县之各旗、蒙，言语不通，居处无定，另订合宜办法。此项急办者二也。以上两端为本年筹备之起点。其余俟各旗报告催齐再行统筹全局，分列事项，妥定章程。每期将应办事宜奏报一次，以冀渐逐推行。庶于分期举办之中，仍无违九年筹备之意。"下宪政编查馆知之。

（卷10　194页）

宣统元年（1909年）三月壬戌

陕甘总督升允奏："请入都叩谒梓宫以尽哀忱。"得旨："陕甘地方重要，该督著仍遵前旨，毋庸来京。"

蠲缓甘肃河、金、安定、会宁、宁夏等五州、县被灾地方钱粮。

（卷11　222页）

宣统元年（1909年）四月癸巳

以战功卓著，予已故记名提督杨世俊附祀前大学士左宗棠甘肃省城专祠，从陕甘总督升允请也。

（卷12　243页）

宣统元年（1909年）四月丙申

谕内阁："升允电奏，甘肃连年旱歉，兰州、凉州、巩昌各属前岁被灾，去秋尤甚，入春雪雨愆期，迄今尚未得有透雨。碾伯、会宁及各土司先后报灾。现在粮少价昂，饥民哀号乞命，牲畜多致饿仆等语。览奏殊堪悯恻。加恩著赏给帑银六万两，由度支部给发。著该督派委妥员按照所属灾区查明户口灾情轻重，分往散放。务使实惠均沾，毋任失所。用副朝廷轸念灾黎至意。"

（卷12　245页）

宣统元年（1909年）五月甲寅

谕内阁："前以预备立宪，系奉先朝明谕。朕御极后复行申谕内外大小臣工，共体此意，翊赞新猷，毋得摭拾浮言，淆乱聪明。乃陕甘总督升允前奏请来京面陈事宜，当经电谕尽可由折电奏陈。原以新政繁巨，不厌详求，内外大臣如有所见，不妨随时条陈，以资采择。兹据该督奏陈立宪利弊，并即恳请开缺，迹近负气，殊属非是。本应予以严惩，姑念该督久任封圻，尚无大过，著照所请，即行开缺。"

又谕："升允奏甄别属员一折。甘肃卸署凉州府事正任泾州直隶州知州张元漴见理不明，优柔误事；岷州知州童立纲才欠开展，难胜边要；河州知州高光斗性情偏执，不洽舆情；武威县知县梅树南未信劳民，致滋怨讟，均著开缺另补。署会宁县事议叙通判陈乃训枭粮营私，贩土渔利；署合水县事候补知县杨懋源有文无行，纵丁滥刑；丁忧前署秦安县事试用知县蒋希惠貌似有才，心实贪狡；裁缺补用知县成瑞纵子为非，被控有案；候补知县刘廷璜猥琐贪鄙，不知自爱；署东乐县丞试用府经历秦学坚胆妄无耻，不堪造就；试用县丞钟荫收厘舞弊，需索被控；武威县典史张溥霖粗庸无识，办事操切；候补典史汪克承轻率诞妄，不知检束，均著即行革职。平番县知县汤霖迂缓迟钝，难膺民社，惟文理尚优，著以教职归部铨选。靖远县知县傅曾熙玩视赈务，造报迟延，著以府经历县丞降补。又片奏贪庸不职营员等语。卸署灵武营参将尽先补用游击刘德贵居心贪狡，行同无赖；卸署西乡营都司尽先补用参将吴国镇赋性鄙陋，惟利是图，均著即行革职。"

以伊犁将军长庚为陕甘总督，未到任前，著甘肃布政使毛庆蕃护理。以兵常澧道周儒臣为湖南按察使。

（卷13 259页）

宣统元年（1909年）五月庚申

以会试重逢，予前任甘肃肃州镇总兵田在田加赏都统衔。

（卷13 269页）

宣统元年（1909年）五月甲子

又谕："电寄新任陕甘总督长庚，陕甘地方紧要，著速兼程赴任，至九年内应行预备之各项立宪事宜尤不可视为缓图。到任后即将应办各事，次第举办，并随时奏闻，勿稍延误。"

（卷14 275页）

宣统元年（1909年）五月壬申

陕甘总督升允奏："甘省上年被灾，业经随时赈济，今春雨泽愆期，二麦未种，加以连年旱歉，饥民牲畜已多饿踣。现于司署设筹赈局，经电奏蒙恩赏拨帑银六万两，催各省筹赈，亦已陆续汇甘。第办赈莫难于筹款，尤莫难于用人，非力求核实，不足以苏民困。倘承办各员奉行不力，或侵吞肥己，自当立时严参；其能洁己奉公、勤劳罔懈者，亦拟奏恩奖励。"得旨："著毛庆蕃按照所定劝惩章程，如办有成效者准予请奖，玩忽滋弊者即予严惩，务使实惠均沾，毋令灾黎失所。"

（卷14 282页）

宣统元年（1909年）五月癸酉

（宁夏将军台布等）又奏："俄文为甘、新两省必需之学，新疆当日设专门二十余年，成就寥寥。今甘、新两等学堂均将俄文附入高等，统习普通，万难成就，拟改为专门，庶可于五年毕业后得交涉之助。"下学部议。

（卷14 284页）

宣统元年（1909年）六月丁亥

陕甘总督升允奏："甘肃皋兰一带旱灾奇重，拟设法引水开渠，以培地利，并借此以工代赈，由董福祥捐助款内提银十万两外，如或不敷另行筹拨。请将此次渠工用款归入赈案报销。"报闻。

（卷15　298页）

宣统元年（1909年）六月辛卯

西宁办事大臣庆恕奏："丹噶尔厅各口隘仍请设立局卡，稽核蒙、番进口牲畜货物，酌量定章征税，集有巨款，即用之开办蒙古半日学堂。"下部知之。

（卷15　302页）

宣统元年（1909年）六月壬辰

谕军机大臣等："吏部奏甘肃兰州府遗缺知府英勋呈请开缺终养一折。英勋既于本届京察圈出后，遵例呈明亲老，著准其开缺终养。"

（卷15　302页）

宣统元年（1909年）六月壬寅

谕军机大臣等："电寄沈秉堃，电奏请饬黔、蜀、陕、甘、山西五省统限本年一律将鸦片烟禁种等语，著该衙门速议具奏。"

（卷16　312页）

宣统元年（1909年）六月癸卯

又谕："甘肃提督张勋现撤去东三省行营翼长一切差使，该提督所部淮军著锡良、端方会同遴员接统。"

（卷16　313页）

（东三省总督锡良）又奏："东三省行营翼长甘肃提督张勋于防务吃紧之时，竟敢擅离职守、数月不归，以致各营统率无人，纪律荡然。应请饬部照例议处。"得旨："张勋著撤去行营翼长一切差使，迅赴甘肃提督本任。"

（卷16　314页）

宣统元年（1909年）七月己巳

命甘肃提督张勋暂留直隶差遣。

（卷18　343页）

宣统元年（1909 年）九月辛未

谕内阁："毛庆蕃奏考核吏治，据实纠参一折。甘肃前署海城县事试用知县陶崧年贪婪昏纵，丈地扰民；前调署武威县事镇番县知县方景周胆大妄为，不恤民隐；崇信县知县史文光谬戾鄙琐，不顾累民；碾伯县知县杨麟瑞气习浮诞，工于取巧，开缺另补。前武威县知县梅树南才疏识暗，纵差酿命；西宁县典史华廷洵荒谬无耻，罔知检束；试用巡检田瑞麟办事糊涂，形同聋瞆，均著即行革职。统捐局文案委员试用知州张鸣鸾粗戾任性，罔识商艰，著以府经县丞降补。"

（卷 22　403 页）

宣统元年（1909 年）十月己卯

谕军机大臣等："本年因甘肃连遭亢旱，吉林、湖北猝被水灾，当经分别颁发帑银，并由该督抚等妥筹赈抚。其余奉天、湖南、广东、福建等省据报偏灾，亦经先后谕令该督抚等筹办急赈，妥为抚恤，小民谅可不至失所。惟念来春青黄不接之时，民力未免拮据，著该督抚等体察情形，如有应行接济之处，即著认真查明，据实复奏，务于封印以前奏到，候朕于新正降旨加恩。此外，各该省有无被灾地方，应行调剂之处，并著一体查明具奏。该督抚等务当痛除积习，饬属确查，不得稍有捏饰，以副朝廷实惠及民之至意。将此通谕知之。"

（卷 23　416 页）

宣统元年（1909 年）十月丙戌

以凉州副都统玉昆为成都将军。

（卷 23　429 页）

宣统元年（1909 年）十月癸卯

以恃符滋事，革甘肃在籍守备李凌云职究办。

（卷 24　457 页）

宣统元年（1909 年）十月甲辰

谕内阁："毛庆蕃奏考核吏治，据实举劾一折。甘肃署皋兰县事议叙通判赖恩培、署河州事丹噶尔同知张庭武、署狄道州事宁州知州陈必准既据该护督胪陈政绩，均著传旨嘉奖。前署宁州知州候补知县惠占鳌妄报开垦，荒谬糊涂；前办新固渠工即用知县薛位执拗性成，类有心疾；西大通县丞马朝襄浮躁喜事，妄改渠章；前办法政学堂收支委员试用典史周锦章无帐可稽，有意侵蚀，均著即行革职。前署宁州事补用知县陈文明貌似有才，办事草率，著以府经历县丞降补。开缺循化厅同知王开斌年老多病，从用门丁，著勒令休致。署华亭县事张掖县知县汪宗瀚才识庸暗，年力就衰，惟文理尚优，著以教职归部铨选。”

（卷24　457页）

以操练甘肃新军得力，赏安徽即补知县周务学协参领衔。

以擅责酿命，革署甘肃张义堡都司杨杰职。

（卷24　458页）

宣统元年（1909年）十一月戊申

驻藏办事大臣联豫等奏："达赖喇嘛阴蓄异谋，久思自立。赵尔丰甫膺驻藏之命，藏人更启拒汉之心。近闻川兵一千奉旨入藏，竟敢公然具禀，谓无论是何汉兵决意拦阻，并欲挟制汉属之土民，即商埠各事亦欲与英人直接，夺我主权。又以我不欲轻启兵衅，愈怀轻藐之心。就现在情形悉心体察，有可虑者三，有不足虑者三。达赖之居心均已见诸实事，自张荫棠入藏令其筹饷练兵，轻弃主权，遂益坚其自立之志。此次私自起用已革之噶布伦边觉夺吉等，事之不合权限者，彼皆有所借口。若相持日久，彼布置周密，则番气愈骄，即附我者亦因而解体，可虑者一。俄、英两国均设法笼络达赖，而达赖偏听人言，亲俄而忌英。前英兵入藏，实因达赖信用俄人多治夫之言所致。此次达赖出京，又遣多治夫赴俄，阴相结纳，并闻携带俄国戎装者二十四人，如系俄籍，则英人必来诘责，借口兴戎就近先发，而藏非我有矣，可虑者二。自琦善以兵权财政，尽付番官，驻藏大臣属下仅粮台及游击以下文武数员。制兵则久成防次，习气甚深。由藏招募者且多亲附藏人，设有缓急皆不足恃，可虑者三。然达赖尚未返藏，任用边觉夺吉等数人一意拒汉，专横自恣，久为藏人所侧目。其所派番弁番兵苛敛抢掠，士心既失，民志亦复涣散，不足虑者一。川兵入藏，如为奉旨，万无阻挡之理。边觉夺吉等奉达赖之命意图抗拒，调兵勒派，其枪械、口粮、药弹均由番民自备。番民素处于专制压力之下，面从心违，故番官虽日集兵，而民实无斗志，不足虑者二。番官虽声言聚兵数千拒挡汉兵，又煽惑察木多、乍了及类伍齐等处勒令派兵相助。自赵尔丰派兵驻察木多，而浮言尽息，类伍齐亦因藏官勒派而反抗。由察木多经类伍齐而入三十九族，其地本为我属，惟至拉里后，由江达抵前藏十三站，皆系藏属。若有接应，不难奋迅直前，得一二胜仗则全藏瓦解，不足虑者三。现已派员弁赴三十九族调集土兵以备调遣。请饬赵尔巽、赵尔丰就近速拨边军三四营作为川兵后援，以壮声势而期策应。至英人通商三埠，照约不能干预西藏内政。俄虽欲干涉，一时未能出兵。惟私济军火一事不能不严为防范。仍请饬下陕甘督臣、西宁办事大臣认真稽查。"得旨："仍遵前旨，电商赵尔巽、赵尔丰妥筹办理。已电谕长庚等查禁军火矣。"

（卷25　463页）

宣统元年（1909年）十一月壬子

谕内阁："度支部奏藩司玩误要政据实纠参一折。清理财政为预算决算入手办法，于立宪前途大有关系。乃甘肃布政使毛庆蕃于藩库款项既不定期盘查，亦不遵章造报，违抗玩误，实属咎无可辞。毛庆蕃著即行革职，以为贻误宪政者戒。"

以恭办陵差出力，赏护理直隶总督布政使崔永安、长芦盐运使张镇芳头品顶戴，予甘肃提督张勋优叙，余升叙加衔开复有差。

（卷25　468页）

宣统元年（1909年）十一月癸丑

以直隶按察使何彦昇为甘肃布政使、湖南岳常澧道王乃征为直隶按察使。

（卷25　469页）

宣统元年（1909年）十一月甲子

谕军机大臣等："电寄长庚，电奏悉，甘肃藩司著陈曾佑接署，并著直隶总督陈夔龙饬何彦昇迅速来京陛见。"

（卷26　480页）

宣统元年（1909年）十一月癸酉

谕军机大臣等："已革前护理陕甘总督甘肃布政使毛庆蕃具奏折七件、片十三件，著交长庚复核具奏。"

（卷26　487页）

陕甘总督长庚奏："恭报到任接印日期。"得旨："陕甘省份边远，一切新政须查看风土民情，因势利导，化诱愚顽，妥为筹划，毋负委任之至意。"

又奏："甘省灾区办赈抚恤，来春青黄不接之际如有无力购买籽种者，仍须体察情形，或借或放，以期无误春耕。"得旨："览奏深为欣慰，来春仍须妥酌赈抚，以期民困皆苏。"

兼护陕甘总督甘肃布政使毛庆蕃奏："甘省自六月得雨，秋苗赖以补种，九秋气候温暖较久，农田已一律收获，并将被水、被雹地方分别赈抚。察看情形，酌办冬赈，如有余款，酌量兼购储粮石专备凶荒。"又奏："甘肃农地苦旱，宜谋凿井之方，来春冻解，但冀赈务稍有所余，借资补助，提倡开凿。"得旨："著长庚将赈务善后办法妥筹酌办为要。"

（卷26　489页）

宣统元年（1909年）十二月庚寅

旌表仰药殉夫、甘肃烈妇拣选知县吴房龄之妻谢氏。

（卷27　504页）

宣统元年（1909年）十二月癸巳

谕军机大臣等："宁夏将军台布等奏，甘肃一省种烟最多，至今尚无禁种消息。官员戒断均已互相出结，兵丁百姓又不过问，家家烟火、彻夜开灯等语。著长庚严饬所属于禁种、禁吸二事实力稽查，认真办理，以除痼习而卫民生。"

又谕："毛庆蕃业经革职，不应奏陈事件。所有奏、片二件著发交长庚核复具奏。"

（卷28　507页）

宣统二年（1910年）正月丁巳

又谕："电寄长庚，现据联豫等电奏，本月初三日达赖闻川兵入藏将至，夜内逃往西行等语。著长庚于由藏往西北经由道路，通饬各该地方官员沿途查访，无论行至何处，即行护送回藏，不准逗留。"

（卷29　534页）

宣统二年（1910年）正月辛酉

谕内阁："西藏达赖喇嘛阿旺罗布藏吐布丹甲错济寨汪曲却勒朗结夙荷

先朝恩遇，至优极渥。该达赖具有天良，应如何虔修经典，恪守前规，以期
传衍黄教。乃自执掌商上事务以来，骄奢淫佚，暴戾恣睢，为前此所未有；
甚且跋扈妄为，擅违朝命，虐用藏众，轻启衅端。光绪三十年六月间乘乱潜
逃，经驻藏大臣以该达赖声名狼藉，据实纠参，奉旨暂行革去名号。迨该达
赖行抵库伦，折回西宁。朝廷念其远道驰驱，冀其自新悛改，饬由地方官随
时存问照料。前年来京展觐，赐加封号，锡赉骈蕃，并于起程回藏时派员护
送。该达赖虽沿途逗留，需索骚扰，无不量予优容，曲示体恤，宽既往而策
将来，用意至为深厚。此次川兵入藏，专为弹压地方，保护开埠。藏人本无
庸疑虑，讵该达赖回藏后，布散流言，借端抗阻，诬诋大臣，停止供给。叠
经剀切开导，置若罔闻。前据联豫等电奏，川兵甫抵拉萨，该达赖未经报明
即于正月初三日夜内潜出，不知何往。当经谕令该大臣设法追回妥为安置，
迄今尚无下落。掌理教务何可叠次擅离，且查该达赖反复狡诈，自外生成，
实属上负国恩，下辜众望，不足为各呼图克图之领袖。阿旺罗布藏吐布丹甲
错济寨汪曲却勒朗结著即革去达赖喇嘛名号，以示惩处。嗣后无论逃往何处
及是否回藏，均视与齐民无异，并著驻藏大臣迅即访寻灵异幼子数人，缮写
名签，照案入于金瓶，掣定作为前代达赖喇嘛之真正呼毕勒罕，奏请施恩，
俾克传经延世，以重教务。朝廷彰善瘅恶，一秉大公，凡尔藏中僧俗皆吾赤
子。自此次降谕之后，其各遵守法度，共保治安，毋负朕绥靖边疆、维持黄
教之至意。"

（卷30　536页）

宣统二年（1910年）正月乙丑

谕军机大臣等："电寄库伦办事大臣延祉等，电奏悉，前因达赖潜逃，
并无下落，当经电饬长庚等于由藏往西北经由道路，通饬各该地方官沿途查
访，并经降旨革去达赖名号。现闻达赖逃入印境，藏内安静如常，已饬驻藏
大臣另举达赖矣。"

（卷30　544页）

宣统二年（1910年）正月辛未

山东巡抚孙宝琦奏："已故陕西河州镇总兵王得胜战功卓著、遗爱在民，
请附祀故忠亲王僧格林沁专祠。"从之。

（卷30　548页）

宣统二年（1910年）二月丙子

又谕："电寄长庚，电奏悉，前已有旨将达赖革去名号，如将来该已革达赖经过西北一带，仍须探访随时电奏。"

（卷31　551页）

宣统二年（1910年）二月丁丑

予故陕甘固原提督雷正绾生平战功付史馆立传，并准在立功省份建立专祠，从法部主事吴本钧等请也。

（卷31　553页）

宣统二年（1910年）二月癸未

陕甘总督长庚电奏："甘肃禁烟情形必须先从禁贩入手。请将甘省土税局卡截至本年二月底止裁撤，并将罂粟亩税停征各节。"著度支部议奏。

（卷31　557页）

宣统二年（1910年）三月庚戌

陕甘总督长庚奏："甘肃设立审判厅筹办处、研究所，并附入巡警兵检验吏，分别课习，及筹款建筑，酌定章程。"下所司知之。

（卷33　588页）

宣统二年（1910年）三月癸丑

又谕："电寄长庚，据电奏，拿获因禁烟出头、敛钱殴官之首犯姚明，拟请就地正法，并将同谋抵抗之赵汶发永远监禁等语。"著照所请。

（卷33　590页）

宣统二年（1910年）三月壬戌

又谕："电寄长庚，电奏悉，武威县民借口土税未撤，聚众要求。著长庚饬属剀切开导，并预筹妥善办法，毋得临时操切从事。"

（卷33　597页）

宣统二年（1910年）三月癸亥

西宁办事大臣庆恕奏："试办青海垦务，现在查出荒地，招户认领从容劝导，务以蒙、番、汉民相安为宗旨。"下部知之。

（卷33　598页）

宣统二年（1910年）四月己亥

以战功足录，复已革故甘肃提督李培荣原衔。

（卷35　628页）

宣统二年（1910年）五月庚戌

陕甘总督长庚奏："甘省财政局清查库局各款，于应解、应拨、应减缩、应拓充均饬通盘筹划，使总预算与预算相符。其国家税、地方税、国家行政经费、地方行政经费亦饬局详加区别，逐类编订，并各署局办公经费俾分等级，编列入表。"下部知之。

（卷36　637页）

宣统二年（1910年）五月辛亥

湖南巡抚杨文鼎奏："湘省财力殚竭，无可筹挪，请将奉拨甘肃、新疆、广西各省协饷及云南铜本银两暂行停解，以维大局。"下部议。

（卷36　637页）

宣统二年（1910年）五月癸丑

谕军机大臣等："电寄长庚，电奏悉，比主赠给该督及兰州道彭英甲宝星，均著准其收受。"

（卷36　638页）

宣统二年（1910年）五月乙丑

谕军机大臣等："电寄长庚，据电奏兰州府知府张炳华赴乡督拔烟苗，被皋、金二县刁民聚众殴伤，署金县知县余重寅平时禁种不力，又复酿成殴官重案，实属溺职。署皋兰县知县万钟骧随同本府赴乡，一闻长官被殴先自奔回，亦属惕怯无能，请分别惩处等语。署金县知县补用知县余重寅著即行革职，署皋兰县知县大通县知县万钟骧著开缺另补。所有拿获各犯著该督督饬讯办，以示惩儆。并著严饬各该地方官妥为弹压开导，勿令再滋事端。"

（卷36　648页）

宣统二年（1910年）六月丁丑

予故甘肃布政使丁体常于秦州地方捐建专祠，从甘肃京官任承允等请也。

（卷37　654页）

宣统二年（1910年）七月癸卯

督办土药统税事务柯逢时奏："土药统税三年以来，除各省拨还原额外解部逾二千万金。近年禁烟实行，将各局停撤，仅存两湖、陕、甘、两粤略有收数，直隶、皖、豫、赣、沪五局专司查缉岁支尚六十余万，设法抵补。于是有盐斤加价，牌照捐、印花税年来入少出多，各省又复缩限禁运，以致土药停滞，洋药畅销，利权外溢。拟请将各省分局裁撤，切实查缉，庶种吸两绝。惟洋药逐年递减，应饬各海关实力调查，以免驱鱼驱爵，一切办法亟应妥议施行。"得旨："该部速议具奏。"

（卷38　667页）

宣统二年（1910年）七月甲寅

外务部奏："向来各省多设洋务局或交涉局办理交涉，以藩、臬两司兼充总办，而参用道府以下人员。自光绪三十三年奉天、吉林各设交涉使，嗣后云南、浙江照设，他省阙如。夫一省交涉何等重要，乃仅受成于局所，待理于兼差。虽各口岸尚有关道分治，殊非统一。外交之道，现各省提学、巡警、劝业各有专官，交涉一司拟请定为通制。除奉天、吉林、浙江、云南已设外，直隶、江苏、湖北、广东、福建应先设，安徽、江西、湖南、广西四省归兼辖总督省份之交涉使兼办，黑龙江、山东、山西、河南、陕西、甘肃、新疆、四川、贵州等省交涉较简，暂缓设。如应增置，随时办理。旧交涉局所即行裁撤。至交涉使任用之途，拟照学部奏保学使例，由臣部以所属及曾任交涉人员开单听候简放。"从之。

（卷38　684页）

宣统二年（1910年）七月己未

实授叶尔恺云南提学使，署甘肃提学使陈曾佑开去署缺、以道员发往陕西差遣委用，以署江西赣南道俞明震署甘肃提学使。

（卷39　693页）

宣统二年（1910年）七月壬戌

命甘肃新疆巡抚联魁来京，另候简用。以甘肃布政使何彦升为甘肃新疆巡抚。

以各直省按察使为各该省提法使。齐耀琳直隶，左孝同江苏，吴品珩安徽，胡建枢山东，王庆平山西，惠森河南，锡桐陕西，陈灿甘肃，鹿学良福建，李传元浙江，陶大均江西，周儒臣湖南，江毓昌四川，俞钟颖广东，王芝祥广西，秦树声云南，文征贵州。其各道员有兼按察使衔者，均改为兼提法使衔。

（卷39　697页）

宣统二年（1910年）七月癸亥

以甘肃按察使陈灿为甘肃布政使、军机处三品章京刘谷孙为甘肃提法使。

（卷39　697页）

宣统二年（1910年）七月甲子

命甘肃新疆巡抚何彦升迅速赴任，毋庸来京。

（卷39　698页）

宣统二年（1910年）七月丙寅

谕军机大臣等："长庚电奏，今年各省解到协饷为数寥寥，近又接济新疆伊犁各款，库空如洗，待饷孔亟。请饬下各省关将本年应解甘省协饷迅速筹解等语。甘省边陲关系紧要，所有各省关应解甘省协饷著度支部电催各督抚迅速筹解。"

（卷39　701页）

宣统二年（1910年）八月癸酉

陕甘总督长庚奏："筹备甘肃审判人才，以研究所为预储之选。建筑省城各级厅署，暨各府、厅、州、县应设地方初级审判检察各厅，或应设分厅之处亦经分饬遵办，并添设省城模范监狱，改订司法巡警科学，审判员额，管辖区域事宜。"下部知之。

又奏："甘肃遵设高等巡警学堂，并拟于学堂内附设诚关巡警教练所。其各厅、州、县之应设教练所，亦饬遵章筹办。至全省警政头绪纷繁，拟就总局改照警务公所办法，设总务、行政、司法、卫生四科，添造岗亭，购置消防器具，增设游民习艺所。此外，路政医务亦均妥筹办理，并将部颁章程、警察要旨、地方自治诸书、暨各省现行警察之可资取法者一并排印给发。"下部知之。

（卷40　713页）

以亏短公款，革甘肃前任环县知县王人骐职。

（卷40　714页）

宣统二年（1910年）八月丙子

谕军机大臣等："电寄长庚，电奏悉，西北路地方紧要，著毋庸来京陛见，所有应行筹备事宜及一切要政随时奏明，请旨办理。"

（卷40　715页）

宣统二年（1910年）八月己卯

又谕："电寄长庚，电奏悉，据称查明已革藩司毛庆蕃交代数目各项收支，并无侵蚀亏短等弊，请免置议等语。"度支部知道。

（卷40　720页）

宣统二年（1910年）八月戊戌

以训练陆军第一镇著有成效，予署统制官甘肃河州镇总兵何宗莲、参议官吉林候补道容贤优叙，前协统领官副将曹锟以总兵简放，二品衔陆军正参领卢静远赏换副都统衔。

（卷41　742页）

宣统二年（1910年）九月癸卯

蠲免甘肃河、金、渭源、伏羌、安定、会宁、宁灵、循化、秦九厅、州、县上年被灾地亩钱粮草束。

（卷42　750页）

宣统二年（1910年）十月丁亥

勾到奉天、吉林、黑龙江、陕西、甘肃、湖北、湖南、浙江、江西等省情实罪犯，停决斩犯一人、绞犯十二人，余八十九人予勾。

（卷43　784页）

宣统二年（1910年）十月甲午

予故甘肃提督周达武本籍湖南专祠列入祀典，从巡抚杨文鼎请也。

（卷43　787页）

宣统二年（1910年）十一月壬寅

谕军机大臣等："长庚电奏，各省关应解甘新协饷除陕西、江苏照章报解外，其余各省关报解均不足额，需款甚急，恳饬各省关迅将本年未解饷项于年内清解等语。甘、新为边疆重地，饷项尤关系紧要，著度支部迅即电催各省关，速将本年应解甘新协饷务于年内清解，毋得迟误。"

（卷44　790页）

宣统二年（1910年）十一月戊午

谕内阁："长庚奏举劾属员一折。甘肃在任候补道宁夏府知府赵惟熙、署兰州府平凉府知府张炳华既据该督胪陈政迹，均著传旨嘉奖。卸署宁州知州平凉县知县阮士惠性情偏执，讳匿命案；卸署永昌县渭源县知县杨鼎新折征被控，任情滥刑；伏羌县知县纪毓兰才识平庸，禁烟不力；署宁夏府经历候补县丞袁兰先行为不端，有玷官箴；署玉门县训导马凌云借事诈索，屡被控告；卸署陕西宜君营守备兼护参将留陕甘即补都司任正得散饷缺额，罔利营私，均著即行革职。西安城守协标云骑尉世职乌腾汉沾染嗜好，巧饰规避，著革职永不叙用。"

（卷45　802页）

陕甘总督长庚奏："甘肃铁路计由归化至兰州省城，为程二千余里，约需银二千数百万两，请暂借洋款修筑，并规划路线。计分南、北二道，北路由灵州至山西之包头镇，取其赴京便捷；南路则俟西潼铁路修通之后，由西安而达凤翔府之宝鸡县，地皆平坦易修。由宝鸡顺渭河溯流而上，先开纤路以利舟行，继之以疏凿平治，俾通轨道。由甘肃之三岔厅入境而至秦州，由秦州沿渭河而上经伏羌、宁远而至巩昌府，由巩昌而至狄道州，则距兰州省城仅二百一十里。论商务则北路由兰州而达包头，与归张铁路接轨，而商货流通南路由巩昌经秦州而达西安省，水陆皆便；论征伐则设遇有事，燕、晋之兵由北路计日可以至固原，陕、豫之师由西路克期可以抵狄道。炮械糇粮朝发夕至，庶几诘奸禁暴，声威可以迅达。纵有盗贼，亦将有所惮而不敢发。是修路虽费，较临事兴师所省犹多。至于南、北两路由巩昌至兰州四百里，原有可通车道，若再由兰州而达甘、凉，以迄出关而抵安西州，赓续为之，于势亦顺而易矣。此为将来计划，亦一并谨先密陈。"又奏："新疆关系紧要，拟请借款接筑归新铁路，应就归化城赴新疆商路定为归新路线，其中略可分为七段。由归化至包头镇计程三百二十里，该处滨临黄河，上通宁夏，水陆辐辏，商运甚繁。包头产煤，亦产木料，先尽此段修起，作为始基。自包头一千一百里至札克苏吉作为第二段，又一千三十里至土布齐。该处附近即固勒班赛罕，水草丰美，可以屯田。北行可达库伦，南行可达阿拉善旗之定远营，不难即成市镇，应作为第三段。又七百八十里至苏吉作为第四段。又一千二十五里至嘉会，该处亦有沃壤，可资屯垦，即作为第五段。又九百九十里至三塘湖，为新疆镇西厅之属境，向有户民种地，出产煤铁，天山森林亦茂，足供枕木之用，可作为第六段。又九百三十里至新疆之古城，该处四达冲衢，为商贾荟萃之区，应即作为第七段。由此西至新疆省城仅止六站，其北则通科布多、乌里雅苏台，西北经布伦托海可达阿勒台山。东接哈密，为嘉峪关驿路，南通吐鲁番，为入南疆大道。将来添造枝路皆可以此为中心点。计自归化至古城共长六千一百七十里，所经为喀尔喀土谢图汗、三音诺颜、札萨克图汗三部之南境。及天山之北路，论者或疑关外荒寒，养路无费，殊不知铁道经过之处即入烟趋集之方，于此兴修约有五便。草地沙石，地质坚实，垫筑之费可省，一也；道途平直，无高山大岭，不劳开凿，二也；又无洪流巨浸阻隔，可免建造桥梁，三也；地尽闲旷，不需价购，四也；无绕越城郭、庐墓之事，五也。有此五者，路工必可事半功倍。光绪十八年，臣与新疆抚臣陶模会奏边防事宜曾有展筑铁路之议，迄今二十年，筹之至熟，只因集款维艰，不敢遽申前请。近则事机危急，更无闲暇光阴，待我从容缓步，若犹筑室道谋，恐他人必有起而争我路权者，后虽悔之，噬脐何及。前见邮传部奏定筹划全国轨线一折，亦列有新疆在内且谓东南尚可集股于绅商，西北必须借资于外债，实为洞悉情形之论。果能酌借外债数千万金，以充归新铁路经费，分段赶筑，期以十年告成，则西陲之事犹可为也。"并下部议。寻邮传部等会奏："铁路性质约分为二，内地则计懋迁，边地则重征调。臣部前经奏定中国轨线全图。西干自京城历潼关、兰州以至伊犁；北干自京城历张家口、库伦以达恰克图。北枝自库伦抵科布多，西枝自太原历大同至张家口与北干相接，是西北等路。臣部业经筹及，原奏于归新一路所谓五便，仅就节省路工而言究竟修养之资有无把握，应俟筹有的款实行开办。至所议甘肃西线，一绕灵州，一绕宝鸡，似不如臣部奏定两干较省纡折。总之，目下造路必资借款，将来如何筹还本利、如何防守路线，应俟筹有办法后再行妥酌办理。"从之。

（卷45　　804页）

宣统二年（1910年）十一月丁卯

以战功卓著，予故河州镇总兵王得胜于国史馆立传。

（卷45　811页）

宣统二年（1910年）十二月癸未

三品卿衔考查各省制造局厂朱恩绂奏："窃维我国制造军械，经营垂三十年，糜款六千余万，及按其成绩，或则地势不宜，或则办理不善，或则制造不备，或则经费不敷，积弊甚深。诚不能不及早筹议，拟请由军咨处陆军部组织一总机关，期以六年制成军械，足备三十六镇之用。谨就考察所及，酌拟办法六端。一曰规定全国局厂。局厂规划首在交通兼权并计，拟定为东、南、西、北、中五厂。在宁为东厂，在川为西厂，在粤为南厂，在鄂为中厂。而以德州之子药厂设法扩充作为北厂，再建武库于京师，并沪厂于金陵，从此兼营并进，亦可及时补救。二曰划一军械制式。军械制式以合地势之宜与战术之用为准。黄河以北地势平广，宜用七生五之陆路炮。大江以南路途窄狭，宜用七生五之过山炮。云贵川藏山岭崎岖，则宜用五生七之小口径炮。至步枪、机关枪口径均应改为一律，以便子弹通用。其余造械之人、造械之器、造械之原料以及房厂处所均宜有一定名称，以示齐一。三曰统一各厂财政。现时全国局厂常年经费约共三百余万两，今当由部处设立总机关以集合各厂之财权。集权之法一为补助，二为限制。补助云者于各厂规定之初由部筹备基本金三百万两，作为购办材料款项，再以原有之常款三百余万两作为薪工局用及一切周转之资，又令各镇领械缴纳半价，以备次年经费。限制云者，某省某年购械若干，即指定某厂照办；某厂某年造械若干，经费若干，即照数匀给。备此二者庶几财力集合，造数有常。四曰按镇核计械数。军械岁成之数须与征兵逐年入伍之数相符。兹因碍于财力，拟每届六年换三十六镇之械，按镇计算每年须成六镇之械。六镇详数计步、马、工、辎各枪共六万枝，每枝配弹一千颗，机关枪一百四十四枝，每枝配弹三千颗，山野炮三百二十四尊，每尊配弹二百五十颗，分年估计约需银六百万两。将来支配省份，炮则以德厂给东北，宁厂给东南，鄂厂给西南。枪则以蜀厂接济云、贵、川、陕、新、甘诸省。宁、粤两厂接济两广、闽、浙、江苏诸省，鄂、德两厂接济鄂、湘、皖、赣、豫、鲁、晋、直隶、东三省。如此则地势便利而按之各厂出数亦能配备均匀。五曰分拨布置经费。查沪厂历年存款约共三百万两，拟即作为布置一切之用。其分配之法，德之炮厂设厂购机费九十万，枪厂五十万，子药厂五万；鄂之炮厂二十万，枪子厂十万；宁厂六十万；川厂十五万；粤厂机关枪须添购专机，合之川、鄂两厂共需十五万。再以二十万经营沪之钢厂，尚余十万，即以之建设武库。四川机器老厂经费十余万，各省零星小厂经费三十余万，应俟分途调查再定办法。六曰分年筹备进行。筹办伊始事难完备，计六年之中要其总数只能成枪二十九万八千五百枝，枪弹三万四千三百余万颗，山野炮一千四百三十余尊，炮弹四十一万一千余颗，机关炮九百四十余枝。以三十六镇而论，除机关枪炮弹、枪弹足敷分布，枪之缺数约六万余枝。俟布置就绪，用各厂平日赶工之法，尚易补足炮之缺数，相去甚远，势难照造齐全。惟有一面赶工，一面分年酌购。或缺之以待新械之成，是又当斟酌情势，量为变通。以上办法系就现有之基础为权宜之计划。惟是时局多艰，军需孔亟，诚欲速为准备，除山野炮例须分购外，其枪枝一项亦拟暂行购置。若得十万余枝即可敷三十六镇之用，倘能宽筹的款，或由国民担任，再择适中之地特设兵工巨厂，亦可分年筹措，尽力扩张，则国防隐然有长城之恃，而军实可以备缓急之需，实于大局不无裨益。"得旨："著交军咨处陆军部详核具奏。"

（卷46　829页）

宣统二年（1910年）十二月丙戌

　　伊犁将军广福奏："伊塔茶务公司改归商办，遵章发给第一案茶票，惟部议饬将甘省所减湖商票额拨归公司增认。查从前甘肃湖商运茶，行销蒙古、哈萨克各部落及俄国沿边一带，销场尚旺。嗣光绪三十二年订有俄商运茶，假道伊、塔回国，新章不独俄境不能运销华茶，且有俄商贩运华茶，在伊、塔境内洒卖。此外，影射偷运者更不知凡几私茶充斥，销场疲滞，若再将所减票额拨归公司增认，成本固难为继，赔累尤属堪虞。应请仍照原定票额办理，仍俟下案体察情形，如果实有起色再行酌量增加。"下部议。

（卷47　833页）

宣统二年（1910年）十二月己亥

　　西宁办事大臣庆恕奏："历陈试办青海垦务情形。自今年春间派员分赴黄河西北两处勘放，河南共放出磨渠沟等处荒地一万余亩，河北共放出蒙古群科等处荒地五万余亩。惟委员回宁后，群科章京陡然率众抢掠垦户粮石，现已弹压平靖。惟蒙、番民情反复，有兵则俯首听命，兵退则故态复萌。臣开局后只有前任陕甘总督派拨千总颜镇南率巡防步队一百二十名来宁，不敷分布。请饬陕甘总督札饬该千总募足一旗之数，庶几镇慑远夷，不惟开垦，亦可固边，并请将原定照费裁撤，以顺舆情。明春当再派员分班前往，先放河北洞阔尔寺及千布录、郭密各旗荒地，俟河北放竣，再议勘放河南之地。由近及远，循序渐进，庶不致务广而荒。"得旨："该部查核具奏。"

（卷47　856页）

宣统三年（1911年）正月丙辰

以借办新政，营私肥己，革甘肃前署岷州知州顾其义职。

（卷48　865页）

宣统三年（1911年）正月乙丑

又谕："长庚电奏禁烟不先禁运，民情不顺，请仍将甘肃土药统税局裁撤，以免匪徒借口等语。"著度支部议奏。

（卷48　873页）

宣统三年（1911年）二月壬申

又谕："电寄长庚，电奏悉，武威县属会匪滋事，办理尚称迅速。凉州地方寥廓，难保无匪类暗中勾结，乘机煽乱，别酿事端。著长庚迅饬马福祥酌带队伍驰赴甘、凉一带，认真巡防，借资弹压，并严拿余匪而弭后患。"

（卷49　878页）

宣统三年（1911年）二月甲戌

陕甘总督长庚电奏："请将开缺河州镇总兵罗平安留甘任使。"如所请行。

（卷49　879页）

宣统三年（1911年）二月己卯

又谕："电寄驻防浦口统领甘肃提督张勋。据电奏，采购军米请饬免税，著照所请。"

（卷49　882页）

宣统三年（1911年）三月己亥

谕内阁："云南提督李福兴、陕西汉中镇总兵程鼎、甘肃凉州镇总兵岳登龙、山东兖州镇总兵张宗本均著开缺。"

（卷50　889页）

宣统三年（1911年）三月庚子

谕军机大臣等："电寄长庚，据电奏，张掖县乡民聚众要求种烟，古浪乡民亦有不服查禁情事等语。禁烟功令森严，岂容无知愚民借端抗阻，著该督饬属剀切开导，妥为弹压解散，并将查禁情形随时电奏。"

以记名总兵江朝宗署陕西汉中镇总兵官、记名总兵马万福为甘肃凉州镇总兵官、记名提督田中玉为山东兖州镇总兵官、前云南昭通镇总兵苏抡元为云南临元镇总兵官。

（卷50　890页）

宣统三年（1911年）三月乙巳

大理院奏："各省高等审判厅成立，亟应将大理院分院事宜提前筹设。拟请于甘肃省设一分院，而以陕西、新疆属之。四川省设一分院，而以驻藏大臣辖境属之。此外，云、贵合设一分院，两广合设一分院，仍就总督辖境以为管辖，俟司法区域另行划分之后，再行随时酌量变更。至分院官制编制法，除由本院选任外，系由高等审判厅兼任。二庭以上置监督推事一员，其品级之高下，法部原定司法官制并无明文，窃谓分院对于下级审判虽无监督之权，而于解释法律、听断讼狱，实握最高之枢纽。究与高等及地方之分厅体制不同。际此新陈递嬗，阶级观念未尽划除，且高等审判厅丞秩系四品，如以普通推事承乏其间，恐各级易生轻玩，似应量予变通。拟请各省大理分院设置推丞一员并加少卿衔，以别等级而肃观听。其余推事仍照编制法办理，在臣院推丞职守，本系兼一庭长，质言之实即简任之推事。揆诸编制法并无不符。以上各节事关官制，请饬下宪政编查馆照章核议。其分院应办事宜俟拟定后，会商法部办理。"得旨："著宪政编查馆核议具奏。"

（卷50　897页）

宣统三年（1911年）三月癸丑

谕军机大臣等："电寄长庚，据电奏，张掖县乡民毁局围署要求种烟一案，现经访闻守备周秉钧等有主使情事，请分别惩处等语。甘州城守营守备周秉钧著先行革职，拔贡王九卿著即行斥革。"

宣统三年（1911年）三月癸亥

又谕："电寄长庚，据电奏，张掖县乡民聚众滋事，审明已革守备周秉钧、已革拔贡王九卿均属知情、劣迹昭著，均从重发往极边足四千里安置。首犯徐成明，从犯刘祝林、丁积庆聚众撞城拆房、毁局围署，均请即行就地正法。从犯王歆林监禁，余犯高兴印等分别锁系保释等语。著照所请。"

宣统三年（1911年）三月丙寅

以禁烟不力、私收地税，革署甘肃宁州知州任杰等职，永不叙用。

蠲缓甘肃皋兰、狄道、金、秦安、阶、碾伯、平番、高台八州县被灾地亩钱粮。

宣统三年（1911年）六月丙戌

又谕："电寄长庚等，据电奏，丹噶尔厅及西宁县揽隆庄等处匪党聚众，同时起事。叠经调拨马步各队先后拿获逆首李旺及李统春、李官博俭等，并拿获匪党多名。丹噶尔厅已获各犯委西宁府知府兴廉前往会讯，实系逆迹昭著者就地正法等语。西宁地处边要，党徒不时窃发。攻该督等饬令该府迅速前往，将丹噶尔厅所获各犯认真讯究，凡系逆迹昭著之犯即著就地正法，并将西宁获犯一并讯明惩办，毋稍宽纵。其未获各犯仍责成该督等饬属严拿务获，尽法惩治，以绝根株。嗣后仍著加意防范，免再滋生事端。"

宣统三年（1911年）六月戊子

陕甘总督长庚奏："甘肃黄河现已开通，各船只由西宁至兰州、由兰州至包头均属行驶稳速，仅旬日程。查归化经萨拉齐厅至包头镇三百二十里，若能筹款修筑，与张绥工程东西并举、联络一气，即可直达京师，商务可望振兴。"下部议。

宣统三年（1911年）六月庚寅

予已故尽先选用道杨安臣、甘肃题奏道易孔昭、前署湖北汉阳协副将田其述、直隶通州营副将史济源、补用总兵刘耀廷等赏恤如军营立功后病故例。

（卷56 1009页）

宣统三年（1911年）闰六月辛丑

以安徽布政使连甲为湖北布政使、安徽提法使吴品珩为布政使、甘肃甘凉道张毅为安徽提法使。

（卷57 1018页）

宣统三年（1911年）闰六月癸卯

命甘肃布政使陈灿解职，调云南布政使世增为甘肃布政使，以外务部左丞高而谦为云南布政使。

（卷57 1019页）

宣统三年（1911年）闰六月庚申

以宿卫勤劳，予提督衔甘肃河州镇总兵何宗莲等升叙加衔有差。

（卷57 1030页）

宣统三年（1911年）七月壬申

又谕："电寄长庚，据电奏，伊新饷源奇绌，电请设法接济。甘肃库空如洗，罗掘俱穷，难于应付，请饬催各省关将应解协饷迅速提解等语。甘、新边防关系至为重要，所有各省关协饷著度支部再行严切电催，迅速筹解，毋销迟误。"

（卷58 1041页）

宣统三年（1911年）八月戊戌

甘肃新疆巡抚袁大化奏："遵筹伊新全局，查马亮、长庚奏主改设总督以一事权，升允、联魁奏主甘新联为一气，无取更张。臣维新疆当雍、乾间立军府于伊犁，至同、光回乱初平，改置行省。自表面视之，巡抚有统治全疆之责；自内容言之，将军参赞有专理蒙哈部落之权。夫使划分疆理、明定权限，则责有专归，亦无不可。无如内则练兵察吏，未可纷歧，外则交涉通商，深虞灭裂。况伊、塔沿边与俄毗连，若我先分其势，必至为人所乘，则长庚等之言诚是也。惟臣查分省之始，左宗棠原议督、抚并设，刘锦棠则以新疆孤悬绝域，请统隶甘肃兼辖，资以为援，则升允等之言亦是也。权衡于二说之间，窃以为不设总督则一国三公，然改设之后必将离甘肃独立，又恐征兵筹饷呼应不灵。计不如将伊犁将军、塔城参赞、新疆巡抚一并裁撤，改设新疆总督，兼管巡抚事。仍以迪化为治所，旗、汉并用。凡满、蒙旗务请照马亮原议。裁去领队各员，留伊犁、塔尔巴哈台两副都统，归总督节制。其甘、新两省提镇司道以下各员仍照旧兼隶甘督辖属，以示联络。既收统一之功，仍不失声援之助，实于吏治、财政、兵事、边情大有裨益。至另设南疆巡抚一层似应缓议。"下内阁会议具奏。

（卷60　1068页）

宣统三年（1911年）八月壬寅

又谕："电寄长庚，电奏成县小川镇一带有团民传帖，纠约播种冬烟，经县拿获团首李练章交差看管。该处刁民胆敢聚众打毁巡警局绅房屋，拥至县城，拆毁班房，将李练章抢回等语。禁种关系紧要，必须严行查禁。愚民狃于积习，屡次抗违，于禁烟前途大有妨碍，著即派委妥员驰往弹压解散，毋任滋事。首要各犯并著严拿惩办，以警效尤。"

（卷60　1071页）

宣统三年（1911年）八月丙午

江南提督刘光才因病解职，调甘肃提督张勋为江南提督，以裁缺天津镇总兵张怀芝为甘肃提督。

（卷60　1079页）

宣统三年（1911年）八月庚戌

内阁会奏："今日盐务难于整理者，其故有二，一在各省自为风气，不能祛官与商弊蠹；一由各省自保藩篱，不能谋国与民公益，是以销数则彼此悬殊，引地则动成争执。自非改定盐政官制，设立专员不可。旧制设官皆注重于产、运、销三项，故长芦、山东、两淮、两浙、两广各运司，河东、四川、云南、各盐道，以司产运，河南、陕西、甘肃、湖北、湖南、江南、江西、广西各盐道以司岸销。皆受成于盐政。军兴以后，各省多设督销官运等局，运司之权既分，而盐道尤成虚设，故河南、江西、陕西各盐道均经奏裁，以藩司及巡警道兼之。湖北、湖南、广西各盐道则名存实去。甘肃宁夏道、平庆泾固化道原兼管盐法，而现在并不知有盐法之职务。即江南盐巡道亦仅管江宁食岸销数。至各省督销总办多系一年瓜代，贤者循例奉公，不肖者侵蚀亏累。外此官运各局及分销以下各员司品流糅杂，职事丛脞，弊更不可究诘。尤甚者湖南之川粤盐捐，湖北之川盐厘金，江西之粤盐口捐，河南之潞盐、东盐，加价均由行盐省份派员设卡征收，而主管产运之运司盐道及督销局不能过问。他如陕西、甘肃所收花马池等处盐厘、盐捐加价，或归藩司，或归统捐局，并无专官经理。窃思国家岁征盐税，同治以前不过一千一二百万两，光绪季年增至二千八九百万两，及试办宣统三年预算，各省盐务收入乃增至四千余万两，与地丁钱粮相埒。夫丁粮则有二十余藩司督征于上，千数百州、县经征于下，而盐务官乃散漫至此。自非酌订官制，特设京外盐务专官统一事权。明定责任不为功。臣等公同酌议，拟请将督办盐政处改为盐政院，设盐政大臣一员，管理全国盐政，统辖盐务各官。设盐政丞以襄理鹾纲，厅长以承宣政令，参议、参事以佐拟法制，佥事、录事以执行事务。其在外省则于产盐区域设正监督，于行盐区域设副监督。各置属官，分司权政，此京外盐官编制之大略也。全国盐务必须提挈纲领以总其成，分划区域以专其任。拟于盐政院设总务厅及南盐、北盐两厅。总务厅掌机要、铨叙、会计、收发并筹拟盐法，编订章程，即以督办盐政处原设之盐务总厅及庶务厅改设。南盐厅掌淮、浙、闽、粤盐务，即以原设之两淮、两浙、闽粤三厅改设。北盐厅掌奉直、潞东盐务，川滇附之，即以原设之奉直、潞东、川滇三厅改设。其长芦、山东、两淮、两浙、两广及新设之奉天，改设之四川各运司均改为正监督。河东、福建、云南各盐道直辖场产一律改为正监督。淮南之鄂、湘、西、皖四岸暨淮北各督销局，并湖北宜昌川盐厘局均改为副监督。江南盐巡道原管江宁食岸督销，而金陵下关又为掣验鄂湘西皖四岸盐船之所，地势颇为扼要，拟将该道改为淮南江岸副监督，管理江宁食岸督销，并大通以下、扬子栈以上掣验缉私事宜。粤盐由广西至湖南、贵州、云南等处，地方辽阔，拟将桂平梧道所管盐法划出，另设广西副监督，管理广西、湖南等处粤盐督销缉私事宜。滇黔官运川盐事繁款巨，拟另设四川滇黔边计副监督，管理滇黔官运川盐事宜。陕甘之大小花马池等处，产地甚多，销路甚广，拟特设副监督以资管辖。惟事关创举，应俟调查明确再行请设。所有湖北武昌、湖南长宝、广西桂平梧、甘肃宁夏、平庆泾固化各盐法道，均撤去盐法字样。河南、江西藩司、陕西巡警道亦均毋庸兼管盐法。其河东、福建、云南、江南等盐道原兼分巡兵备船厂税关清军水利事宜，应由该省督抚奏明，另归实缺司道兼管，以免牵混。此又京外盐官规定职掌及现时改设之情形也。当此官制未颁，等级未定，京外盐官拟暂以原品治事。惟正、副监督拟暂定为正三品、正四品，均视京秩，以重事权。以原有之差缺酌设实官，以原有之薪俸，匀定公费。事权既一，责任以专，谨将拟订盐政官制缮单呈进。经此次改订后，凡关于盐务用人行政均属监政大臣专责，各省督抚毋庸再兼会办盐政大臣及会办盐政大臣衔，惟盐务与地方关系事件仍由各省督抚饬属办理。再此项官制内丞及厅长以次名称地位及简任奏任各官办法，俟各部官制通则颁布后，如有歧异，均改归一律，以重宪政。"得旨："前因各省盐务疲敝，特派大臣督办，以资整顿。惟事体重大，头绪纷繁，非设立专官无以收挈领提纲之效。著即将盐政院官制颁布，以盐政处改为盐政院，全国盐务均归管理，以一事权而重责成。"

（卷61　1083页）

宣统三年（1911年）八月己未

又谕："电寄长庚，据电奏，甘省境域辽阔，种族繁多，匪警时闻，伏莽遍地。前已派总兵罗平安挑募马、步三营，现拟再添练得力防军数营，遴将管带，借资镇慑等语。著照所请。"

（卷61　1106页）

宣统三年（1911年）八月辛酉

陕甘总督长庚奏："甘省裁汰绿防各营诸多窒碍，查甘省北连朔漠、西达新疆、川藏毗连，羌回杂处，西宁、大通各处又与番地接壤，往往构怨结仇、互相杀伤。更有一种撒拉尔回族久随番俗，惯习盗贼，边外大小寺无数，最易藏奸。番有生、熟两种，生者最不易制，此患之切于边陲者也。甘省回民素多，同治中投诚陕回又皆安插境内，俗尚性情各异，兼以崇信宗教，且有新教、老教之分，其初不过争教，其后每至酿乱。而汉人遭其荼毒，汉、回积恨未消，每复寻衅争讼，此患之伏于肘腋者也。既有潜伏未形之患，宜有战守得力之兵，陕省绿营今仅有马、步守兵一万七千五百有奇，各有防守城门、堆拨、仓库、关卡、塘汛之责，又有护解饷银、军火、人犯各差，且多分列沿边区域，如安西、威远喇课、镇海、哈拉库图尔、贵德、循化、保安、起台、洮岷、西固、永安、察罕俄博各营堡，或三面临番，或四面皆番，驻兵于番、回、撒拉之中，非生长边徼，习其风土语言，路径熟悉，驰骋骁健者，断难得力。今若遽将制兵裁撤，则应行防守之城堡、关卡并番、撤往来之各隘口必形空虚，万一番人负固，恐裁之易而复之难。即另募防勇填扎，非惟水土不宜，逃亡难免；且绿营兵月饷银九钱，勇营三两三钱，以勇易兵亦不合算。此裁绿营之难也。防营为军兴后留镇地方之兵，甘省旧六十营旗哨，现尚不敷原日之半，且多分隶提镇，不设统领专官。诚以提镇各管地方有警易于呼应，大而擒捕叛逆，细而保护商旅，无不资防军之力。若又议裁，猝然有警，添调骤难应急。此裁防营之难也。甘省僻处西陲，非有大枝劲旅居中坐镇，不足以应事变。而各处会匪，尤应有精卒劲骑分布各路，以剿办擒拿，其在番、撒错居地方亦须有兵常川住守。此就现在情势应行筹备，以资镇守，必不可少之兵也。查上年陆军部奏准裁绿营办法，内称可以挑练之兵或改充巡防，或改习警察，或征入陆军。又度支部咨复试办宣统三年预算，亦称甘省绿营应自宣统三年酌量裁撤。伏思陆军征兵之制，必土著有家属者方准验收，无如甘肃兵燹之余民多亡散，又连年荒歉，故征兵迄无人应。各防营、勇丁又多客籍，今欲整顿军队，惟兵家子弟尚可用。甘肃自古为边塞戍守之地，其子弟习于马步枪箭，各有家室，罕闻逃逸，性朴实勇敢，多强壮耐劳，现拟挑选二十五岁以下合格者遵章改充巡防队，无论裁官、裁兵总须符合二成之数。其有驻扎沿边要隘，或在回区番境万难裁撤者，当由臣随时具奏，分别办理。至陕提所辖驻甘各标营，每年饷项向由陕西拨银十三万八千余两解甘济用。今虽有裁汰之兵，实无腾出之饷。近经电商陕西抚臣允照旧批解，以为逐年递改巡防队饷款。"下部知之。

（卷61　1115页）

宣统三年（1911年）九月壬申

又谕："电寄陈夔龙，据电奏，新授甘肃提督张怀芝留直统率新募各营，请俟防务稍松，再行入都陛见等语。著照所请，该部知道。"

宣统三年（1911年）九月乙亥

又谕："电寄长庚，据电奏，甘省地瘠民贫，财力奇绌。现值川、鄂不靖，陕西又遭兵变，筹防宜急，筹款维艰，各省协饷本年解到者仅及四成。山西、河东两处欠解尚多，请饬令催令速解，以顾急需。现在东道不通，应设法改运，所有解甘协饷拟暂解至归绥道库代存，并于归化、包头两处筹设转运局，即可节节转运。按站酌设马拨递送公文折报等语。甘省地瘠民贫，财力奇绌，全赖各省协济，著度支部分别催解，以顾边局。余著照所拟办理。"

又谕："电寄长庚，据电奏，陕西朔日省城兵变城陷，旗营受害尤惨，各官不知下落，省报数日不通，亟应派队赴援。惟现有防营均驻扎各要地，现已分饬调拨，一面迅募得力兵勇星夜赴陕，并添募防营，捍卫地方。但甘省以协饷为命脉，现值陕西城陷，东道不通，协款无著，甘库如洗，募兵购械需款浩繁，请饬度支部迅拨银一百万两等语。著长庚迅派得力兵队星夜赴援。并一面添募防营，捍卫地方。所请饬部拨银一百万两之处，著度支部速议具奏。"寻议："应俟息借洋款交到后，由臣部酌量匀拨，以资接济。至甘省协饷已分电严催，迅速筹解。"从之。

宣统三年（1911年）九月丙子

又谕："电寄袁大化，据电奏，陕匪已至咸阳征粮，举动似非劲敌，亟宜速派劲旅往援，并请饬长庚派得力军队，檄调陕省防营会力兜剿等语。昨已有旨著长庚迅派得力兵队星夜赴援矣。"

又谕："广福电奏，伊犁欠饷过巨，恐甘肃难以兼顾，请饬军咨府度支部陆军部早筹补救等语，著该衙门议奏。"

宣统三年（1911年）九月戊寅

又谕："电寄长庚，据电奏，陕省失陷，亟应派兵援剿。已电咨固原提督张行志赶速挑募精兵十营，星夜赴援，其陕西各路驻扎防营均归该提督节制调遣等语。著即督饬各营星驰援剿，免致匪势蔓延。陕西各路驻扎防营准归张行志暂行节制调遣，所请饬部筹拨银一百万两之处，仍著度支部迅速设法筹拨。至请拨枪炮子弹一节，仍军咨府陆军部迅速办理，以应急需。"

（卷63　1171页）

宣统三年（1911年）九月辛卯

又谕："电寄袁大化，据电奏，饷源竭绝，拟仿照甘肃办法，将审判检察各厅及无益之学务暂行停办而顾急需等语。著照所请，该部知道。"

又谕："电寄长庚，代递升允电奏称升允愿率新军第二、三标统周助学、陆洪涛等剿除土匪，收复西安等语。足见忠勇性成，深堪嘉尚。已有旨著升允署理陕西巡抚并督办陕西军务，先著长庚电知升允遵旨迅赴事机。"

又谕："电寄长庚，据电奏，派员援陕筹办防守各节均甚周妥，即照所拟迅速相机办理并激励将士奋发前进，如能迅奏肤功，定加以不次之赏。现在库款支绌，汇兑为难，所需饷项、枪械著该督暂行设法筹备，仍著度支部、陆军部迅速设法接济。"

又谕："电寄长庚，据电奏，委彭英甲总理东路各军行营营务处，并请饬令暂行署理陕西布政使等语。著照所请，该衙门知道。"

又谕："电寄长庚，电奏悉，已有旨著升允署陕西巡抚督办陕西军务矣，著即会商，相机办理。"

（卷64　1195页）

以第二军总统段祺瑞署理湖广总督，兼办剿抚事宜。以前陕甘总督升允署理陕西巡抚，督办陕西军务。

（卷64　1196页）

宣统三年（1911年）九月甲午

又谕："电寄甘肃提法使刘谷孙，据电奏恳请开缺等语。现在时局危迫，务宜和衷共济、勉为其难，所请开缺之处著毋庸议。"

又谕："电寄长庚，有人奏，甘肃添募多营，饷械竭蹶，深恐哗溃。若搜括商民，尤易激生事变。著长庚与司道等和衷商榷，妥慎筹划，须先量饷械之多寡，再酌募营队，以期得力而免偾事。"

（卷64　1198页）

宣统三年（1911年）十月乙未

又谕："电寄升允等，据升允电奏，俟督臣长庚所派援陕之军至日，即督率前进，军行粮饷则惟督臣是赖，并刊刻木质关防等语。俟兵到后赶紧进剿，所有饷糈著责成长庚设法接济，余著照所请。"

（卷65　1200页）

宣统三年（1911年）十月丁酉

又谕："电寄长庚，据电奏，已故提督董福祥之孙董恭及其侄董温承其祖母之命，愿招集旧部，自备饷糈，率赴前敌等语。董恭之祖母董赵氏教训有方，毁家纾难，洵属深明大义。董恭等秉承家训，愿效驰驱，忠勇之忱尤堪嘉尚。著即照所请赶紧招集，迅赴事机。倘能建树功绩，朝廷必加以不次之赏。所需军械由该督酌量拨给，仍著该衙门查照该督前次电奏所请枪炮子弹之数设法筹拨。"

（卷65　1202页）

陕甘总督长庚电奏："拟刊陕西布政使木质关防，发交彭英甲启用。"报闻。

（卷65　1203页）

宣统三年（1911年）十月己亥

又谕："电寄长庚，据电奏，据署布政使提法使刘谷孙详请委员接署藩篆，并开去本缺，拟以署提学使俞明震等署理藩司各缺等语，著内阁知道。"

（卷65　1205页）

宣统三年（1911年）十月辛丑

以甘肃提督张怀芝充直隶帮办防务大臣。

（卷65　1210页）

宣统三年（1911年）十月壬寅

又谕："电寄长庚，据电奏，军务吃紧，署藩司刘谷孙未能和衷商办，始而请假，继则力请开缺，希图诿卸，请予惩处等语。开缺甘肃提法使署布政使刘谷孙，著交内阁议处。"

又谕："电寄长庚，电奏悉，现正筹商借款，一俟借定即行拨给，至所需枪炮子弹已饬军咨府陆军部迅速筹拨矣。"

（卷65　1212页）

宣统三年（1911年）十月甲辰

以甘肃巡警道赵惟熙为甘肃提法使。

（卷65　1214页）

宣统三年（1911年）十月丙午

青海办事大臣庆恕奏："青海垦务开办将及三年，已放出地十五万余亩，试办已有成效。现因款项支绌，只得将垦务暂行停办。所有出力各员垦准照异常劳绩择尤保（褒）奖。"得旨："著照寻常劳绩请奖，毋得浮滥。"

（卷65　1216页）

宣统三年（1911年）十月戊申

谕内阁："电寄长庚，电奏悉，甘肃失守多处，著即督饬马安良等迅速分头剿办，所需饷项著度支部设法筹拨。至所请饬姜桂题迅率所部赴陕援剿一节，前已饬姜桂题拨派营队进攻潼关，并饬第六镇第十二协统领周符麟督率所部由洛阳协力进剿矣。"

又谕："电寄长庚，据袁大化电奏，匪陷宁夏，围新城，距甘凉非遥，倘有疏虞，兰州坐困。肃州镇柴洪山现住兰州，请派该镇出兰北路直攻宁夏，西捍甘、凉。一面拨派援军，从归绥押解饷械，兼济甘军等语。著长庚酌量情形，妥筹攻守。"

（卷65　1217页）

宣统三年（1911年）十月己酉

又谕："长庚电奏，部拨饷项拟恳由部交顺天府委员解赴归绥道，甘省派员领运等语，著度支部知道。"

（卷65　1219页）

宣统三年（1911年）十月庚申

又谕："电寄长庚等，据电奏，援陕西军十六日与革党苦战多时，毙匪歼渠等语。此次革党分路猛扑，势甚凶悍；我军合力迎剿，歼厥渠魁，实属奋勇异常，深堪嘉尚，其尤为出力人员著先行电奏请奖。"

（卷66　1233页）

宣统三年（1911年）十一月甲子

又谕："电寄长庚，内阁代递电奏悉，甘省库空如洗，待饷孔殷，自属实情。惟部库同一拮据，前次汇银十万两系于无可腾挪之中勉为拨付。该督即就此款撙节动用，暂救目前。一俟借款有著，即著度支部设法陆续汇寄。"

又谕："电寄长庚，据内阁代递电奏，请将开缺凉州镇总兵岳登龙留营效力等语，著照所请。"

（卷67　1235页）

宣统三年（1911年）十一月乙丑

又谕："电寄长庚，据内阁代递电奏，十月十四日西宁城南匪首任得惠等祭旗造反，经总兵张定邦驰往剿捕，贼众奔溃等语。此次该土匪等纠约千人，势甚猖獗，经张定邦亲率马步队奋力叠战，擒获多名，夺获马匹器械无算，实属奋勇异常。所有出力员弁及绅董等准其择尤保（褒）奖，以示鼓励。"

（卷67　1238页）

宣统三年（1911年）十一月癸酉

谕内阁："电寄升允等，内阁代递电奏悉，陕省匪氛甚炽，经该署抚等督饬营队收复永寿，攻克固关，复破贼于灵台之天埧寺，办理甚为得手，深堪嘉尚。所有出力人员准其一体保（褒）奖。阵亡员弁并著查明奏请优恤。"

（卷67　1241页）

宣统三年（1911年）十二月辛丑

又谕："电寄长庚，据内阁代递电奏，庆阳解围并收复合水，击散各匪情形，请将出力员绅择尤保（褒）奖，并将失事之署宁州知州周凤勋等革职查办等语。庆阳毗连陕境，道路纷歧，此次土匪蠢动，围攻府城，占踞各邑。经兵团竭力抵御，击散匪众，实属奋勇异常。所有出力员绅著准其择尤保（褒）奖，以资鼓励。"

（卷69　1267页）

宣统三年（1911年）十二月壬寅

又谕："电寄长庚，内阁代递电奏悉，此次灵州失陷，经固原回绅马元璋遣子马广武等督带团勇，自备资粮，先后收复州城及吴忠堡等处，洵属深明大义、忠勇可嘉。管带马世恩等带队会剿，均著有劳绩。所有在事出力各员弁兵丁及阵亡团勇，著准其分别从优奖恤，以昭激劝。"

（卷69　1268页）

宣统三年（1911年）十二月丁未

以山西布政使李盛铎署山西巡抚，赏陆军协统领卢永祥副都统衔，会办山西军务。以记名总兵李绍臣为江南狼山镇总兵官、河南南阳镇总兵马金叙为甘肃提督、记名提督孟恩远为河南南阳镇总兵官。

（卷69　1279页）

宣统三年（1911年）十二月戊申

予开缺凉州副都统明惠恤典如例。

（卷69　1285页）

宣统三年（1911年）十二月庚戌

以惨遭戕害，予调补甘肃布政使云南布政使世增照巡抚阵亡例优恤，子即选部司务祖英以员外郎用。寻谥"忠愍"。

（卷70　1289页）